Quizlet 사용법

KB000085

스마트폰, 태블릿, 컴퓨터에서 재미있고 효과적인 어휘 공부를
Flash Card와 Spell Check, 게임 등의 서비스를 제공하며, 미
자리잡은 학습 시스템

01 Quizlet 사용방법

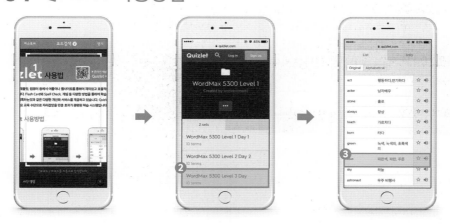

Step 1. 네이버 QR 인식기 또는 별도의 QR 인식기를 실행시켜
페이지 상단의 QR코드를 인식합니다.

ⓐ 네이버 앱에서 마이크 아이콘 클릭합니다.

ⓑ QR 코드 인식기를 클릭합니다.

Step 2. 원하는 학습 일차를 선택합니다.

Step 3. 원하는 어휘의 MP3 음원을 선택하여 듣습니다.

02 Quizlet의 다양한 학습기능

STUDY와 PLAY를 통해 다양한 방식으로
재밌게 학습할 수 있습니다.

- **STUDY**: Flashcard, Learn, Spell, Test
- **PLAY** : Match

단어 혹은 스피커 버튼을 누르면
음성을 들을 수 있습니다.

* Google Play에서 Quizlet 어플리케이션 다운로드 및 이용이 가능합니다.

QR 코드 사용법

보다 쉽고 간편하게 접근할 수 있는 학습 방법!
QR코드 인식을 통한 Word Max 6단계 시리즈 음원 바로 듣고 학습하기

01 네이버 앱을 통해 QR코드 사용하기

Step 1. 네이버 QR 인식기 또는 별도의 QR 인식기를 실행시킵니다.

ⓐ 네이버 앱에서 마이크 아이콘 클릭합니다.

ⓑ QR 코드 인식기를 클릭합니다.

Step 2. 내지의 QR 코드를 인식합니다.

Step 3. MP3 음원이 유튜브를 통해 다운로드 없이 이용 가능합니다.

WORD MAX 6

5300

WorldCom Edu

WORD MAX
5300 6

초판	2016년 10월 31일
지은이	김 지 훈, 김 채 원
영문검수	Kenneth Drenen
책임편집	신 은 진
편집팀	월드컴 에듀 편집팀
펴낸이	임 병 업
디자인	임 예 슬, 김 지 현, 차 지 원
펴낸곳	(주)월드컴 에듀
등록	2016년 10월 31일
주소	서울시 강남구 남부순환로 2706, 5층
	(도곡동, 차우빌딩)
전화	02)3273-4300 (대표)
팩스	02)3273-4303
홈페이지	www.wcbooks.co.kr
이메일	wc4300@wcbooks.co.kr

WORD MAX 5300 여는 글

언어를 배울 때 어휘 학습은 모든 언어 학습자가 가장 먼저 시작하는 분야이면서 동시에 가장 숙달하기 어려운 분야입니다. 이는 문법이나 읽기, 듣기와는 다른 어휘 학습의 독특한 측면이며 다른 학습 방식이 필요한 이유이기도 합니다. 수능을 비롯한 최근의 영어 시험 경향은 결국 어휘사용능력이 전반적인 문제 해결의 핵심 요소가 되고 있습니다.

WORD MAX 5300은 최신 경향에 맞추어 가장 효율적인 어휘 학습 방식을 제공하고자 합니다.

WORD MAX 5300시리즈는

과학적인 방법으로 최대의 효과를 얻을 수 있도록 어휘를 엄선했습니다.

WORD MAX 5300시리즈는 총 6권의 수준별 구성으로 최신 출제 경향과 엄선된 예문 및 다양하고 풍부한 리뷰 테스트를 통해 어휘 활용 능력을 최대화 할 수 있도록 구성했습니다.

최근 12년의 수능 및 각종 시험 기출 문제와 교과서 자료를 중심으로 자체 데이터베이스를 통해 학습 대상 어휘를 엄선했습니다. 특히 기출 빈도와 출제 예상도를 고려하여 선정한 어휘들은 효율적인 어휘 학습을 도와 줄 것입니다.

단계별로 세분화되고 실용성 있는 어휘 학습 환경을 제공합니다.

Level 1~3은 핵심적인 어휘를 풍부한 예문과 리뷰 테스트를 통해 예비중학 과정부터 중등 내신 대비까지 학생들의 기본적 영어 능력 향상에 도움이 되도록 구성했습니다.

Level 4~6은 최근 12년간의 수학능력시험, 모의고사, 학력평가의 기출문제를 토대로 어휘를 선정하였습니다. 더불어 각 어휘의 출제 맥락을 연구하고 수준별 분류 및 보정과정을 통해 단순 어휘 학습을 넘어 전반적인 영어 활용 능력을 향상 시킬 수 있게 구성했습니다.

다양한 어휘 활용 연습 기회를 제공하여 전반적인 영어 실력의 향상을 목표로 합니다.

WORD MAX 5300시리즈는 일일 테스트를 비롯한 Review Test의 총 8개 섹션의 다양한 테스트를 통해 학습한 어휘를 완전히 이해하고 활용할 수 있도록 했습니다. 쓰임에 따라 다양한 뜻을 가진 어휘들과 이에 대한 실용성 높은 예문들은 영어 사용 능력 향상에 확실한 도움이 될 것입니다.

어휘 학습 방법에 대한 이견은 많지만 어휘 학습 대상 선정의 중요성에 대해서는 연구자와 일선 교육자 모두 공감하고 있습니다. WORD MAX 5300시리즈를 충실히 학습한다면 어휘를 학습하는 재미 뿐만 아니라 영어 전반에서 실력 향상을 성취 할 수 있을 것이라 자부합니다.

WORD MAX 5300시리즈와 함께 어휘 학습에 최고의 결과를 얻을 수 있기를 기원합니다.

- 월드컴 에듀 편집팀 일동

구성 및 활용

1 단계별 30일 구성의 계획적 어휘 학습!

'단어 → 어구 → 예문' 순으로 자연스럽게 확장되는 학습을 통해 어휘력을 향상합니다.

하루 30개
단계별 30일 구성

유의어, 반의어, 연관 단어 등의
제시를 통해 어휘력을 확장합니다.

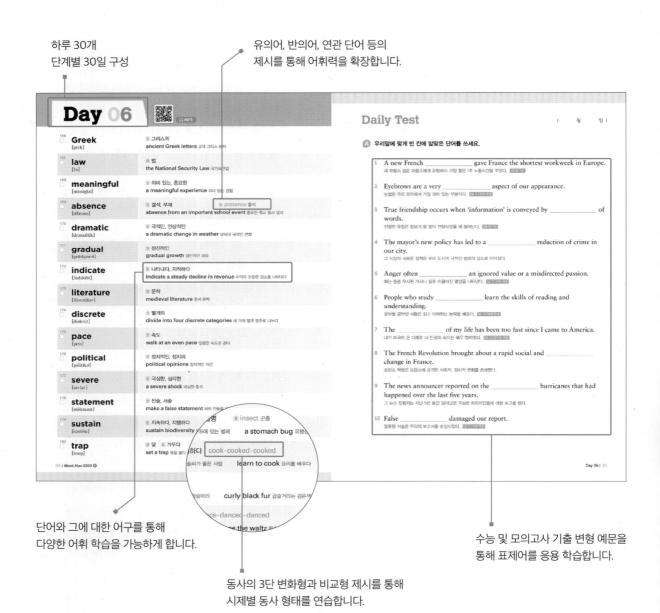

단어와 그에 대한 어구를 통해
다양한 어휘 학습을 가능하게 합니다.

동사의 3단 변화형과 비교형 제시를 통해
시제별 동사 형태를 연습합니다.

수능 및 모의고사 기출 변형 예문을
통해 표제어를 응용 학습합니다.

② Review Test 7가지 유형으로 학습 점검하기!

2일마다 학습한 어휘를 다양한 유형의 문제를 통해 반복 학습합니다.

한영 빈칸 채우기
우리말 해석에 따라 어구를 완성합니다.

영한 빈칸 채우기
영어 문장에 알맞은 단어를 찾아 빈 칸에 씁니다.

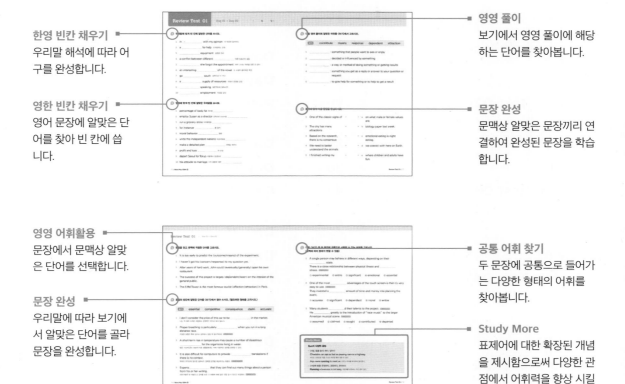

영영 풀이
보기에서 영영 풀이에 해당하는 단어를 찾아봅니다.

문장 완성
문맥상 알맞은 문장끼리 연결하여 완성된 문장을 학습합니다.

영영 어휘활용
문장에서 문맥상 알맞은 단어를 선택합니다.

문장 완성
우리말에 따라 보기에서 알맞은 단어를 골라 문장을 완성합니다.

공통 어휘 찾기
두 문장에 공통으로 들어가는 다양한 형태의 어휘를 찾아봅니다.

Study More
표제어에 대한 확장된 개념을 제시함으로써 다양한 관점에서 어휘력을 향상 시킬 수 있습니다.

③ Work Book

워크북을 활용하여 단어의 철자와 뜻을 한번 더 반복 학습합니다.

쓰기 노트

일일 테스트

목차

Day 1 ⋯⋯⋯⋯⋯⋯⋯⋯⋯ 08
Day 2 ⋯⋯⋯⋯⋯⋯⋯⋯⋯ 12
Review Test 01 ⋯⋯⋯⋯ 16

Day 3 ⋯⋯⋯⋯⋯⋯⋯⋯⋯ 20
Day 4 ⋯⋯⋯⋯⋯⋯⋯⋯⋯ 24
Review Test 02 ⋯⋯⋯⋯ 28

Day 5 ⋯⋯⋯⋯⋯⋯⋯⋯⋯ 32
Day 6 ⋯⋯⋯⋯⋯⋯⋯⋯⋯ 36
Review Test 03 ⋯⋯⋯⋯ 40

Day 7 ⋯⋯⋯⋯⋯⋯⋯⋯⋯ 44
Day 8 ⋯⋯⋯⋯⋯⋯⋯⋯⋯ 48
Review Test 04 ⋯⋯⋯⋯ 52

Day 9 ⋯⋯⋯⋯⋯⋯⋯⋯⋯ 56
Day 10 ⋯⋯⋯⋯⋯⋯⋯⋯ 60
Review Test 05 ⋯⋯⋯⋯ 64

Day 11 ⋯⋯⋯⋯⋯⋯⋯⋯ 68
Day 12 ⋯⋯⋯⋯⋯⋯⋯⋯ 72
Review Test 06 ⋯⋯⋯⋯ 76

Day 13 ⋯⋯⋯⋯⋯⋯⋯⋯ 80
Day 14 ⋯⋯⋯⋯⋯⋯⋯⋯ 84
Review Test 07 ⋯⋯⋯⋯ 88

Day 15 ⋯⋯⋯⋯⋯⋯⋯⋯ 92
Day 16 ⋯⋯⋯⋯⋯⋯⋯⋯ 96
Review Test 08 ⋯⋯⋯⋯ 100

Day 17 ⋯⋯⋯⋯⋯⋯⋯⋯ 104
Day 18 ⋯⋯⋯⋯⋯⋯⋯⋯ 108
Review Test 09 ⋯⋯⋯⋯ 112

Day 19 ⋯⋯⋯⋯⋯⋯⋯⋯ 116
Day 20 ⋯⋯⋯⋯⋯⋯⋯⋯ 120
Review Test 10 ⋯⋯⋯⋯ 124

Day 21 ⋯⋯⋯⋯⋯⋯⋯⋯ 128
Day 22 ⋯⋯⋯⋯⋯⋯⋯⋯ 132
Review Test 11 ⋯⋯⋯⋯ 136

Day 23 ⋯⋯⋯⋯⋯⋯⋯⋯ 140
Day 24 ⋯⋯⋯⋯⋯⋯⋯⋯ 144
Review Test 12 ⋯⋯⋯⋯ 148

Day 25 ⋯⋯⋯⋯⋯⋯⋯⋯ 152
Day 26 ⋯⋯⋯⋯⋯⋯⋯⋯ 156
Review Test 13 ⋯⋯⋯⋯ 160

Day 27 ⋯⋯⋯⋯⋯⋯⋯⋯ 164
Day 28 ⋯⋯⋯⋯⋯⋯⋯⋯ 168
Review Test 14 ⋯⋯⋯⋯ 172

Day 29 ⋯⋯⋯⋯⋯⋯⋯⋯ 176
Day 30 ⋯⋯⋯⋯⋯⋯⋯⋯ 180
Review Test 15 ⋯⋯⋯⋯ 184

Plus 350 ⋯⋯⋯⋯⋯⋯⋯ 188
Index ⋯⋯⋯⋯⋯⋯⋯⋯⋯ 198
Answer Key ⋯⋯⋯⋯⋯ 205

★ 책 속의 책 Workbook 제공

WORD
MAX 6
5300

Day 01

🎧 MP3

001 ☐ **impact**
[ímpækt]

몡 영향, 충격 동 영향(충격)을 주다
have a big impact on body weight 몸무게에 큰 영향을 주다

002 ☐ **finding**
[fáindiŋ]

몡 결과, 결론
quote the organization's finding 그 기관의 조사 결과를 인용하다

003 ☐ **arrange**
[əréinʤ]

동 마련하다, 주선하다, 정리하다, 배열하다 유 organize (어떤 일을) 준비하다, 조직하다
neatly arrange her dolls 그녀의 인형을 깔끔히 정리하다

004 ☐ **gain**
[gein]

몡 이익, (부, 체중의) 증가 동 (경험이나 이익등을) 얻다
bring a long-term financial gain 장기적인 재정적 이익을 가져오다

005 ☐ **slightly**
[sláitli]

부 약간, 조금
spicy but slightly sweet 맵지만 약간 달콤한

006 ☐ **tendency**
[téndənsi]

몡 성향, 기질, 경향, 추세 유 disposition 성질, 기질, 성향
a tendency to wear dark clothing 어두운 옷을 입는 경향

007 ☐ **automatically**
[ɔ̀:təmǽtik(ə)li]

부 자동적으로, 기계적으로, 무의식적으로
ensure success automatically 자동적으로 성공을 보장하다

008 ☐ **employment**
[implɔ́imənt]

몡 고용, 취업, (기술 등의) 사용, 도입 동 employ 고용하다, (기술 등을) 이용하다
create employment 고용을 창출하다

009 ☐ **perception**
[pərsépʃən]

몡 인식, 지각 동 perceive 지각하다, 인지하다
change in his perception of the environment 환경에 대한 그의 인식의 변화

010 ☐ **depressed**
[diprést]

형 우울한, 암울한, 침체된 유 discouraged 낙담한, 낙심한
become depressed after retirement 은퇴 후에 우울해지다

011 ☐ **presence**
[prézəns]

몡 존재, 참석, 출현
religion's presence in society 사회에서 종교의 존재

012 ☐ **currently**
[kə́:rəntli]

부 현재, 지금 형 current 현재의, 지금의
be currently on display 현재 전시 중이다

013 ☐ **entirely**
[intáiərli]

부 완전히, 전적으로, 전부 유 completely 완전히, 완벽하게
be entirely surrounded by a fence 완전히 울타리로 둘러싸이다

014 ☐ **surroundings**
[səraʊndiŋz]

몡 환경 형 surrounding 인근의, 주위의
study in pleasant surroundings 쾌적한 환경에서 공부하다

015 ☐ **tremendous**
[triméndəs]

형 엄청난, 대단한
tremendous damage 엄청난 손상

Daily Test

A 우리말에 맞게 빈 칸에 알맞은 단어를 쓰세요.

1. Helicopters have _____ popularity throughout the world in a surprisingly short amount of time.
   헬리콥터는 놀라울 만큼 짧은 시간에 전 세계적으로 인기를 얻었다. `13 고3평가원 변형`

2. A skin color that is _____ pale or dark may be a sign of disease.
   다소 창백하거나 어두운 피부색은 질병의 신호일지도 모른다. `07 고1학평 변형`

3. Researchers said that people have a _____ to expect positive behaviors from people they like and respect.
   연구원들은 사람들은 그들이 좋아하고 존경하는 이들에게 긍정적인 행동을 기대하는 경향이 있다고 말했다. `12 고3학평 변형`

4. Sorry, your reservation was _____ cancelled.
   죄송하지만, 당신의 예약은 자동으로 취소 되었어요.

5. NEET stands for "Not currently engaged in _____, Education or Training."
   NEET는 "현재 취업, 교육, 훈련 등의 속해 있지 않음"을 의미한다. `09 고2평가원 변형`

6. The brain's _____ can control the body's performance.
   뇌의 인지는 신체의 활동을 조정 할 수 있다.

7. Jack was _____ because his friends and relatives constantly asked him for money.
   Jack은 친구들과 친척들이 계속해서 그에게 돈을 요구해서 우울했다. `09 고1학평 변형`

8. Remember that the _____ of too many people can cause birds to abandon a nest and the eggs.
   너무 많은 사람들의 출현이 새로로 하여금 그들의 둥지와 알을 포기하게 만들 수 있음을 기억하세요. `09 고3학평 변형`

9. Breast cancer is a disease _____ being researched by biotechnologists.
   유방암은 현재 생물 공학자들에 의해 연구 되고 있는 질병이다.

10. I would never have succeeded unless I had put _____ effort into achieving my goals.
    만일 내가 목표 달성을 위해 엄청난 노력을 하지 않았다면 나는 절대 성공 할 수 없었을 것이다. `11 고1학평 변형`

🎧 MP3

016 ☐ **consequently**
[kánsəkwèntli]

부 결과적으로, 따라서, 그 결과 　 유 therefore 그러므로, 따라서
Consequently, he won. 결과적으로 그가 이겼다.

017 ☐ **rational**
[ræʃənəl]

형 합리적인, 이성적인, 분별있는 　 반 irrational 비이성적인, 비논리적인
think in a rational way 합리적인 방식으로 생각하다

018 ☐ **ultimately**
[ʌ́ltimitli]

부 궁극적으로, 결국
ultimately accept the proposal 결국 그 제안을 받아들이다

019 ☐ **take for granted**
[teik fə(r) græntid]

~을 당연시하다
take her success for granted 그녀의 성공을 당연시하다

020 ☐ **vitamin**
[váitəmin]

명 비타민
be rich in Vitamin A and B 비타민 A와 B가 풍부하다

021 ☐ **essence**
[ésəns]

명 본질, 정수, 진액 　 유 core 핵심, 골자
the essence of justice 정의의 본질

022 ☐ **interpretation**
[intə̀ːrpritéiʃən]

명 해석, 이해 　 *translation 명 번역, 통역
a modern interpretation of the Bible 성경의 현대적인 해석

023 ☐ **infection**
[infékʃən]

명 감염, 오염 　 형 infectious 전염되는, 전염성의
cause the bacterial infection 세균성 감염을 일으키다

024 ☐ **secure**
[sikjúər]

형 안전한, 확실한, 안정감 있는 　 동 안전하게 하다, 얻어내다, 획득하다
create a secure and reliable password 안전하고 믿을만한 암호를 만들다

025 ☐ **institute**
[institu:t]

명 기관, 협회, 연구소 　 동 세우다, 설립하다, 제정하다
the institute for English education 영어교육 협회(연구소)

026 ☐ **striking**
[stráikiŋ]

형 눈에 띄는, 두드러진, 빼어난 　 유 outstanding 눈에 띄는, 현저한
a striking similarity 눈에 띄는 유사점

027 ☐ **protective**
[prətéktiv]

형 보호하는, 보호용의, 방어적인 　 유 defensive 방어적인, 방위의, 수비적인
wear protective clothing 방호복을 입다

028 ☐ **consistent**
[kənsístənt]

형 일관된, 한결같은, 거듭되는 　 반 inconsistent 내용이 다른, 모순되는
be consistent with ~와 일치하다

029 ☐ **capital**
[kǽpitl]

명 자본, 자산, 수도, 대문자 　 형 자본의, 자산의
human capital 인적 자본 　 capital flow 자본의 흐름

030 ☐ **reasoning**
[ríːzəniŋ]

명 추론, 추리
have sound reasoning 올바른 추론을 하다

Daily Test

A 우리말에 맞게 빈 칸에 알맞은 단어를 쓰세요.

1 Scientists have long studied about IQ and _____ intelligence.
과학자들은 IQ와 합리적 지능에 대해서 오랫동안 연구해왔다. `07 고3평가원 변형`

2 _____, humans who heated foods were more likely to survive than those who didn't.
궁극적으로, 음식을 데워 먹었던 인간들은 그렇지 않은 인간들 보다 더 생존할 가능성이 높았다. `12 고1학평 변형`

3 These days, people think language is the _____ of culture.
요즘에 사람들은 언어가 문화의 본질이라고 생각한다. `14 고2학평 변형`

4 Even major newspapers contain biased _____ of facts.
심지어 주요 신문들도 사실에 대해 편향된 해석의 기사를 싣는다. `10 고1학평 변형`

5 A fever helps the body battle an _____ and actually reduce the severity of a cold.
열은 몸이 감염과 싸우는 것을 도와주고 실제로 감기의 고통을 줄여준다. `07 고2학평 변형`

6 We need to look for a _____ place for our baby.
우리는 아기를 위한 안전한 장소를 찾아야만 해요.

7 Linguists will set up a new _____ of primitive language.
언어학자들은 새로운 원시 언어 연구소를 설립할 예정이다.

8 Without the _____ backbone, the nerves that connect with our muscles, arms and legs could easily be damaged.
보호해주는 척추 뼈가 없다면, 근육, 팔, 다리를 연결해주는 우리의 신경은 쉽게 손상될 것이다.

9 For some reason, he was getting _____ error messages.
어떤 이유에서인지 그는 지속적인 오류 메세지를 받고 있었다. `11 고1학평`

10 Human _____ consists of the skills and knowledge that an individual uses to produce goods and services.
인적 자원은 개인이 재화와 서비스를 생산하기 위해 사용하는 기술과 지식을 포함한다. `05 고3평가원 변형`

Day 02

🎧 MP3

---

031 ☐ **agent**
[éidʒənt]

몡 대리인, 중개인, (어떤 작용의) 동인, 행위자, 약제

contact his literary agent 그의 작가 대리인과 접촉하다

---

032 ☐ **adapt**
[ədǽpt]

동 적응하다, 조정하다, 개작하다, 각색하다　　　 윤 adjust 조절하다, 맞추다

adapt quickly to the new environment 새로운 환경에 빠르게 적응하다

---

033 ☐ **extend**
[iksténd]

동 확장하다, 연장하다, 늘이다, 펼치다　　　 몡 extension (세력, 영향력 등의) 확대,
　　　　　　　　　　　　　　　　　　　　　　증축 연장
extend understanding 이해력을 넓히다

---

034 ☐ **productivity**
[pròudəktívəti]

몡 생산성, 생산력, 다산(성)

increased productivity 늘어난 생산성

---

035 ☐ **burst**
[bəːrst]

동 터지다, 터뜨리다, 파열하다, 파열시키다　　 몡 파열, (감정의) 격발, 갑작스러운 활동

burst into fragments 산산조각 나다

---

036 ☐ **come across**
[kʌm əkrɔ́ːs]

우연히 만나다, (우연히) 발견하다

come across her old friend 그녀의 오랜 친구를 우연히 만나다

---

037 ☐ **auditory**
[ɔ́ːditɔ̀ːri]

혱 청각의　　　　　　　　　　+auditorium 몡 청중석, 강당

suffer from auditory difficulties 청각 장애로 고통 받다

---

038 ☐ **elegant**
[éləgənt]

혱 우아한, 품격있는, 고상한　　　　 윤 refined 세련된, 정제된

her exceptionally elegant performance 그녀의 뛰어나게 우아한 공연

---

039 ☐ **resort**
[rizɔ́ːrt]

동 의존하다, ～에 호소하다 (～to)　　 몡 휴양지, 의지, 호소

resort to Tim's ability Tim의 능력에 의존하다

---

040 ☐ **insightful**
[insaitfʊl]

혱 통찰력 있는, 식견 있는

incredibly insightful lyrics 믿을 수 없을 만큼 통찰력 있는 가사

---

041 ☐ **colony**
[káləni]

몡 식민지, (개미, 벌, 새등의) 집단　　 혱 colonial 식민(지)의

establish their colony in India 인도에 그들의 식민지를 개척하다

---

042 ☐ **stem**
[stem]

몡 줄기, 종족, 계통　　 동 생겨나다, 유래하다

continue to conduct stem cell research 줄기 세포 연구를 계속 이어가다

---

043 ☐ **sue**
[sjuː]

동 고소하다, 소송을 제기하다

decide to sue Tom for damages Tom을 손해배상으로 고소할 결심하다

---

044 ☐ **belongings**
[[bilɔ́ːŋiŋz]

몡 재산, 소유물

pack her belongings 그녀의 물건들을 싸다

---

045 ☐ **guilt**
[gilt]

몡 죄책감, 유죄, 책임

be filled with guilt 죄책감으로 가득하다

Daily Test

A 우리말에 맞게 빈 칸에 알맞은 단어를 쓰세요.

1 Ann _____ very well to life in the desert.
   Ann은 사막 생활에 매우 잘 적응했다.

2 Despite their _____ free time, the people of Germany are very
   productive when they work.
   늘어난 자유시간에도 불구하고, 독일 사람들은 일할 때 매우 생산적이다. `13 고3평가원 변형`

3 The loss of soil is decreasing the _____ of the land.
   토양의 손실은 땅의 생산성을 저하 시킨다. `14 고3평가원 변형`

4 Lina _____ into tears when she heard the sad news.
   Lina는 그 슬픈 소식을 들었을 때 눈물을 터뜨렸다. `15 고3학평 변형`

5 The human _____ system has its own version of perceptual
   completion.
   인간의 청각 체계는 자기 고유의 지각적 완전성을 가지고 있다. `2010 수능 변형`

6 Mom bought me an _____ flower-shaped light for my birthday.
   엄마는 내 생일을 위해 우아한 꽃 모양의 전등을 사주셨다. `07 고2학평 변형`

7 The new novel is _____ and easy to understand.
   그 새로운 소설은 통찰력 있고 이해하기 쉽다.

8 Ants carry off dead members of the _____ to burial grounds.
   개미는 자기 집단의 죽은 구성원을 매장지로 끌고 간다. `17 고3평가원`

9 In desperation, many farmers _____ to cultivating wetlands or
   rocky hillsides.
   자포자기한 상태에서, 많은 농부들은 습지나 바위로 된 산비탈을 개간하는 것에 의존했다. `15 고2학평 변형`

10 If you visit New York City, Shanghai or Chicago, you will _____
   many tall skyscrapers.
   뉴욕, 상하이 혹은 시카고를 방문하면 당신은 많은 고층 건물들을 발견할 것 입니다.

Day 02

🎧 MP3

046 ☐	**harsh** [hɑːrʃ]	휑 가혹한, 냉혹한, 혹독한, 거친　　윤 severe 엄한, 혹독한, 엄격한 endure the long and harsh winter 길고 가혹한 겨울을 견디다
047 ☐	**inevitable** [inévitəbl]	휑 불가피한, 필연적인 The accident seemed inevitable. 그 사고는 불가피해 보였다.
048 ☐	**inspiration** [ìnspəréiʃən]	몡 영감, 고취, 격려, 자극 look for inspiration 영감을 찾다
049 ☐	**interpersonal** [ìntərpə́ːrsənəl]	휑 대인관계에 관련된 improve your interpersonal skills 대인관계 기술을 개선하다
050 ☐	**municipal** [mjuːnisipl]	휑 지방 자치제의 hold a municipal election 지방 자치 선거를 실시하다
051 ☐	**amber** [ǽmbər]	몡 호박(색), (교통신호의) 황색 amber-colored 호박색의
052 ☐	**drag** [dræg]	동 끌다, 느릿느릿 지나가다　　몡 견인, 끌기 drag her desk over to the door 문 쪽으로 그녀의 책상을 끌고 가다
053 ☐	**rehearsal** [rihə́ːrsəl]	몡 시연, 예행연습　　　　　　동 rehearse 리허설(예행연습)을 하다 a public rehearsal 공개 시연
054 ☐	**pave** [peiv]	동 (도로, 정원 등을) 포장하다　　몡 pavement 인도, 보도, 노면 pave a street with asphalt 거리를 아스팔트로 포장하다
055 ☐	**slam** [slæm]	동 쾅 닫다, 세게 밀다, 세게 닫히다, ～에 세게 부딪히다 slam the door 문을 쾅 닫다
056 ☐	**real estate** [ríːəl istéit]	몡 부동산 work in real estate 부동산 중개업을 하다
057 ☐	**hypothesis** [haipáθisis]	몡 가설, 추정, 추측　　　　　　윤 postulate 가정, 가설 confirm a hypothesis 가설을 확인하다
058 ☐	**peculiar** [pikjúːljər]	휑 이상한, 특별한, ～에 특유한(고유한)　　반 ordinary 평범한, 보통의 a peculiar smell 이상한 냄새
059 ☐	**attentive** [əténtiv]	휑 주의를 기울이는, 세심한, 배려하는 attentive students 주의를 집중하는 학생들
060 ☐	**margin** [mɑ́ːrdʒin]	몡 여백, 수익, 차이, 주변부　　휑 marginal 중요하지 않은, 주변부의, 근소한 a wide margin 넓은 여백

Daily Test

A 우리말에 맞게 빈 칸에 알맞은 단어를 쓰세요.

1 I was frustrated because my boss made _____ comments about my report.
   난 상사가 내 보고서에 대해 가혹한 평가를 했기 때문에 좌절했다.

2 Biology is not destiny, so gene expression is not necessarily _____.
   생물학적 기질은 운명이 아니므로, 유전자 발현은 반드시 불가피한 것은 아니다. `15 고3학평`

3 The legend of the lake gave me _____ for my new song.
   그 호수에 대한 전설은 내게 새 노래에 대한 영감을 주었다. `04 고3평가원 변형`

4 I _____ my big suitcase behind me and followed my colleagues.
   나는 큰 여행가방을 끌고 동료들을 쫓아갔다. `05 고1평가원 변형`

5 Although there was a serious accident last weekend, the _____ was successful.
   지난 주말에 심각한 사고가 있었음에도 불구하고, 그 리허설은 성공적이었다. `06 고2학평 변형`

6 The city council decided to _____ the street for the international event.
   시의회는 국제 행사를 위해 그 거리를 포장하기로 결정했다.

7 When new subway lines were built in large urban North American cities, the value of _____ tended to decrease.
   새로운 지하철 노선이 북미 대도시 주변에 지어졌을 때, 부동산 가치가 하락하는 경향이 있었다.

8 After repeated tests, her _____ has finally been confirmed.
   반복된 시험 후에, 그녀의 가설은 마침내 사실임이 확인되었다.

9 In 1898, a _____ six-inch wooden object was found in a tomb in Egypt.
   1898년에 이상한 6인치의 나무로 된 물건이 이집트의 한 무덤에서 발견되었다.

10 Helen thinks she has become more _____ and alert since starting to drink more coffee.
   Helen은 더 많은 커피를 마시기 시작한 이후로 자신이 더 세심해지고 기민해졌다고 생각한다. `14 고1학평 변형`

A 우리말에 맞게 빈 칸에 알맞은 단어를 쓰시오.

1   spicy but _____ sweet   맵지만 약간 달콤한

2   create _____   고용을 창출하다

3   be _____ on display   현재 전시 중이다

4   _____ accept the proposal   결국 그 제안을 받아들이다

5   wear _____ clothing   방호복을 입다

6   contact his literary _____   그의 작가 대리인과 접촉하다

7   _____ into fragments   산산조각 나다

8   continue to conduct _____ cell research   줄기 세포 연구를 계속 이어가다

9   look for _____   영감을 찾다

10   _____ students   주의를 집중하는 학생들

B 영어에 맞게 빈 칸에 알맞은 우리말을 쓰시오.

1   a tendency to wear dark clothing   어두운 옷을 입는 _____

2   religion's presence in society   사회에서 종교의 _____

3   Consequently. he won.   _____ 그가 이겼다.

4   cause the bacterial infection   세균성 _____을 일으키다

5   have sound reasoning   올바른 _____을 하다

6   extend understanding   이해력을 _____

7   be filled with guilt   _____으로 가득하다

8   improve your interpersonal skills   _____ 기술을 개선하다

9   pave a street with asphalt   아스팔트로 거리를 _____

10   work in real estate   _____ 중개업을 하다

C 다음 영어 풀이에 알맞은 어휘를 〈보기〉에서 고르시오.

보기	come across	inevitable	essence	municipal	attentive

1 _____ : necessary; unable to avoid and prohibit

2 _____ : giving careful attention to something

3 _____ : to meet someone or to find something by chance

4 _____ : the basic or most important part of something

5 _____ : of or relating to a local government

D 문맥에 맞게 다음 문장을 완성하시오.

1 Sorry, your reservation •   • a IQ and rational intelligence.

2 Scientists have long studied •   • b to life in the desert.
  about

3 We need to look for •   • c was automatically cancelled.

4 Ann adapted very well •   • d its own version of perceptual
                                          completion.

5 The human auditory system •   • e a secure place for our baby.
  has

E 문장을 읽고 문맥에 적절한 단어를 고르시오.

1 Curtis has a(n) (peculiar/attentive) habit. He washes his hands before reading a book.

2 Dad takes for (granted/reasoning) that he can always beat me in chess.

3 I (took/came) across my elementary school teacher in the gym.

4 After a heated argument with his father, Edwin (paved/slammed) the door and went out.

5 There are (striking/rational) differences in the grammars of Korean and Chinese.

F 문장의 빈칸에 알맞은 단어를 〈보기〉에서 찾아 쓰시오. (필요하면 형태를 고치시오.)

> 보기 consistent   harsh   perception   inevitable   depressed

1 All of us use cultural knowledge to organize our _____ and behavior.
우리 모두는 문화적 지식을 사용해서 우리의 인식과 행동을 체계화한다. 2012 수능 변형

2 I became severely _____ as one dream after another faded from me.
내게서 꿈이 잇따라 사라져가자 나는 극도로 우울해졌다. 12 고3평가원

3 Debating skills are an _____ component of modern politics.
논쟁 기술은 현대 정치에서 필연적인 요소가 되었다.

4 His remarks at the meeting are _____ with what he usually tells us.
모임에서 한 그의 발언은 그가 평소에 우리에게 말했던 것과 부합한다. 17 고3평가원 변형

5 Unfortunately, deforestation has left the soil exposed to _____ weather.
불행하게도, 삼림 파괴는 토양을 가혹한 날씨에 노출시킨 채로 두었다. 2012 수능 변형

G 다음 〈보기〉 중 두 문장에 공통으로 사용할 수 있는 어휘를 고르시오.

1 The results of science have profound ＿＿＿＿＿＿ on every human being on
   earth. `16 고3평가원 변형`
   The ＿＿＿＿＿＿ of color has been studied for decades. `2015 수능`

   ① rehearsal   ② impact   ③ institute   ④ productivity   ⑤ hypothesis

2 The results of the test went against the ＿＿＿＿＿＿ of our own research.
   We used the ＿＿＿＿＿＿ from our customer survey to upgrade the
   website. `09 고3평가원 변형`

   ① findings   ② surroundings   ③ belongings   ④ stems   ⑤ margins

3 After correcting the picture, the painter ＿＿＿＿＿＿(e)d a second
   preview. `2011 수능`
   Mother ＿＿＿＿＿＿(e)d for my aunt to come and do the cooking this
   Saturday. `2007 수능`

   ① secure   ② adapt   ③ extend   ④ arrange   ⑤ drag

Study More

'take~ for granted' : ~을 당연한 일로 여기다

- Most us **took** her support **for granted**. 우리 모두는 그녀의 지원을 당연하게 여겼다.
- Don't **take for granted** the clean air and water. 깨끗한 공기와 물을 당연시 하면 안 된다.

Day 03

🎧 MP3

061 ☐	**hue** [hju:]	몧 색조, 빛깔 the study of color hues 색조 연구　　his healthy hue 그의 건강한 혈색
062 ☐	**monetary** [mánitèri]	혱 화폐의, 통화의, 금융(상)의, 재정(상)의 the recent international monetary crisis 최근의 전 세계적 통화위기
063 ☐	**affordable** [əfɔ́:rdəbl]	혱 (가격이) 알맞은, 감당할 수 있는 look for an affordable car 가격이 알맞은 자동차를 찾다
064 ☐	**assess** [əsés]	똥 (특성, 자질 등을) 재다, 가늠하다, 평가하다　몧 assessment 평가(행위), 평가액 difficult to assess a customer's needs 고객의 요구를 가늠하다
065 ☐	**lag** [læg]	똥 뒤에 처지다, 뒤떨어지다　몧 뒤처짐, 지체, (시간, 양, 정도의) 차이 lag behind his colleagues 그의 동료들보다 뒤떨어지다
066 ☐	**invaluable** [invǽljuəbl]	혱 귀중한, 매우 유용한 our invaluable challenge 우리의 매우 귀중한 도전
067 ☐	**warranty** [wɔ́(:)rənti]	몧 품질 보증(서)　유 guarantee 품질 보증(서), 보장 extend the warranty period 보증 기간을 연장하다
068 ☐	**cue** [kju:]	몧 단서, 실마리, 신호 non-verbal cues 비언어적 단서
069 ☐	**awe** [ɔ:]	몧 경외감, 공포　똥 경외감을 느끼다 (갖게 하다) evoke awe 경외심을 일으키다
070 ☐	**herd** [hə:rd]	몧 (짐승의) 떼, 무리 a herd of elephants 코끼리 떼
071 ☐	**faint** [feint]	혱 (빛, 소리등이) 희미한, 약한, 어지러운　똥 실신하다, 기절하다 faint memory of childhood 어린 시절의 희미한 기억
072 ☐	**irrelevant** [iréləvənt]	혱 무관한, 상관없는 (~to)　유 unrelated 관련(관계) 없는 be irrelevant to our plan 우리의 계획과는 무관하다
073 ☐	**mainstream** [méinstrì:m]	몧 (사상, 견해 등의) 주류, 대세　혱 주류의, 정통파의 the mainstream culture of Korea 한국의 주류 문화
074 ☐	**outlet** [áutlet]	몧 (감정, 에너지의) 발산(배출) 수단, 출구, 배출구 find an outlet for his many talents 그의 많은 재능을 발산할 수단을 찾다
075 ☐	**password** [pǽswə̀:rd]	몧 비밀번호, 암호 impossible to enter without a password 비밀번호 없이는 입장이 불가능한

Daily Test

A 우리말에 맞게 빈 칸에 알맞은 단어를 쓰세요.

1 Jordan was able to purchase a book from the list thanks to your
   _____ donation.
   Jordan은 당신의 금전적 기부 덕분에 그 목록에 있는 책을 살 수 있었습니다. `14 고3학평 변형`

2 Bike riding appeals to a large number of people because it is _____
   and can be a stepping stone for fitness.
   자전거 타기는 가격이 알맞고 건강을 위한 디딤돌이 될 수 있기 때문에 많은 사람들의 호응을 얻고 있다. `10 고3학평 변형`

3 I was more tired because I _____ behind my fellows.
   나는 동료들로부터 뒤쳐졌기 때문에 더욱 피곤했다.

4 The Internet has quickly become an _____ tool.
   인터넷은 빠르게 유용한 도구가 되었다. `14 고1학평 변형`

5 Before the _____ expires, you should repair your bike.
   제품보증이 만료되기 전에, 당신은 자전거를 꼭 수리해야 해요.

6 The professor explained that laughter is a social _____ that we send
   to others.
   교수님은 웃음이 우리가 다른 이에게 보내는 사회적 신호라고 설명했다. `12 고1학평 변형`

7 Hunters would run after a giant _____ of buffalo and trap them on
   a steep cliff.
   사냥꾼들은 아주 큰 물소 떼를 뒤쫓아 가파른 절벽으로 물소들을 몰아넣어 잡곤 했다.

8 A _____, cool breeze blew as the sea moved about kindly.
   바다가 잔잔히 움직이자 약하고 서늘한 바람이 불었다. `11 고2학평 변형`

9 Despite public concern over certain lyrics, rap music actually gives many
   teenagers an _____ from their life problems.
   가사에 대한 대중들의 걱정에도 불구하고, 랩 음악은 실제로 많은 10대들에게 자신들의 인생 문제로부터의 출구를 제공한다.
   `08 고2평가원 변형`

10 Enter a user name and _____ to use this computer.
    이 컴퓨터를 사용하려면 사용자이름과 비밀번호를 입력 하세요.

Day 03

🎧 MP3

076
☐ **intrinsic**
[intrínsik]
형 고유한, 내적인, 내재적인
the intrinsic beauty of the Hanbok 한복의 고유한 아름다움

077
☐ **venture**
[véntʃər]
명 모험적 시도, 벤처(기업) 동 위험을 무릅쓰고 가다, (소중한 것을) 내걸다
venture into space 위험을 무릅쓰고 우주에 가다

078
☐ **ignorant**
[íɡnərənt]
형 무지한, 무식한, 무지막지한   유 oblivious to ～을 감지하지 못하는
ignorant to global warming 지구 온난화에 대해 무지한

079
☐ **incentive**
[inséntiv]
명 자극, 장려책, 동기   유 encouragement 격려, 장려
give an incentive to study English 영어 공부를 하게끔 자극하다

080
☐ **underneath**
[ʌ̀ndərníːθ]
전 ～의 아래에   명 밑면, 하부
underneath the tower 탑 아래에

081
☐ **shortage**
[ʃɔ́ːrtidʒ]
명 부족, 결핍   유 deficiency 부족, 결핍, 결함
a shortage of water 물 부족

082
☐ **concerning**
[kənsə́ːrniŋ]
전 ～에 관한, 관련된
an address concerning future generations 미래 세대에 관한 연설

083
☐ **constrain**
[kənstréin]
동 제한하다, 제약하다, 강요하다
constrain children to eating only vegetables 아이들에게 야채만 먹으라고 강요하다

084
☐ **accumulate**
[əkjúːmjəlèit]
동 모으다, 축적하다   유 amass 모으다, 축적하다
accumulate a lot of stamps 많은 우표를 모으다

085
☐ **paradigm**
[pǽrədàim]
명 전형적인 양식, 패러다임
a new paradigm of making movies 영화 제작의 새로운 패러다임

086
☐ **corrupt**
[kərʌ́pt]
형 부정한, 부패한   명 corruption 부패, 타락, 오염
corrupt practices 부정한 행위   corrupt officials 부패한 관리들

087
☐ **diffusion**
[difjúːdʒən]
명 발산, 확산, 보급   동 diffuse 분산시키다, 확산시키다
diffusion of floral odor 꽃 향기의 발산

088
☐ **detergent**
[ditə́ːrdʒənt]
명 세제   형 깨끗하게 하는, 세척성의
invent an eco-friendly detergent 친환경 세제를 발명하다

089
☐ **interior**
[intí(ː)əriər]
명 내부,내륙, 실내   형 내부의
do the interior decorating 실내 장식을 하다

090
☐ **regional**
[ríːdʒənəl]
형 지방(지역)의   유 local (특정) 지역의, 현지의
a regional dialect 지역 방언   regional delicacy 지역 별미

Daily Test

A 우리말에 맞게 빈 칸에 알맞은 단어를 쓰세요.

1 Teach children to regard reading as a source of _____ satisfaction rather than a chore.
아이들에게 독서는 하기 싫은 일이기 보다는 내적인 만족감의 원천으로 여길 수 있도록 가르치세요. `12 고3학평 변형`

2 Alex has _____ to the Amazon Rainforest to study new species of reptiles.
Alex는 새로운 파충류 종을 연구하기 위해 아마존 열대우림을 모험했다. `08 고2학평 변형`

3 Although there are laws about the care of dogs, some dog-owners are _____ of them.
개를 돌보는 법이 있음에도 불구하고, 몇몇 개 주인들은 그 법들에 대해 무지하다. `05 고3학평 변형`

4 Some people think that good behavior must be reinforced with _____.
몇몇 사람들은 선한 행동이 보상과 함께 강화 되어야 한다고 생각한다. `2011 수능 변형`

5 We are _____ by the scarcity of resources, including a limited availability of time.
우리는 이용 가능한 시간의 제약을 포함해서 자원의 부족으로 제한받고 있다. `14 고2학평 변형`

6 Throughout his acting career, he _____ several awards for great performances.
그는 연기 경력을 통해 훌륭한 연기로 여러 번의 수상 실적을 쌓았다.

7 Bribery is at the core of any _____ government.
뇌물은 여느 부패한 정권의 밑바탕을 차지하고 있다.

8 Language facilitates the cultural _____ of innovations.
언어는 혁신의 문화적 확산을 용이하게 한다. `14 고2학평 변형`

9 Just like a human body, the _____ of the cell contains food, waste material or even extra water.
인간의 몸과 같이, 세포의 내부도 음식, 노폐물 또는 여분의 물을 함유하고 있다.

10 Until the 1980s, shark fin soup was a _____ delicacy which was only popular in southern China.
1980년대까지 상어 지느러미 수프는 중국 남부에서만 인기가 있던 지역 별미였다.

Day 04

🎧 MP3

091 □ **discomfort**
[diskʌ́mfərt]
몡 불편, 가벼운 통증, 불쾌 동 불편(불안)하게 하다
relieve the discomfort 불편을 해소하다

092 □ **companion**
[kəmpǽnjən]
몡 동료, 친구
respect the hobby of your companion 당신의 동료의 취미를 존중하다

093 □ **subconscious**
[sʌ̀bkɑ́nʃəs]
혱 잠재의식의 몡 잠재의식
reveal his subconscious desire 그의 잠재의식의 바람을 드러내다

094 □ **accommodate**
[əkɑ́mədèit]
동 공간을 제공하다, (의견이나 공간등을) 수용하다, (환경 등에) 적응하다
accommodate more than 200 people 200명 이상을 수용하다

095 □ **strive**
[straiv]
동 분투하다, 애쓰다
strive for independence 독립을 위해 고군분투하다

096 □ **extrovert**
[ékstrəvə̀:rt]
몡 외향적인 사람 혱 extroverted 외향적인, 외향성의
She is an extrovert. 그녀는 외향적인 사람이다.

097 □ **upload**
[ʌ́plòud]
동 (데이터, 프로그램 등을) 전송하다, 업로드하다
upload files to the website 웹사이트에 파일들을 전송하다

098 □ **questionnaire**
[kwèstʃənέər]
몡 설문지
fill in a questionnaire 설문지를 작성하다

099 □ **clinic**
[klínik]
몡 (전문분야) 병원, 진료소
a medical clinic 병원 a dental clinic 치과 진료소

100 □ **rigid**
[rídʒid]
혱 엄격한, 융통성이 없는, 뻣뻣한 부 rigidly 융통성없이, 완고하게
rigid on the issue 그 문제에 대해 엄격한

101 □ **supervision**
[sjù:pərvíʒən]
몡 감독, 관리, 지휘, 감시 동 supervise 감독하다, 지도하다
under the proper supervision 적절한 감독하에

102 □ **formula**
[fɔ́:rmjələ]
몡 공식, 방식, 제조법, 정형화된 문구
the formula to calculate the diameter of a circle 원의 지름을 계산하는 공식

103 □ **upright**
[ʌ́pràit]
혱 (자세가) 똑바른, 곧추 선, 강직한, 올바른
stay upright 똑바로 서다

104 □ **firsthand**
[fə́:rsthǽnd]
부 직접(으로) 혱 직접의, 직접 얻은
firsthand information 직접 입수한 정보

105 □ **treadmill**
[trédmìl]
몡 (반복되는) 지루한 일, 러닝머신
escape from the treadmill of life 인생의 지루한 일에서 벗어나다

Daily Test

A 우리말에 맞게 빈 칸에 알맞은 단어를 쓰세요.

1 People are generally not used to living with _____.
   사람들은 일반적으로 불편한 삶을 사는 것에 익숙하지 않다. `2010 수능 변형`

2 Matisse and Renoir were dear friends and frequent _____.
   Matisse와 Renoir는 좋은 친구이자 자주 왕래하는 동료였다. `14 고2학평 변형`

3 I think many people carry into adulthood a _____ belief that
   mental and emotional growth follows a similar pattern.
   나는 많은 이들이 성인으로 들어서면 정신적이고 감성적인 성장이 비슷한 유형을 따른다는 잠재적인 믿음을 가지고 있다고
   생각한다. `13 고3학평 변형`

4 People say that Tim is _____, but I know him to be shy and
   introverted.
   사람들은 Tim이 외향적이라고 말하지만, 나는 그가 부끄러움이 많고 내성적인 사람인 것을 안다.

5 Unless you select which images to _____, your computer will
   automatically copy all images from your camera.
   만약 당신이 업로드 할 이미지들을 선택하지 않으면, 당신의 컴퓨터는 자동으로 당신의 카메라의 모든 이미지를
   복사할 것이다.

6 If new discoveries are to be taken seriously by other scientists, these must be
   met certain _____ criteria.
   만약 새로운 발견이 다른 과학자들에게 진지하게 받아들여지게 하려면 어떤 엄격한 기준이 충족되어야 한다. `09 고2학평 변형`

7 The experiment will be conducted under the _____ of Dr. William.
   실험은 William 박사의 관리 하에 실행 될 것입니다.

8 The beauty of nature can't be reduced to a _____.
   자연의 아름다움은 하나의 공식으로 축소 될 수 없습니다.

9 Warthogs keep their tails in the _____ position when they are running.
   흑 멧돼지는 달릴 때 꼬리를 곧추 세운다. `14 고1학평 변형`

10 After a 30-minute session on the _____, students actually did up to
   10 percent better at problem solving.
   30분의 러닝머신 후, 학생들은 실제로 문제 해결에서 최대 10%까지 더 잘 해냈다.

106 ☐ **solvent**
[sálvənt]

형 지급 능력이 있는, 용해(되는)　명 용제, 용매
solvent enough to pay the debt 빚을 갚을 만큼 충분히 능력이 되는

107 ☐ **simulate**
[simjuleit]

동 흉내내다, ~의 모의 실험(훈련)을 하다　명 simulation 모의실험, 흉내내기
simulate space travel 우주여행의 모의 훈련을 하다

108 ☐ **peninsula**
[pənínsələ]

명 반도
be located on the southern peninsula 남반도에 위치하다

109 ☐ **retention**
[riténʃən]

명 보유, 유지, 기억(력)　동 retain 유지하다, 보유하다
retention of good staff 좋은 직원들의 보유

110 ☐ **prolong**
[prəlɔ́(:)ŋ]

동 연장하다, 장기화하다　명 prolongation 연장, 연기
prolong their lifespan 그들의 수명을 연장하다

111 ☐ **burrow**
[bə́:rou]

동 굴을 파다, 들추다, 뒤적이다　명 (토끼, 두더지 등의) 굴, 은신처
burrow into the sand 모래 속으로 굴을 파다

112 ☐ **rotate**
[róuteit]

동 회전하다, 회전시키다, (일 등을) 교대로 하다　명 rotation 순환, 교대
rotate on an axis 축을 중심으로 회전하다

113 ☐ **pursuit**
[pərsjú:t]

명 추구　동 pursue 추구하다, 수행하다
spend his whole life in pursuit of perfection 그의 일생을 완벽을 추구하며 보내다

114 ☐ **scenic**
[si:nik]

형 경치가 좋은, 생생한, 그림같은
a city of scenic beauty 경치가 아름다운 도시

115 ☐ **chubby**
[tʃʌ́bi]

형 통통한, 토실토실한　유 plump 포동포동한, 속이 가득찬
the face of a chubby baby 통통한 아기 얼굴

116 ☐ **internship**
[íntə:rnʃip]

명 실습 훈련 기간, 인턴사원 근무
an internship at a hospital 병원에서의 실습 훈련 기간

117 ☐ **stain**
[stein]

동 얼룩지게 하다, 더럽히다, 훼손하다　명 얼룩, 오점
stain the shirt 셔츠에 얼룩을 지게 하다

118 ☐ **outward**
[áutwərd]

형 표면상의, 외부의, (중심에서) 밖으로 향하는　반 inward 내부의, 내부로 향하는
be able to bend outward 밖으로 구부려 질 수 있다

119 ☐ **resentment**
[rizéntmənt]

명 분노, 분함, 적의　동 resent 분하게 (억울하게) 여기다
remorse and resentment 자책과 분노

120 ☐ **distasteful**
[distéistfəl]

형 싫은, 불쾌한, 마음에 들지 않는
do distasteful work 싫은 일을 하다

Daily Test

A 우리말에 맞게 빈 칸에 알맞은 단어를 쓰세요.

1 It is hard to resist the charm of a baby with _____ cheeks.
통통한 볼을 가진 아기의 매력에 저항하기는 힘들다. 11 고3학평 변형

2 The crash test dummy is designed to _____ the human body during a car crash.
(자동차) 충돌 테스트용 사람인형은 자동차 충돌시 사람의 몸을 흉내내기 위해 고안되었다.

3 The crew of the Space Shuttle was looking at the Yucatan _____ in Mexico.
우주 왕복선의 승무원들은 멕시코의 Yucatan 반도를 보고 있었다.

4 The scientist explained in detail how freezing people could possibly _____ their lives.
그 과학자는 어떻게 인간을 냉동하는 것이 그들의 삶을 연장할 수 있는지에 대해 세부적으로 설명했다.

5 Shorthorned wizards can quickly _____ into loose soil to hide.
짧은뿔 도마뱀은 숨기 위해 푸석한 흙속으로 재빠르게 굴을 팔 수 있다.

6 Gray asked me how to _____ images in his presentation slides.
Gray는 자신의 발표 슬라이드에 있는 이미지들을 어떻게 회전시키는지 물었다.

7 She questioned herself whether she would live in _____ of happiness or success.
그녀는 자신이 행복을 추구하며 살 것인지 성공을 추구하며 살 것인지 자문했다.

8 Heat is coming downwards from the sun but it is also going _____ from the body.
열은 태양에서 아래쪽으로 내려오고 있지만 그것은 또한 몸에서 바깥 쪽으로도 나가고 있다. 15 고3학평 변형

9 Loving yourself makes you feel more self-confident and lessens your _____ toward your friends.
당신 자신을 사랑하는 것은 당신이 더 많은 자신감을 느끼게 하고, 친구들을 향한 당신의 적의를 줄여준다. 11 고3평가원 변형

10 Most people agree that the shirt is a _____ color.
대부분의 사람들이 그 셔츠는 마음에 들지 않는 색이라는 것에 동의했다.

A 우리말에 맞게 빈 칸에 알맞은 단어를 쓰시오.

1 the study of color _____ 색조 연구

2 non-verbal _____ 비언어적 단서

3 _____ memory of childhood 어린 시절의 희미한 기억

4 _____ the tower 탑 아래에

5 a new _____ of making movies 영화 제작의 새로운 패러다임

6 respect the hobby of your _____ 당신의 동료의 취미를 존중하다

7 fill in a _____ 설문지를 작성하다

8 the _____ to calculate the diameter of circle 원의 지름을 계산하는 공식

9 _____ on an axis 축을 중심으로 회전하다

10 an _____ at a hospital 병원에서의 실습 훈련 기간

B 영어에 맞게 빈 칸에 알맞은 우리말을 쓰시오.

1 a herd of elephants 코끼리 _____

2 the mainstream culture of Korea 한국의 _____ 문화

3 impossible to enter without a password _____ 없이는 입장이 불가능한

4 venture into space 위험을 _____ 우주에 가다

5 invent an eco-friendly detergent 친환경 _____ 를 발명하다

6 under the proper supervision 적절한 _____ 하에

7 be located on the southern peninsula 남_____ 에 위치하다

8 burrow into the sand 모래 속으로 _____

9 stain the shirt 셔츠에 _____

10 remorse and resentment 자책과 _____

C 다음 영어 풀이에 알맞은 어휘를 〈보기〉에서 고르시오.

> **보기** rigid   assess   extrovert   accumulate   companion

1 _____ : to gather something over time; to increase or pile up gradually

2 _____ : not flexible; stiff; not easily changed

3 _____ : a person or animal who spends time with you; something helpful

4 _____ : friendly and outgoing; an outgoing person

5 _____ : to judge or estimate the value, quality, or importance of something

D 문맥에 맞게 다음 문장을 완성하시오.

1 I was more tired because •   • a you should repair your bike.

2 Before the warranty date expires, •   • b the shirt is a distasteful color.

3 People are generally not used •   • c I lagged behind my fellows.

4 People say that Tim is an extrovert, •   • d to living with discomfort.

5 Most people agree that •   • e but I know him to be shy and introverted.

E 문장을 읽고 문맥에 적절한 단어를 고르시오.

1 The laptop computer is too expensive. I don't think it is (chubby/affordable).

2 There was a meeting (concerning/fainting) the appointment of a new coach.

3 The merchant (uploaded/accumulated) wealth from selling cheap computers.

4 The development of new software was (constrained/rotated) by the lack of funds.

5 Don't worry. Your mistake is (irrelevant/distasteful) to this problem.

F 문장의 빈칸에 알맞은 단어를 〈보기〉에서 찾아 쓰시오. (필요하면 형태를 고치시오.)

| 보기 | diffusion | invaluable | incentive | prolong | intrinsic |

1 We all believe that your contributions to this firm have been _____.
   우리 모두는 이 회사에 대한 당신의 공헌이 매우 귀중했다 믿습니다. `2005 수능 변형`

2 This exhibition was _____ due to its popularity.
   그 전시회는 인기가 있어서 연장되었다.

3 It is clear that TV activates an _____ response in the human brain.
   TV가 사람들의 머리 속에서 내재적 반응을 활성화하는 것은 확실하다. `09 고3학평`

4 What disturbs me is the idea that good behavior must be reinforced with

   _____.
   나를 불편하게 만드는 것은 선행은 보상과 함께 강화되어져야 한다는 생각이다. `2011 수능`

5 _____ is a process by which one culture or society borrows ideas
   or culture from another.
   확산은 한 문화나 사회가 다른 문화나 사회로부터 사상이나 가치를 차용하는 과정이다. `2007 수능 변형`

G 다음 〈보기〉 중 두 문장에 공통으로 사용할 수 있는 어휘를 고르시오.

1 Industrial diamonds are so important that a _____ would cause a breakdown in the metal-working industry. 2007 수능
A recent report alleged that pandas are suffering from a _____ of food. 13 고3학평 변형

① warranty　② paradigm　③ herd　④ supervision　⑤ shortage

2 They _____(e)d to conserve the wild plants growing in Korea. 2004 수능 변형
She _____(e)s to make the presentation perfect. 09 고3학평

① pave　② strive　③ drag　④ strike　⑤ burst

3 The car park is large enough to _____ 100 cars. 2014 수능 변형
Greg is an open-minded person and willing to _____ new ideas.

① assess　② resort　③ accord　④ slam　⑤ accommodate

Study More

'extro(a)–' : '바깥으로, ~외의, ~을 넘어선'의 뜻을 나타낸다.

- [extroverted] 형 외향적인
  have an **extroverted** personality 외향적인 성격을 지니다

- [extraterrestrial] 명 외계인, 우주인
  the possibility of **extraterrestrial** life 외계 생명체의 가능성
  search for **extraterrestrial** existence 외계인의 존재에 대한 연구

Day 05

 MP3

121 ☐	**fallacy** [fǽləsi]	몡 오류, 착오, 그릇된 생각 detect the fatal fallacy 치명적 오류를 발견하다

122 ☐	**specimen** [spésəmən]	몡 견본, 표본, (의학검사용) 시료 get a blood specimen 혈액 견본을 얻다

123 ☐	**cardiovascular** [kà:rdiouvǽskjələr]	혱 심혈관의 a sign of cardiovascular disease 심혈관 질환의 징조

124 ☐	**confine** [kanfáin]	동 한정하다, 국한하다 윤 restrict 제한하다, 한정하다 confine a performance to ten minutes 공연을 10분으로 한정하다

125 ☐	**variable** [vέ(:)əriəbl]	혱 변동이 심한, 변화하기 쉬운 몡 변수 variable compensation 변동 보수제

126 ☐	**illiterate** [ilítərit]	혱 글을 읽거나 쓸 줄 모르는, 문맹의 teach illiterate students 글을 읽고 쓸 줄 모르는 학생들을 가르치다

127 ☐	**prospect** [práspèkt]	몡 전망, 예상, 가능성 혱 prospective 장래의 유망한, 다가오는 prospect for economic recovery 경제 회복에 관한 전망

128 ☐	**brink** [briŋk]	몡 (새롭거나 흥미로운 상황이 발생하기) 직전, (벼랑, 강가 등의) 끝 on the brink of war 전쟁 직전인 the brink of a cliff 낭떠러지의 끝

129 ☐	**multimedia** [mʌltimí:diə]	혱 다중 매체의 use a variety of multimedia 다양한 다중 매체를 사용하다

130 ☐	**camouflage** [kǽməflà:ʒ]	몡 위장, 위장(수단) 동 위장하다, 속이다, 감추다 윤 disguise 변장, 변장하다 Spiders camouflage themselves from predators. 거미들은 천적으로부터 자신들을 위장한다.

131 ☐	**run into** [rʌn íntə]	~을(과) 우연히 만나다, (곤경 등을) 겪다 윤 encounter 우연히 만나다, 마주치다 run into a severe typhoon 심한 태풍을 만나다

132 ☐	**tissue** [tíʃu:]	몡 (세포) 조직, 화장지 his damaged skin tissue 그의 손상된 피부조직

133 ☐	**hold on to** [hould ən tu:]	계속 유지하다, 고수하다 Hold on to your dream! 당신의 꿈을 계속 품고 가세요!

134 ☐	**reproduction** [rì:prədʌ́kʃən]	몡 번식, 재현 동 reproduce 재생하다, 재현하다, 번식하다 control the reproduction 번식을 조절하다

135 ☐	**maneuver** [mənú:vər]	몡 책략, 술책, (군대, 군함 등의) 기동 동 (군대, 함대 등을) 기동시키다, 조종하다, 다루다 carry out a secret maneuver 비밀 책략을 수행하다

Daily Test

A 우리말에 맞게 빈 칸에 알맞은 단어를 쓰세요.

1 Trace evidence refers to very minute evidence like strands of hair, skin cells, blood _____ or fingerprints.
   Trace 증거는 머리 가닥, 피부 세포, 혈액 표본 또는 지문과 같은 아주 미세한 증거들을 일컫는다.

2 Scientists found that two _____ have a cause and effect relationship.
   과학자들은 그 두 변수에 인과관계가 있음을 발견했다.

3 These days, the number of _____ individuals is decreasing.
   요즘은 문맹자의 수가 줄어들고 있다. 05 고3학평 변형

4 We borrow environmental capital from future generations with no intention or _____ of repaying.
   우리는 되갚으려는 의도나 예상도 없이 미래 세대로부터 환경자본을 빌린다.

5 How many times has our world been on the _____ of destruction?
   우리가 사는 이 세상은 파괴 직전까지 갔던 적이 얼마나 많았을까? 05 고3학평

6 The new media has several alternative names such as _____, interactive media, and digital media.
   새로운 미디어는 다중 매체, 상호작용 매체, 디지털 매체와 같은 여러 가지 선택적인 이름을 갖고 있다.

7 _____ is commonly used by plants and animals to blend into their surroundings.
   위장은 대개 식물과 동물이 그들의 주변에 뒤섞이기 위해 사용한다.

8 Tina _____ her landlady in the market place.
   Tina는 집 주인 아주머니와 시장에서 우연히 만났다.

9 X-ray energy beams can see through skin _____ to detect broken bones, tumors or other injuries.
   X-ray 에너지 빔은 부러진 뼈, 종양 또는 다른 부상을 감지하기 위해 피부 조직을 꿰뚫어 볼 수 있다.

10 Every work of art is not a mere _____, but a unique creation.
   모든 예술 작품들은 단순한 재현이 아니라 독특한 창조물이다. 13 고3평가원 변형

Day 05

🎧 MP3

| 136 ☐ | **clumsy**
[klʌ́mzi] | 혱 서투른, 어설픈, 볼품없는 반 skillful 능숙한, 능란한
clumsy with sewing 바느질에 서투른 |

137 ☐ **fixate** [fíkseit]
동 정착(고정) 시키다, 응시하다
The cat's gaze is fixated on the bird outside. 고양이의 시선은 바깥에 있는 새에게 고정되었다.

138 ☐ **envious** [énviəs]
혱 부러워하는,시기하는 (~of) 윤 jealous 질투하는, 시기하는
be envious of his success 그의 성공을 부러워하다

139 ☐ **checkered** [tʃékərd]
혱 체크무늬의, 가지각색의, 변화가 많은
wear a checkered dress 체크무늬 드레스를 입다

140 ☐ **intensive** [inténsiv]
혱 집중적인, 철저한, 집약적인, 강조하는 부 intensively 집중적으로
The work is very labor intensive. 그 일은 아주 노동 집약적이다.

141 ☐ **extinguish** [ikstíŋgwiʃ]
동 (불을) 끄다, 없애다 명 extinguisher 불을 끄는 사람, 소화기
extinguish a forest fire 산불을 끄다

142 ☐ **acquisition** [ækwizíʃən]
명 습득, 획득, 인수, 매입
the principle of child language acquisition 아동의 언어습득에 대한 원리

143 ☐ **aboriginal** [æbərídʒənəl]
혱 원주민의, 토착의 명 aborigine 원주민
aboriginal traditional arts 원주민의 전통 예술

144 ☐ **prevalent** [prévələnt]
혱 널리 퍼진, 만연한
the prevalent trends of society 사회에 널리 퍼진 경향

145 ☐ **near-sighted** [nir-sáitid]
혱 근시의, 근시안적인 반 far-sighted 원시안의, 선견지명이 있는
dreadfully near-sighted 심각하게 근시인

146 ☐ **witness** [wítnis]
동 목격하다, 입증하다 명 목격자 , 증인 윤 observer 관찰자, 목격자
witness various historical events 다양한 역사적 사건을 목격하다

147 ☐ **restrain** [ristréin]
동 제지하다, 억제하다
restrain children from making noise 아이들이 시끄럽지 못하도록 제지하다

148 ☐ **bothersome** [báðərsəm]
혱 성가신, 귀찮은 윤 annoying 짜증스러운, 성가신
like a bothersome fly 성가신 파리처럼

149 ☐ **dominance** [dámənəns]
명 지배, 우세, (생물, 심리) 우성
his dominance of the sport 그 경기에서 그의 우세

150 ☐ **corporate** [kɔ́ːrpərit]
혱 기업의, 회사의, 공동의 명 corporation (큰 규모의) 기업, 회사 법인
emphasize corporate responsibility 기업의 책임을 강조하다

Daily Test

월   일

A 우리말에 맞게 빈 칸에 알맞은 단어를 쓰세요.

1   Although penguins may be _____ on land, they are speedy
    swimmers and expert divers in the sea.
    펭귄들은 땅 위에서는 움직임이 서툴지만, 바다에서는 빠른 수영선수이자 전문 다이버이다. `10 고3학평 변형`

2   Totemism is the interesting aspect of _____ culture.
    토테미즘은 원주민 문화의 흥미로운 측면이다. `17 고3학평 변형`

3   The language which people speak is not an individual inheritance, but a social
    _____ from the group in which they grow up.
    사람들이 말하는 언어는 개인적인 유산이 아니라 그들이 성장한 무리로부터의 사회적 습득이다. `10 고2학평 변형`

4   Tim never minded that his friends were _____ of his success.
    Tim은 친구들이 자신의 성공을 부러워하는 것에 대해 전혀 개의치 않았다.

5   I think that the most _____ and important prefix of our times is
    multi, which means 'more than one'.
    나는 우리 시대의 가장 널리 퍼져있고 중요한 접두사는 '하나 이상'을 의미하는 multi라고 생각한다. `2008 수능 변형`

6   My son was _____, so he could see only what was very close.
    내 아들은 근시였기에, 오직 가까이 있는 것만 볼 수 있었다.

7   Some people maintain that human _____ in nature is a natural
    process, and humans have the right to exploit all other species.
    어떤 사람들은 자연에서 인간의 우세는 자연스러운 과정이고 인간은 다른 모든 종들을 착취 할 권리가 있다고 주장한다.
    `08 고3평가원`

8   The old woman _____ from the shore the shipwreck of the vessel,
    of which the crew and passengers all drowned.
    그 늙은 여인은 해안가에서 선원들과 승객들이 모두 물에 빠져 죽은 부서진 배 한척을 목격했다. `06 고3학평 변형`

9   It's too _____ for me to reply to every single question.
    나는 각각의 모든 질문에 답해 주는 것이 너무 귀찮다.

10 _____ social responsibility means that a corporation should be held
    accountable for any of its actions that affect people.
    기업의 사회적 책임은 기업이 사람들에게 영향을 끼치는 그들의 어떤 행동에 대해서도 책임을 져야 한다는 것을 의미한다.
    `06 고3평가원 변형`

MP3

151 ☐ moderation
[màdəréiʃən]
명 적당함, 온건, 절제, 완화   형 moderate 보통의, 중간의, (견해 등이) 중도의
consume in moderation 적당히 소비하다

152 ☐ extracurricular
[èkstrəkəríkjələr]
형 과외의, 정식 학과 이외의   ⁺curriculum 명 교육 과정
do extracurricular activities 과외 활동을 하다

153 ☐ extrinsic
[ikstrínsik]
형 외적인, 외부의, 비본질적인   반 intrinsic 고유의, 본질적인
extrinsic motivations 외적 동기

154 ☐ anthropology
[ænθrəpálədʒi]
명 인류학
anthropology research 인류학 연구

155 ☐ finite
[fáinait]
형 한정된, 유한한   반 infinite 무한한, 무수한
protect finite resources 한정된 자원을 보호하다

156 ☐ indispensable
[ìndispénsəbl]
형 없어서는 안 될, 필수적인   반 dispensable 없어도 되는, 불필요한
indispensable parts of my career 내 경력에서 없어서는 안될 부분

157 ☐ coherent
[kouhí(:)ərənt]
형 일관성 있는, 논리 정연한   유 consistent 일관된, 한결같은
write a logical and coherent story 논리적이고 일관성 있는 이야기를 쓰다

158 ☐ headquarters
[hédkwɔ̀:rtərz]
명 본사, 본부
set up headquarters in London 런던에 본사를 설립하다

159 ☐ discharge
[distʃáːrdʒ]
동 방출하다, 해고하다   명 방출, 배출
be discharged into the river 강으로 배출되다

160 ☐ consensus
[kənsénsəs]
명 의견 일치, 합의   반 disagreement 의견차이, 다툼
arrive at a consensus 의견 일치를 보다

161 ☐ enrage
[enréidʒ]
동 격분하게 만들다   유 infuriate 격노하게 하다
seem so enraged 매우 격분한 것처럼 보이다

162 ☐ mineral
[mínərəl]
명 광물, 무기질, 탄산음료   형 광물성의, 무기질의
extract minerals from the rock 바위에서 광물질을 추출하다

163 ☐ martial
[máːrʃəl]
형 호전적인, 전쟁의, 군대의
martial spirit 호전적 정신   martial law 계엄령

164 ☐ coral
[kɔ́ːrəl]
명 산호, 산호층   형 산호색의
the disappearance of coral reefs in Australia 호주에서 산호초의 사라짐

165 ☐ plateau
[plætóu]
명 고원, 안정기, 정체기
build a village atop a plateau 고원 위에 마을을 짓다

Daily Test

Ⓐ 우리말에 맞게 빈 칸에 알맞은 단어를 쓰세요.

1 High school students sometimes participate in _____ activities because they are useful college applications.
고등학생들은 때때로 과외 활동이 그들의 대학 지원에 도움이 되기 때문에 참여하곤 한다. 11 고2학평 변형

2 Franz Boas was considered a major force in the development of modern _____.
Franz Boas는 현대 인류학의 발전에 주된 힘이었다고 평가된다.

3 Science is an _____ source of information for many writers.
과학은 많은 작가들에게 없어서는 안될 정보의 근원이다. 11 고3평가원 변형

4 Our goal is to respect the artist's intent, but at the same time to make it a visually _____ work of art.
우리의 목표는 예술가의 의도를 존중하는 동시에 그것을 시각적으로 일관성 있는 예술작품으로 표현하는 것이다. 2005 수능 변형

5 The special investigation _____ will be established in Busan.
특별 조사 본부가 부산에 세워질 것이다.

6 Dry weather can cause sudden _____ of static electricity between our hands and metal objects such as door handles.
건조한 날씨는 우리의 손과 문 손잡이와 같은 금속 물체 사이에 갑작스러운 정전기 방출을 일으킬 수 있다. 09 고2평가원 변형

7 Some wonder drugs that treat heart disease are derived from omega-3 fish oils while certain bone replacements come from _____.
심장병을 치료하는 몇몇 특효약은 오메가 3 어유로부터 얻어지는 반면에 뼈 대체물은 산호로부터 얻어진다.

8 The _____ reward that matters most to teenagers is the recognition of their peers.
10대들에게 가장 중요한 외적 보상은 그들 또래 친구들의 인정이다. 13 고3평가원 변형

9 A comet is just a ball of thick ice, rock and other _____ particles.
혜성은 두꺼운 얼음, 돌, 다른 광물 입자들의 덩어리이다.

10 At seventeen, Kano began studying the _____ art of jujitsu for self-defense.
17살에 Kano는 자기 방어를 위해 주짓수 무술을 배우기 시작했다.

Day 06

🎧 MP3

---

166 ☐ **nomadic**
[noumǽdik]

형 유목의, 방랑의　　　명 nomad 유목민
the ancient nomadic tribes 고대 유목 부족들

---

167 ☐ **membrane**
[mémbrein]

명 (인체, 피부 조직의) 막
cell membrane 세포막　　a waterproof membrane 방수 막

---

168 ☐ **ambitious**
[æmbíʃəs]

형 야심 있는, 야심적인, 의욕적인
optimistic and ambitious 낙천적이고 야심 있는

---

169 ☐ **nectar**
[néktər]

명 꿀, 과즙
turn nectar into honey 과즙을 꿀로 바꾸다

---

170 ☐ **customary**
[kʌ́stəmèri]

형 관례적인, 관습상의, 습관적인　　유 traditional 전통의, 전통적인
customary advice 관례적인 충고

---

171 ☐ **empirical**
[empírikəl]

형 경험적인, 실증적인　　유 pragmatic 실용적인, 실용주의의
empirical knowledge 경험적 지식　　empirical data 실증적인 자료

---

172 ☐ **complement**
[kámpləmənt]

동 보완하다, 보충하다　명 보완물, 보충물　형 complementary 상호보완적인
complement each other well 서로 잘 보완하다

---

173 ☐ **gross**
[grous]

형 총계의, (잘못, 실수 등이) 심한, 엄청난　명 총계, 총체
Korea's gross national income 한국의 국민 총 소득

---

174 ☐ **stink**
[stiŋk]

동 악취가 풍기다　명 악취
The fish stinks. 생선이 악취가 난다.

---

175 ☐ **array**
[əréi]

명 집합체, 다수, 배열　동 배열하다, 배치하다　유 arrangement 배열, 배합, 정리
an array of weapons 다수의 무기들

---

176 ☐ **inertia**
[iná:rʃjə]

명 관성, 타성
learn the law of inertia 관성의 법칙에 대해 배우다

---

177 ☐ **compact**
[kəmpǽkt]

형 소형의, 조밀한, 촘촘한　명 휴대용 화장갑,합의, 협정
a compact and eco-friendly vehicle 소형의 친환경적인 자동차

---

178 ☐ **uncommon**
[ʌnkámən]

형 흔하지 않은, 드문
the uncommon natural phenomenon 흔하지 않은 자연 현상

---

179 ☐ **sharpen**
[ʃá:rpən]

동 날카롭게 하다, 깎다, 선명하게 하다
sharpen a pencil 연필을 깎다

---

180 ☐ **outline**
[áutlàin]

명 윤곽, 요약　동 개요를 서술하다, 윤곽을 보여주다
outline of the proposal 그 제안의 요약

Daily Test

A 우리말에 맞게 빈 칸에 알맞은 단어를 쓰세요.

1   In Mongolia, there are still _____ tribes living in traditional ways.
    몽골에서는, 여전히 전통적인 방식으로 살아가는 유목 부족들이 있다.

2   On the outside of every cell is a protective covering called a _____.
    모든 세포의 외부에는 막이라고 불리는 보호층이 있다.

3   Macbeth is _____ but weak; Othello is jealous; Hamlet cannot
    make up his mind.
    Macbeth는 야망적이지만 약하고, Othello는 질투심이 있고, Hamlet은 결단력이 없다. 10 고3평가원 변형

4   The teacher explained that mustard plants give tiny yellow flowers full of
    _____ and pollen to bees.
    선생님은 겨자 나무가 꿀과 꽃가루가 가득한 작은 노란 꽃들을 벌들에게 제공한다고 설명했다. 15 고3평가원 변형

5   It is _____ in several Asian cultures to use two hands when giving a
    gift to another person as a sign of respect.
    몇몇 아시아 문화에서 다른 사람에게 선물을 줄 때 존경의 표시로 두 손을 사용하는 것이 관례적이다. 06 고3학평 변형

6   We can learn how to live through _____ studies of human success.
    우리는 인간의 성공에 대한 경험적인 연구를 통해서 어떻게 살아가야 하는지를 배울 수 있다. 11 고3학평 변형

7   If you are interested in ancient architecture, you should visit the Uppsala
    castle, which has an _____ of old paintings.
    만약 당신이 고대 건축 양식에 관심이 있다면, 당신은 다수의 오래된 그림들이 있는 Uppsala 성을 방문해야 해요. 11 고1학평 변형

8   It is not _____ for dogs to be called human names such as Bob,
    Harry, Sally, Tiffany, or Suzy.
    개들이 Bob, Harry, Sally, Tiffany, 혹은 Suzy와 같은 사람의 이름으로 불리는 것은 드물지 않다. 08 고1학평 변형

9   While a little anxiety _____ the senses, too much can make a
    person extremely nervous and make clear thinking difficult.
    약간의 긴장이 감각을 날카롭게 하는 반면, 지나친 긴장은 사람을 극도로 당황하게 하고 명확한 생각을 어렵게 만든다.
    06 고3평가원 변형

10 I saw the _____ of the giant, 193-kilometer-wide crater.
    나는 193킬로미터 너비의 엄청난 분화구 윤곽을 보았다.

A 우리말에 맞게 빈 칸에 알맞은 단어를 쓰시오.

1 detect the fatal _____ 치명적 오류를 발견하다

2 teach _____ students 글을 읽고 쓸 줄 모르는 학생들을 가르치다

3 Spiders _____ themselves from predators. 거미들은 천적으로부터 자신들을 위장한다.

4 be _____ of his success 그의 성공을 부러워하다

5 the principle of child language _____ 아동의 언어습득에 대한 원리

6 the _____ research 인류학 연구

7 be _____ into the river 강으로 배출되다

8 extract _____ from the rock 바위에서 광물질을 추출하다

9 Korea's _____ national income 한국의 국민 총 소득

10 The fish _____. 생선이 악취가 난다.

B 영어에 맞게 빈 칸에 알맞은 우리말을 쓰시오.

1 confine a performance to ten minutes 공연을 10분으로 _____

2 his damaged skin tissue 그의 손상된 피부_____

3 extinguish a forest fire 산불을 _____

4 the prevalent trends of society 사회에 _____ 경향

5 his dominance of the sport 그 경기에서 그의 _____

6 do extracurricular activities _____ 활동을 하다

7 seem so enraged 매우 _____ 것처럼 보이다

8 the disappearance of coral reefs in Australia 호주에서 _____ 초의 사라짐

9 turn nectar into honey _____을 꿀로 바꾸다

10 learn the law of inertia _____의 법칙에 대해 배우다

C 다음 영어 풀이에 알맞은 어휘를 〈보기〉에서 고르시오.

보기	clumsy	empirical	extinguish	martial	prevalent

1 _____ : of or relating to practical experience rather than theories

2 _____ : of or relating to war or fighting

3 _____ : wide spread or commonly occurring, existing, or accepted

4 _____ : to stop or to cause to stop burning

5 _____ : lacking physical skills to handle things often leading to breaking things

D 문맥에 맞게 다음 문장을 완성하시오.

1 Scientists found that two variables have •   • a a cause and effect relationship.

2 Every work of art is not •   • b covering called a membrane.

3 It's too bothersome for me •   • c to reply to every single question

4 The special investigation headquarters •   • d will be established in Busan.

5 On the outside of every cell is a protective •   • e a mere reproduction, but a unique creation.

E 문장을 읽고 문맥에 적절한 단어를 고르시오.

1 Meditation is an (aboriginal/indispensable) part of his morning routine.

2 Nowadays, it is not (uncommon/extracurricular) to see people working after retirement.

3 We stopped relying on theories and began to collect (empirical/nomadic) data.

4 Some animal species are on the (fallacy/brink) of extinction due to pollution and hunting.

5 Pedro is an (ambitious/ignorant) student; he wants to win a Nobel Prize in Science.

F 문장의 빈칸에 알맞은 단어를 〈보기〉에서 찾아 쓰시오. (필요하면 형태를 고치시오.)

| 보기 | fixate | extrinsic | clumsy | complement | cardiovascular |

1 His _____ acting damaged the reputation of the show.
그의 서투른 연기가 그 쇼의 명성에 해를 입혔다.

2 The dog was _____ on the cute kitten that sleeping under the sofa.
그 개는 소파 밑에서 자고 있는 귀여운 고양이에게 시선이 고정되었다.

3 Lack of regular physical exercise can increase the risk of _____ diseases.
규칙적인 신체 운동의 부족은 심혈관계 질병의 위험을 증가시킬 수 있다. `10 고3학평 변형`

4 The best picture books contain words and pictures which _____ each other.
최상의 그림책은 서로 보완하는 단어와 그림을 포함하고 있다. `05 고3평가원 변형`

5 The negative effects of _____ motivators such as grades have been documented in a number of studies.
성적과 같은 외적인 동기부여의 부정적인 영향은 여러 연구에서 입증되었다. `2016 수능 변형`

G 다음 〈보기〉 중 두 문장에 공통으로 사용할 수 있는 어휘를 고르시오.

1 Two final astronaut candidates are going through _____ training. 07 고3학평
   He registered for a(n) _____ French course to study in France.

   ① illiterate   ② prevalent   ③ intensive   ④ near-sighted   ⑤ finite

2 Camping for pleasure is not a direct descendant of _____
   culture. 13 고3학평

   _____ people have few possessions because they have to move
   frequently from place to place.

   ① scenic   ② nomadic   ③ coral   ④ coherent   ⑤ customary

3 When he heard the unjust criticism levelled towards him, he could not
   _____ himself. 2011 수능 변형
   I asked the dog owner to _____ his dog but he refused. 05 고3학평 변형

   ① stink   ② extinguish   ③ restrain   ④ maneuver   ⑤ discharge

---

Study More

혼동하기 쉬운 단어 corporate vs. cooperate

- [corporate] 형 기업의, 회사의
  James will be promoted to the **corporate** sector next month.
  James는 다음달에 그 회사의 대표로 승진할 것이다.

- [cooperate] 통 협력하다, 협동하다
  The two students **cooperated** to move the statue. 두 학생 그룹은 그 동상을 옮기기 위해 협동했다.

Day 07

| 181 ☐ | **savage** [sǽvidʒ] | 톙 흉악한, 야생의, 몹시 성낸 몡 잔인한 사람 |
| | | commit a savage crime 흉악 범죄를 저지르다 |

| 182 ☐ | **tide** [taid] | 몡 조수, 밀물과 썰물 톙 tidal 조수의, 조수의 영향을 받는 |
| | | a falling tide 썰물 change in the tide 조수의 변화 |

| 183 ☐ | **parliament** [páːrləmənt] | 몡 (주로 영국의) 국회, 의회 *National Assembly 몡 (한국의) 국회 |
| | | convene a parliament 국회를 소집하다 |

| 184 ☐ | **numerical** [njuːmérikəl] | 톙 수의, 수와 관련된, 숫자로 된 |
| | | numerical advantage 수적 우세 |

| 185 ☐ | **fingertip** [fíŋgərtìp] | 몡 손가락 끝 |
| | | tied a fingertip tight 손가락 끝을 꽉 묶었다 |

| 186 ☐ | **outweigh** [àutwéi] | 통 ~보다 더 크다, 능가하다, 중대하다 윤 override ~보다 우위에 서다 |
| | | The benefits outweigh the risk. 이득이 위험을 능가한다. |

| 187 ☐ | **pollination** [pàlənéiʃən] | 몡 수분 (작용) *pollen 몡 꽃가루 |
| | | the pollination of flowers 꽃의 수분 |

| 188 ☐ | **pupil** [pjúːpəl] | 몡 학생, 제자, 눈동자, 동공 |
| | | a clever pupil 현명한 학생 |

| 189 ☐ | **strap** [stræp] | 몡 (가죽, 천 등으로 된) 끈, 줄 통 (끈, 줄, 띠 등으로) 묶다 |
| | | a shoulder strap 어깨 끈 a watch strap 시계 줄 |

| 190 ☐ | **gleam** [gliːm] | 통 어슴푸레하게 빛나다 몡 희미한 빛 |
| | | gleam on the river 강 위에서 어슴푸레 빛나다 |

| 191 ☐ | **predetermined** [priːditɜ́ːrmind] | 톙 미리 결정된, 예정된 통 predetermine 미리 결정하다 |
| | | predetermined schedule 미리 예정된 일정 |

| 192 ☐ | **periodic** [pìəriádik] | 톙 주기적인, 간헐적인 *periodical 몡 정기 간행물 |
| | | a periodic checkup 주기적인 검진 |

| 193 ☐ | **unbearable** [ʌnbɛ́(ː)ərəbl] | 톙 참을 수 없는, 견딜 수 없는 윤 intolerable 참을 수 없는, 견딜 수 없는 |
| | | unbearable pain 참을 수 없는 통증 |

| 194 ☐ | **peripheral** [pərífərəl] | 톙 중요하지 않은, 지엽적인, 주변적인 몡 periphery 주변(부) |
| | | peripheral issues 지엽적인 사안들 |

| 195 ☐ | **unavoidable** [ʌnəvɔ́idəbl] | 톙 불가피한, 어쩔 수 없는 |
| | | some unavoidable factors of life 인생의 몇몇 불가피한 요소들 |

Daily Test

A 우리말에 맞게 빈 칸에 알맞은 단어를 쓰세요.

1 _____ result from the pull of the moon and the sun.
  조수는 달과 태양의 인력으로 인해 생긴다. `04 고3평가원 변형`

2 The scholar introduced a new _____ system to change the
  calculation system in the US.
  그 학자는 미국의 계산 체계를 바꾸기 위해서 새로운 수 체계를 제안했다. `2008 수능 변형`

3 Most electrics charges often concentrate around pointy objects like
  _____.
  대부분의 전하(=정전기의 양)은 손가락 끝과 같은 뾰족한 물체 주위에 모인다. `09 고2학평`

4 Amy was a bright _____ and everyone liked her.
  Amy는 똑똑한 학생이었고 모든 사람들이 그녀를 좋아했다.

5 For better yield of fruits, _____ is necessary.
  더 나은 과일 수확을 위해서 수분 작용은 필수적이다. `15 고3평가원 변형`

6 When we put on clothes, we use zippers and _____ for a snug fit.
  우리가 옷을 입을 때, 꼭 맞는 착용성을 위해 지퍼와 끈을 사용한다.

7 If the temperature reaches a _____ level, water will start to boil.
  만약 온도가 미리 예정된 수치에 도달하면, 물이 끓기 시작할 것이다.

8 These days many people have a _____ medical checkup.
  요즘에는 많은 사람들이 주기적인 건강 검진을 한다.

9 The regular, early morning banging sound was _____ to those
  living on the floor below.
  그 규칙적인 이른 아침의 쿵쾅거리는 소리는 아래 층에 사는 사람들에게는 견딜 수가 없었다.

10 Although failure may be an _____ part of life, you can still
   overcome it and achieve your goals.
   실패는 당신 삶의 피할 수 없는 부분이기는 하지만 당신은 그래도 이를 극복하고 목표를 이룰 수 있다.

Day 07

🎧 MP3

---

196 situate
[sítʃuit]

동 (어떤 위치에) 두다, 위치시키다 　형 situated ~에 위치하고 있는
situate a church in the square 마을 광장에 교회를 세우다

---

197 spotlight
[spátlàit]

명 세간의 주목, 환한 조명 　동 이목을 집중시키다, 집중 조명하다
come into the spotlight 세간의 주목을 받다

---

198 sanitation
[sæ̀nitéiʃən]

명 위생 시설, 공중 위생
check the food sanitation 음식 위생을 점검하다

---

199 pediatric
[pìːdiǽtrik]

형 소아과의 　　　　　　　　　　명 pediatrician 소아과 의사
become a pediatric neurosurgeon 소아 신경외과 의사가 되다

---

200 outdated
[àutdéitid]

형 구식의, 진부한 　　　　　　유 old-fashioned 구식의, 보수적인
replace outdated equipment 구식 장비를 교체하다

---

201 visualize
[víʒuəlàiz]

동 상상하다, 시각화하다
visualize flying like a bird 새처럼 나는 걸 상상하다

---

202 thrilling
[θríliŋ]

형 황홀한, 흥분한, 아주 신나는
listen to a thrilling story 소름끼치는 이야기를 듣다

---

203 salient
[séiliənt]

형 가장 중요한, 두드러진, 핵심적인 　명 salience 특징, 두드러짐
salient features of new computers 새 컴퓨터들의 두드러진 특징

---

204 traumatic
[trɔːmǽtik]

형 충격적인, 정신적 충격이 큰 　명 trauma 트라우마, 충격적인 경험
chronic traumatic stress disorder 만성적 외상후 스트레스 장애

---

205 sturdy
[stə́ːrdi]

형 튼튼한, 견고한
design sturdier reusable bags 더 튼튼하고 재사용이 가능한 가방을 디자인하다

---

206 scope
[skoup]

명 범위, 영역, 여지 　　　　　유 reach 미치는 범위(거리)
be limited in scope 범위가 한정적이다

---

207 outage
[áutidʒ]

명 정전, 단수
a power outage 정전

---

208 mediation
[mìːdiéiʃən]

명 조정, 중개, 중재
conduct the peer mediation program 또래 조정 프로그램을 시행하다

---

209 dreadful
[drédfəl]

형 무서운, 끔찍한 　　　　　　동 dread 몹시 두려워하다, 염려하다
a legend about a dreadful monster 무서운 괴물에 대한 전설

---

210 monumental
[mànjəméntəl]

형 기념비적인, 엄청난, 불후의 　유 memorable 기억할만한, 인상적인
a monumental victory 기념비적인 승리

Daily Test

A 우리말에 맞게 빈 칸에 알맞은 단어를 쓰세요.

1   When Thomas discovered new evidence of the planet, he came into the
    _____ in the field of astronomy.
    Thomas가 그 행성의 새로운 증거를 발견했을 때, 그는 천문학계의 주목을 받게 되었다.

2   Americans thought that it was important to improve _____
    conditions for workers.
    미국인들은 노동자들의 위생 상황을 개선하는 것이 중요하다고 생각했다.

3   I think Jason's proposal is too _____.
    나는 Jason의 제안이 구식이라고 생각한다.

4   The _____ feature of moral agents is a capacity for rational
    thought.   도덕적 행위자의 두드러지는 특징은 합리적인 생각의 능력이다. `11 고3평가원 변형`

5   Children who are taught that loss is _____ rather than normal are
    ill-prepared to cope with it.
    패배가 일반적이기보다 대단히 충격적이라고 배운 아이들은 패배에 대처하는 것에 제대로 준비하지 못한다. `10 고3학평 변형`

6   The Icelandic horse is a _____ animal perfectly suited to the rough
    Icelandic terrain.
    아이슬란드 말은 거친 아이슬란드 지역에 완전히 적합한 튼튼한 동물이다. `14 고2학평 변형`

7   The serious problem is that we are going to have the power _____
    on the day of the graduation ceremony.
    심각한 문제는 졸업식 날에 정전이 있을 것이라는 점이었다. `15 고1학평 변형`

8   Peer _____ is the best way to solve problems among teenagers.
    또래 조정은 10대 사이에서 문제를 해결하는 가장 최선의 방법이다.

9   Whenever you catch yourself worrying that something _____ might
    happen, answer yourself with the reply: "Supposing it didn't."
    당신이 끔찍한 일이 일어날 것 같다는 걱정을 할 때마다, 스스로에게 "만약 그것이 일어나지 않는다면" 이라고 되뇌어라.
    `15 고3학평 변형`

10 Building the new canal took a _____ effort, from both an
    engineering and political perspective.
    새 운하를 건설하는 것은 공학과 정치적 관점에서 모두 기념비적인 노력이 들었다.

Day 08

211 ☐ **conspicuous**
[kənspíkjuəs]
형 눈에 잘 띄는, 두드러지는 　유 noticeable 눈에 띄는, 현저한
a conspicuous success 눈에 띄는 성공

212 ☐ **momentum**
[mouméntəm]
명 탄력, 가속도, 운동량 　유 impetus 자극(제), 추동(력)
lose momentum 탄력을 잃다

213 ☐ **apparel**
[əpǽrəl]
명 의류, 의복
establish the apparel company 의류 회사를 설립하다

214 ☐ **coordinate**
[kouɔ́:rdənit]
동 조직화하다, 조정하다, 편성하다 유 organize (어떤 일을) 조직하다, 준비하다
coordinate the new team 새 팀을 조직하다

215 ☐ **compound**
[kámpaund]
명 복합체, 화합물 　형 합성의 　동 악화시키다, 섞다, 혼합하다
a calcium and vitamin compound 칼슘과 비타민 화합물

216 ☐ **amid**
[əmíd]
전 ~의 한복판에, ~에 둘러싸여, ~의 한창 때에
amid mountains 산 사이에 　amid the crowd 군중에 둘러싸여

217 ☐ **fuzzy**
[fʌ́zi]
형 흐린, 애매한, 불분명한 　유 vague 막연한, 모호한
fuzzy ideas 애매한 생각들

218 ☐ **assurance**
[əʃú(:)ərəns]
명 확언, 확약, 보장 　유 guarantee 확약, (품질)보증, 보장
receive assurances from financial backers 재정 후원자로부터 지원을 보장받다

219 ☐ **inhabitant**
[inhǽbitənt]
명 주민, 거주자, 서식동물
the oldest inhabitant in the town 마을의 가장 나이가 많은 주민

220 ☐ **infrastructure**
[ínfrəstrʌ̀ktʃər]
명 사회 공공 기반 시설
establish infrastructure 사회 공공시설을 구축하다

221 ☐ **itinerary**
[aitínərèri]
명 여정, 여행 일정표
draw up an itinerary 여행 일정을 짜다

222 ☐ **multinational**
[mʌ̀ltinǽʃənəl]
형 다국적의
get a job at a multinational corporation 다국적 기업에 취업하다

223 ☐ **celestial**
[səléstʃəl]
형 하늘의, 천체의 　반 terrestial 지상의, 지구의
celestial harmony 천계의 음악

224 ☐ **intensify**
[inténsəfài]
동 강화하다, ~을 격렬하게 하다, 심해지다 　형 intense 격렬한, 강렬한, 열정적인
intensify the defence 방어를 강화하다

225 ☐ **imbalance**
[imbǽləns]
명 불균형, 불안정 　반 equilibrium 평형(균형) 상태
the imbalance of wealth 부의 불균형

Daily Test

A 우리말에 맞게 빈 칸에 알맞은 단어를 쓰세요.

1. The tiger's stripes help it blend into tall grasses, but zebra's are really
   _____.
   호랑이의 줄무늬는 그들이 높은 풀 사이에 섞이는 것을 도와주지만 얼룩말의 줄무늬는 정말 눈에 띈다. `11 고3학평 변형`

2. The _____ supplier must look for ways to offer customers top
   quality goods at highly competitive prices.
   의류업자들은 고객들에게 꽤 경쟁적인 가격으로 높은 질의 상품을 제공할 방법을 찾아야 한다. `15 고3학평 변형`

3. Team sport tends to rely on _____ movement.
   팀 운동은 조직적인 움직임에 의존하는 경향이 있다. `11 고2학평 변형`

4. I have _____ memories of my childhood in Spain.
   나는 스페인에서의 내 어린 시절에 대해 어렴풋한 기억이 있다.

5. People who exhibit assertive behavior are able to handle conflict situations
   with _____.
   적극적인 행동을 보이는 사람들은 확신을 갖고 갈등 상황을 다룰 수 있다. `08 고3학평 변형`

6. Most of the _____ of our town are occupied in the farming
   industry.
   우리 마을 대부분의 거주자들은 농업에 종사하고 있다.

7. Lifeline _____ are vital systems that support a nation's economy
   and quality of life.
   물자 공급 기반 시설은 한 국가의 경제와 삶의 질을 떠받치는 필수적인 시스템이다.

8. Ancient civilizations relied upon the apparent motion of _____
   bodies to determine the seasons.
   고대 문명은 계절을 판별하기 위해 천체들의 시운동에 의존했다. `12 고3평가원 변형`

9. Fits of anger are more likely to _____ anger, while tears can drive
   us still deeper into depression.
   분노의 폭발이 화를 강화하기 쉬운 반면 눈물은 우리를 더욱 우울하게 만든다. `2009 수능 변형`

10. A slight rise in water temperature can cause an _____ in the local
    marine ecosystem.
    수온의 경미한 상승이 지역 해양 생태계의 불균형을 초래할 수 있다.

MP3

| 226 □ | **yearn** [jəːrn] | 통 갈망하다, 동경하다 | 유 long (for) 애타게 바라다, 열망하다 |
| | | yearn to be loved 사랑받기를 갈망하다 | |

227 □ **immunize** [ímjənàiz]
통 면역력을 갖게하다   명 immunization 면역(법, 조치)
immunize against the flu 감기에 면역력을 갖게 하다

228 □ **intruder** [intrúːdər]
명 침입자, 강도   +intrusion 명 (무단)침입, 침범
an intruder in our territory 우리 영역의 침입자

229 □ **incompatible** [ìnkəmpǽtəbl]
형 화합이 안 되는, 상반되는
incompatible with his father 그의 아버지와 화합이 안 되는

230 □ **inference** [ínfərəns]
명 추론   통 infer 추론하다, 암시하다
deductive inference 연역 추리

231 □ **affluent** [ǽfluənt]
형 부유한, 유복한   유 prosperous 번영하는, 부유한
an affluent society 부유한 사회   live an affluent life 유복한 삶을 살다

232 □ **gymnastics** [dʒimnǽstiks]
명 체조   형 gymnastic 체조의, 체육의
the national gymnastics competition 전국 체조대회

233 □ **intriguing** [intríːgiŋ]
형 흥미를 자아내는, 호기심을 자극하는
intriguing news 흥미를 자아내는 소식

234 □ **alienation** [èiljənéiʃən]
명 소외, 멀리함, 이간   통 alienate 소원하게 하다, 소외시키다
suffer from a sense of alienation 소외감을 겪다

235 □ **injustice** [indʒʌ́stis]
명 불평등, 부정, 부당성   유 unfairness 불공평, 편파성
stand against injustice 불평등에 맞서다

236 □ **grasshopper** [grǽshàpər]
명 메뚜기, 베짱이
a cloud of grasshoppers 메뚜기 떼

237 □ **runway** [rʌ́nwèi]
명 활주로, 수로, (극장, 공연장의) 객석 통로
walk on a runway 활주로를 걷다

238 □ **repel** [ripél]
통 격퇴하다, 물리치다, (자석 따위가)반발하다   명 repellent 방충제
repel all the predators 모든 포식자들을 격퇴하다

239 □ **fuss** [fʌs]
명 호들갑, 소란, 법석
a fuss about nothing 아무것도 아닌 일로 벌인 호들갑

240 □ **unreliable** [ʌ̀nriláiəbl]
형 믿을 수 없는, 신뢰할 수 없는   유 untrustworthy 신뢰할 수 없는
false and unreliable news 잘못되고 믿을 수 없는 소식

Daily Test

월   일 |

A 우리말에 맞게 빈 칸에 알맞은 단어를 쓰세요.

1 When we _____ someone against a disease, we are in fact injecting a weakened strain of the disease into their body.
우리가 어떤 사람에게 질병에 대한 면역성을 줄 때, 우리는 사실 그들의 몸 안에 그 질병의 약화된 유형을 주입한다.
`14 고1학평 변형`

2 While lying in bed, I heard an _____ break into the house.
침대에 누워 있을 때, 나는 침입자가 집 안으로 몰래 침입하는 것을 들었다. `11 고3학평 변형`

3 Zoo life is completely _____ with an animal's deeply-rooted survival instincts.
동물원에서의 삶은 동물에게 깊숙이 뿌리 박힌 생존 본능과는 전적으로 양립불가 하다. `12 고3평가원 변형`

4 _____ are conclusions based on reasons, facts, or evidence.
추론은 이성, 사실, 또는 증거를 기반으로 한 결론이다. `15 고1학평 변형`

5 During the Renaissance, the upper class became more _____, prices went up and the lower class found it hard to buy even the most basic necessities.
르네상스 기간 동안 상위 계층은 점점 부유해졌고, 물가는 상승하고 하위 계층은 생필품조차 사기 어려워졌다. `11 고3학평 변형`

6 The most _____ archaeological find of the early 20th century was the tomb of Tutankhamen in Egypt.
20세기 초의 가장 흥미를 자아내는 고고학적 발견은 이집트에 있는 Tutankhamen 왕의 무덤이다.

7 The modern child learns in educational institutions, which results in _____ from his elders.
현대의 아이는 교육 기관에서 학습을 하고 이는 웃어른들로부터 멀어지는 결과를 낳는다. `2011 수능 변형`

8 History is littered with examples of great sadness and horrific human _____ that must never be forgotten.
역사에는 절대 잊혀져서는 안될 엄청난 슬픔과 끔찍한 인간 불평등의 예들이 산재해있다.

9 The space shuttle takes off like a rocket, enters space as a spacecraft, and then returns and lands on a _____ like an aircraft.
우주 왕복선은 로켓처럼 출발하고 우주선처럼 우주에 들어가고 그 뒤 돌아와서 항공기처럼 활주로에 착륙한다. `04 고3평가원 변형`

10 If you try and push the south pole of one magnet toward the south pole of another magnet, they will _____ each other and push away.
만약 당신이 한 자석의 남극과 다른 자석의 남극을 붙이려고 한다면, 그들은 서로 반발하고 밀어낼 것이다.

A 우리말에 맞게 빈 칸에 알맞은 단어를 쓰시오.

1 commit a _____ crime 흉악 범죄를 저지르다

2 tied a _____ tight 손가락 끝을 꽉 묶었다

3 a shoulder _____ 어깨 끈

4 check the food _____ 음식 위생을 점검하다

5 chronic _____ stress disorder 만성적 외상후 스트레스 장애

6 establish the _____ company 의류 회사를 설립하다

7 the oldest _____ in the town 마을의 가장 나이가 많은 주민

8 _____ harmony 천계의 음악

9 _____ with his father 그의 아버지와 화합이 안 되는

10 suffer from a sense of _____ 소외감을 겪다

B 영어에 맞게 빈 칸에 알맞은 우리말을 쓰시오.

1 gleam on the river 강 위에서 _____

2 peripheral issues _____ 사안들

3 become a pediatric neurosurgeon _____ 의사가 되다

4 design sturdier reusable bags 더 _____ 하고 재사용이 가능한 가방을 디자인하다

5 a power outage _____

6 amid the crowd 군중에 _____

7 draw up an itinerary _____을 짜다

8 deductive inference 연역 _____

9 a cloud of grasshoppers _____ 떼

10 a fuss about nothing 아무것도 아닌 일로 벌인 _____

C 다음 영어 풀이에 알맞은 어휘를 〈보기〉에서 고르시오.

| 보기 | amid | peripheral | apparel | scope | celestial |

1 _____ : the range of one's actions, thoughts, or perception

2 _____ : of or relating to sky, heaven, or universe

3 _____ : in the middle of doing something; in the middle or among

4 _____ : clothing in general

5 _____ : related but not important or crucial; near an edge

D 문맥에 맞게 다음 문장을 완성하시오.

1 Tides result from the pull of •   • a pollination is necessary.

2 Amy was a bright pupil •   • b the moon and the sun.

3 For better yield of fruits, •   • c and everyone liked her.

4 These days many people have •   • d of my childhood in Spain.

5 I have fuzzy memories •   • e a periodic medical checkup.

E 문장을 읽고 문맥에 적절한 단어를 고르시오.

1 Lucy's idea was so (intriguing/aromatic) that we started to collect data right away.

2 Did you get the (itinerary/fingertip) for our trip to Hawaii?

3 We need to be careful because the information came from a(n) (pediatric/unreliable) source.

4 The collapse of the empire was (unavoidable/fuzzy) due to repeated defeats against the invaders.

5 It seems that his proposal is (sturdy/incompatible) with our plan.

F 문장의 빈칸에 알맞은 단어를 〈보기〉에서 찾아 쓰시오. (필요하면 형태를 고치시오.)

| 보기 | mediation | coordinate | affluent | outdated | outweigh |

1 The school will change its _____ computer equipment.
그 학교는 구식의 컴퓨터 장비들을 교체할 것이다.

2 The concept of thrift emerged out of a more _____ money culture rather than from traditional societies.
검소의 개념은 전통적인 사회보다는 더욱 풍요로운 화폐 문화에서 출현했다. 15 고3평가원 변형

3 For the player, the many benefits of being champion _____ the risk of injury.
선수에게는 챔피언으로서의 여러 이점이 부상에 대한 위험을 능가한다.

4 The staff of the organization made a special effort to _____ their actions.
그 기관의 간부들은 자신들의 행동을 조정하기 위해 특별한 노력을 기울였다. 2015 수능 변형

5 _____ is a process that has much in common with advocacy but is also crucially different.
중재는 옹호와 많은 유사점을 가지는 과정이지만 또한 결정적으로 다르기도 하다. 2012 수능

G 다음 〈보기〉 중 두 문장에 공통으로 사용할 수 있는 어휘를 고르시오.

1. Many coaches encourage athletes to _____ the actual race or contest ahead of time. `12 고3학평 변형`
   Doctors use ultrasound to _____ the size and structure of internal organs. `11 고3학평`

   ① strap ② visualize ③ gleam ④ repel ⑤ immunize

2. _____ at an elevation of 1,350m, the city of Kathmandu looks out on the sparkling Himalayas. `2005 수능 변형`
   Neuschwanstein Castle is _____ in the Emerald mountains of Bavaria, Germany. `12 고3학평 변형`

   ① outweighed ② situated ③ outdated ④ predetermined ⑤ checkered

3. You might find feeding the animals to be a(n) _____ experience, but it can be harmful to them. `09 고3평가원`
   Gordon's trip to the Amazon River was full of _____ adventures.

   ① numerical ② periodic ③ amid ④ tide ⑤ thrilling

Study More

'pre-' : [동사, 명사, 형용사에서] '~전의', '미리'의 뜻을 나타낸다.

- [precaution] 몡 예방책
  a **precaution** against the flu 감기에 대한 예방책

- [preschool] 몡 유치원
  decide to send my 5-year-old daughter to **preschool** 5살 된 딸을 유치원에 보내기로 결정하다

Day 09

🎧 MP3

---

241 ☐ **parasitic**
[pǽrəsítik]

형 기생충에 의한, 기생하는
be infected with a parasitic disease 기생충에 의한 질병에 감염되다

---

242 ☐ **triple**
[trípl]

형 3배의, 3박자의
통 treble 3배가 되다, 3배로 만들다
a triple alliance 삼국 동맹
tie a triple knot 세 겹으로 매듭을 묶다

---

243 ☐ **radar**
[réidɑːr]

명 레이더, 전파 탐지기 (= Radio Detection And Ranging)
radar observation 레이더 관측

---

244 ☐ **prone**
[proun]

형 ~하기 쉬운, ~의 경향이 있는 (~to)
prone to make a mistake 실수하기 쉬운

---

245 ☐ **unfounded**
[ʌnfáundid]

형 근거 없는, 사실 무근의
유 groundless 근거없는, 이유없는
his unfounded claim 그의 근거 없는 주장

---

246 ☐ **preoccupied**
[priːάkjəpàid]

형 (생각, 걱정에) 사로잡힌, 집착하는
유 absorbed (in) ~에 몰두한, 빠져있는
preoccupied with ~에 집착하는
anxiously preoccupied 초조하며

---

247 ☐ **reunion**
[riːjúːnjən]

명 모임, 동창회
hold the school annual reunion 학교 연례 동창회를 개최하다

---

248 ☐ **align**
[əláin]

통 (가지런히) 정렬하다, 한줄이 되다, 제휴하다
명 alignment 정렬, 정돈, 조정
vertically align 수직으로 정렬하다

---

249 ☐ **submission**
[səbmíʃən]

명 제출, 항복, 굴복
통 submit 제출하다, 항복하다
submission date 제출일
submission to fear 두려움에 대한 굴복

---

250 ☐ **hindrance**
[híndrəns]

명 방해, 장애물
the major hindrance of victory 승리의 주요 방해요인

---

251 ☐ **quest**
[kwest]

명 탐구, 탐색
유 search (for) 수색, 추구
a quest for knowledge 지식 탐구
quest to explore space 우주 탐사

---

252 ☐ **moss**
[mɔ(ː)s]

명 이끼
a rock covered with moss 이끼로 뒤덮인 바위

---

253 ☐ **uphold**
[ʌphóuld]

통 유지시키다, ~을 지지하다
유 support 받치다, 지지하다
uphold the law 법을 유지시키다

---

254 ☐ **prolific**
[proulífik]

형 다작의, 다산의
유 productive 생산적인, 다산의
a prolific writer 다작하는 작가

---

255 ☐ **constitute**
[kάnstitʃùːt]

통 구성하다, 간주하다
constitute the civilized society 문명화된 사회를 구성하다

Daily Test

A 우리말에 맞게 빈 칸에 알맞은 단어를 쓰세요.

1 The _____ jump is an event that is made up of a hop, a skip, and a jump.
   세 단 뛰기는 착지(hop), 반대쪽 발 착지(skip), 그리고 순간 도약(jump)으로 이루어져 있다. `08 고2평가원 변형`

2 _____ is a technology that detects the presence of another object.
   전파 탐지기는 다른 물체의 존재를 감지하는 기술이다.

3 According to some recent studies, men appeared to be more _____ to heart disease.
   최근의 몇몇 연구에 의하면, 남성이 심장 질환에 더 걸리기 쉬운 것으로 나타났다.

4 You become more easily _____ with the stresses of everyday life during busy times of the year such as the Christmas season.
   크리스마스 기간과 같이 일년 중 바쁜 시기에는 일상의 스트레스에 더 쉽게 사로잡히게 된다. `11 고3학평 변형`

5 Helen got an invitation to her twenty-year high school _____.
   Helen은 고등학교 졸업 20주년 초청장을 받았다.

6 Don't wait for conditions to be perfect. The stars will never _____, nor will the traffic lights of life all be green at the same time.
   상황이 완벽해지길 기다리지 말아라. 별들이 결코 한 줄로 정렬하지도 않을 것이고
   인생의 신호등이 모두 동시에 모두 초록 불이 되지도 않을 것이다. `12 고3학평 변형`

7 There is a promising new cancer drug derived from bacteria that live inside a _____-like sea creature.
   이끼와 같은 해양 생물체의 안에서 사는 박테리아로부터 추출된 유망한 새로운 암 치료제가 있다. `10 고3학평 변형`

8 Intrinsic values are those we _____ regardless of the benefits or costs.
   내적 가치는 우리가 이익 또는 가격과 상관없이 유지하는 가치이다. `12 고3학평 변형`

9 Edwin Armstrong is often considered the most _____ inventor in radio history.
   Edwin Armstrong은 라디오 역사에서 종종 가장 다작을 한 발명가로 여겨진다. `12 고3평가원 변형`

10 Most people believe that love is _____ by the object, not by the faculty.
   대부분의 사람들은 사랑이 사랑할 수 있는 능력이 아니라 그 대상으로 구성된다고 믿는다. `14 고3학평 변형`

🎧 MP3

256 monopoly
[mənápəli]
몡 독점, 전매, 독차지　　　　통 monopolize 독점하다, (관심 등을) 독차지 하다
have a monopoly of selling aspirin 아스피린 판매의 독점권을 갖다

257 unjust
[ʌndʒʌ́st]
혱 부당한, 불공평한
unjust discrimination 부당한 차별

258 ovation
[ouvéiʃən]
몡 열렬한 박수, 환영
give a standing ovation 기립박수를 치다

259 obscure
[əbskjúər]
혱 불분명한, 애매한, 잘 알려지지 않은　　　　몡 obscurity 무명, 모호함
an obscure meaning 불분명한 뜻

260 plumber
[plʌ́mər]
몡 배관공　　　　*plumbing 몡 배관시설(작업)
contact a plumber 배관공에 연락하다

261 tackle
[tǽkl]
통 (힘든 문제 등과) 씨름하다, (축구 등에서) 태클하다
tackle a difficult problem 어려운 문제와 씨름하다

262 poultry
[póultri]
몡 (닭, 오리 등의) 가금류, 가금류의 고기
run a poultry farm 가금류 농장을 운영하다

263 entrepreneur
[àːntrəprənə́ːr]
몡 기업가, 사업가
a young entrepreneur 젊은 기업인

264 turbulence
[tə́ːrbjələns]
몡 격동, 난기류　　　　혱 turbulent 격동의, 격변의, 난기류의
the emotional turbulence 감정의 격동

265 surge
[səːrdʒ]
통 (재빨리) 밀려들다, 밀려오다, 급등하다
surge forward 앞으로 밀려들다

266 revise
[riváiz]
통 개정하다, 수정하다　　　　몡 revision 수정, 정정, 개정
a revised edition of the novel 그 소설의 개정판

267 disparity
[dispǽrəti]
몡 (불공평한) 차이, 격차, 불균형　　　　윤 discrepancy 차이, 불일치
the disparity between the rich and the poor 부자와 가난한 사람간의 차이

268 deterioration
[ditìəriəréiʃən]
몡 악화　　　　통 deteriorate 악화되다, 더 나빠지다
deterioration of air quality 공기질의 악화

269 deficient
[difíʃənt]
혱 부족한, 결함 있는
deficient in essential nutrients 필수 영양분이 부족한

270 unload
[ʌnlóud]
통 (자동차, 선박 등에서) 짐을 내리다
unload the luggage from the ship 배에서 짐을 내리다

Daily Test

A 우리말에 맞게 빈 칸에 알맞은 단어를 쓰세요.

1 When a firm discovers a new drug, patent laws give the firm a
   _____ on the sale of that drug.
   한 회사가 신약을 발견할 때, 특허법은 그 회사에게 그 약 판매에 대한 독점권을 부여한다. `11 고3학평 변형`

2 The huge _____ in income between the advanced country and
   underdeveloped country can be explained entirely as a disparity in trust.
   선진국과 개발도상국 간 큰 소득 격차는 전적으로 신용에서의 격차로 설명될 수 있다. `09 고3학평 변형`

3 The cause of the accident remains _____.
   그 사고의 원인은 불분명한 채로 남아있다.

4 Because it is common practice to use infected _____ manure as
   fertilizer or feed, other birds easily became infected with the bird flu virus.
   감염된 가금류 배설물을 거름 또는 먹이로 사용했기 때문에, 다른 새들도 쉽게 조류독감 바이러스에 감염 되었다.

5 Being an experienced _____, Jordan knows very well the
   importance of building a friendly work environment.
   경험있는 기업가였기에 Jordan은 친근한 업무 환경을 만드는 것의 중요성을 알고 있다.

6 _____ caused by currents in the ocean adds oxygen that fish need.
   바다의 해류에 의해 유발되는 물결의 휘몰아침은 물고기들이 필요한 산소를 추가한다. `14 고3학평 변형`

7 Alfred feels that he is facing _____ criticism of his newest novel.
   Alfred는 그의 최신 소설이 부당한 비난에 직면해 있다고 느낀다.

8 The chemicals released by the microbes during the experiment can cause
   _____ of water quality.
   실험 동안 미생물에 의해 방출된 화학물질은 수질 악화를 유발 할 수 있다. `09 고3학평 변형`

9 When your body is _____ in water, the skin's surface eventually
   shows the problem.
   당신의 몸에 수분이 부족하면, 피부 표면은 결국 문제를 드러낸다. `07 고3학평 변형`

10 After _____ their cart at the checkout, Jane realized to her utter
    embarrassment that her wallet was not in the bag.
    계산대에서 카트 짐을 내린 후에, 너무나 곤혹스럽게도 Jane는 그녀의 가방에 지갑이 없다는 것을 깨달았다. `12 고3학평`

Day 10

🎧 MP3

271 ☐	**banquet** [bǽŋkwit]	몡 연회, 만찬, 성찬　　　　　몡 feast 연회, 잔치 encounter her friend at the banquet 연회에서 그녀의 친구를 우연히 마주하다
272 ☐	**utensil** [ju:ténsəl]	몡 도구, 기구 kitchen utensils 부엌 도구
273 ☐	**brutal** [brú:təl]	혱 잔인한, 난폭한, 악랄한　　　　　윾 cruel 잔혹한, 잔인한, 무자비한 the most brutal leaders in history 역사상 가장 잔혹한 지도자들
274 ☐	**caregiver** [kɛ́ərgìvər]	몡 (병자, 아이들을) 돌보는 사람 the important role of caregiver 아이들을 돌보는 사람의 중요한 역할
275 ☐	**communal** [kəmjú:nəl]	혱 공동의, 공유의, 공동 사회의　　　윾 common 공동의, 공통의 instill the idea of communal spirit 공동체 의식을 주입하다
276 ☐	**conscience** [kánʃəns]	몡 양심, (양심의) 가책　　　　　*conscientious 혱 양심적인, 성실한 have a guilty conscience 양심에 가책을 느끼다
277 ☐	**buildup** [bíldʌ̀p]	몡 증강, 강화, 축적 the necessity of a military buildup 군사력 증강의 필요성
278 ☐	**adjacent** [ədʒéisənt]	혱 인접한, 가까운　　　　　윾 adjoining 서로 접한, 옆의, 부근의 adjacent to the castle 성에 인접한　　　an adjacent village 가까운 마을
279 ☐	**botanic** [bətǽnik(əl)]	혱 식물의, 식물학의 (= botanical) visit the botanic garden 식물원을 방문하다
280 ☐	**anguish** [ǽŋgwiʃ]	몡 괴로움, 비통, 고뇌　　　　　윾 agony 심한 고통, 고뇌 understand the value of anguish 고통의 가치를 이해하다
281 ☐	**conducive** [kəndjú:siv]	혱 ~에 도움이 되는, ~에 좋은 (~to) conducive to English learning 영어 학습에 도움이 되는
282 ☐	**apparatus** [æ̀pərǽtəs]	몡 기구, 장치, (신체의) 기관　　　윾 equipment 장비, 장치, 용품 invent a new breathing apparatus 새로운 호흡장치를 개발하다
283 ☐	**afloat** [əflóut]	혱 (물, 공기 중에) 뜬, 해상의 the amount of dust afloat in the air 공기 중에 떠다니는 먼지의 양
284 ☐	**contestant** [kəntéstənt]	몡 (대회, 시합 등의) 참가자, 경쟁자　윾 competitor 경쟁자, 경쟁 상대 the model competition contestant 모델 경연대회 참가자
285 ☐	**desolate** [désəlit]	혱 황량한, 쓸쓸한, 적막한　　　　윾 bleak 암울한, 황량한, 음산한 the empty and desolate land 아무도 없고 황량한 토지

Daily Test

A 우리말에 맞게 빈 칸에 알맞은 단어를 쓰세요.

1 We gave Eric a farewell _____. 우리는 Eric에게 송별회를 베풀었다.

2 Dog fights are _____ and bloody affairs impossible to break up
   without risking serious injury.
   개들 간의 싸움은 심각한 부상의 위험을 무릅쓰지 않고서는 말릴 수 없는 잔인하고도 살벌한 사건이다. `05 고3학평 변형`

3 The professor said that tickling is one of the first forms of communication
   between babies and their _____.
   그 교수는 간지럼을 태우는 것이 아기들과 그들을 돌보는 사람간에 생기는 최초의 의사소통의 한 형태라고 말했다. `14 고2학평 변형`

4 There stood a _____ water pump in the center of the village.
   마을 중앙에 공용 펌프가 있었다.

5 When molten lava cools, the surrounding rock and crust contribute to a
   _____ of crust on the ocean floor.
   녹은 용암이 냉각 되었을 때, 주변 바위와 지각은 해양의 지각층 축적에 기여한다.

6 The research team found that sweat _____ and the skins touch
   receptors are more densely packaged as finger size decreases.
   그 연구팀은 손가락 크기가 줄어듦에 따라 땀 구멍과 피부의 촉각세포가 더 조밀하게 이루어져 있다는 것을 알아냈다. `09 고3학평 변형`

7 Some traditions still strong in Latin America are _____ to a high
   birth rate.
   라틴 아메리카에서 여전히 강하게 남아있는 전통들이 높은 출산률에 도움이 되고 있다. `05 고3학평 변형`

8 Yuna began designing exercise _____ for immobilized hospital
   patients.
   Yuna는 거동을 못하는 병원 환자들을 위한 운동 기구를 고안하기 시작했다. `13 고3학평 변형`

9 With only five yards to the finish line, the second place _____ passed
   Michael and won the race.
   결승전까지 5 야드만을 남겨두고, 2등 참가자가 Michael을 제치고 경주에서 우승했다. `11 고3학평 변형`

10 Twenty-five years later the now-not-as-young traveler returned to the same
   _____ area.
   25년후에 이제 더 이상 젊은이가 아닌 그 여행자는 바로 그 황량한 땅에 되돌아왔다. `06 고3학평`

Day 10

286 ☐ **amphibian**
[æmfíbiən]
명 양서류(동물)
find the extinct amphibian 멸종된 양서류를 발견하다

287 ☐ **authentic**
[ɔːθéntik]
형 진짜의, 진품인, 진정한　　　　유 genuine 진짜의, 진품의
his authentic description of the accident 그의 믿을만한 사고에 관한 진술

288 ☐ **slap**
[slæp]
동 (손바닥으로) 찰싹 때리다, 철썩 부딪히다　　명 철썩 때리기, 철썩 부딪히는 소리
slap her back hard 그녀의 등을 세게 때리다

289 ☐ **astounding**
[əstáundiŋ]
형 경악스러운, 놀랄만한　　　　유 astonishing 정말 놀라운, 믿기 힘든
an astounding achievement 놀랄만한 업적

290 ☐ **deceptive**
[diséptiv]
형 남을 속이는, 현혹하는　　　　부 deceptively 남을 속여서
self deceptive attitude 자기 기만적 태도

291 ☐ **dormant**
[dɔ́ːrmənt]
형 잠자는, 휴면기의
stay dormant 동면 중이다　　a dormant volcano 휴화산

292 ☐ **configuration**
[kənfìgjəréiʃən]
명 구성, 배치, 배열　　　　유 composition 구성, 조립, 배치
change the configuration 구성을 바꾸다

293 ☐ **deem**
[diːm]
동 ~로 생각하다, ~로 여기다
deem him honest 그를 정직하다고 생각하다

294 ☐ **scribble**
[skríbl]
동 휘갈겨 쓰다, 낙서하다, 흘려쓰다　　명 휘갈겨 쓴 글씨, 낙서
scribble a letter 편지를 휘갈겨 쓰다　　scribble on the wall 벽에 낙서하다

295 ☐ **pore**
[pɔːr]
명 (피부, 잎 등의) 작은 구멍　　　　유 opening 트인 구멍, 틈
sweat pores 땀구멍

296 ☐ **grin**
[grin]
동 (소리없이) 활짝 웃다　　명 활짝 웃는 웃음
grin with delight 기쁨에 웃다

297 ☐ **geographic**
[dʒìːəgræfik]
형 지리학의, 지리적인
a distinct geographic feature 독특한 지리학적 특성

298 ☐ **hallmark**
[hɔ́ːlmàːrk]
명 (전형적인) 특징, 특질
the hallmarks of a horror movie 공포 영화의 전형적 특징들

299 ☐ **obligation**
[àbləɡéiʃən]
명 (법적, 도의적) 의무　　　　유 duty 의무, 본분
a sense of obligation to society 사회에 대한 의무감

300 ☐ **integral**
[íntəɡrəl]
형 필수적인, 필수불가결한, 완전한　　유 essential 본질적인, 필수적인
integral parts of English curriculum 영어 교육과정에서 필수적인 부분

Daily Test

A 우리말에 맞게 빈 칸에 알맞은 단어를 쓰세요.

1 It was generally thought that reptiles and _____ don't sleep, although some recent studies indicate that they do.
최근 몇몇 연구는 파충류와 양서류가 잠을 잔다는 것을 보여주지만 일반적으로 그들은 잠을 안 자는 것으로 여겨졌다.
`15 고3학평 변형`

2 Being alone will bring out the _____ flavor of every experience.
고독은 모든 경험의 진정한 맛을 이끌어 낼 것이다. `11 고3평가원 변형`

3 "I can do it, I can do it." Lina's sneakers _____ the asphalt.
"난 할 수 있어, 난 할 수 있어." Lina의 운동화가 아스팔트 위를 탁탁 때렸다. `14 고2학평 변형`

4 Most criminals are not raised by gangsters and must invent their own _____ character.
대부분의 범죄자는 폭력배에 의해 길러진 것은 아니므로 그들 스스로 범죄적 특성을 만들어 냈을 것이다. `13 고3학평 변형`

5 A girl at the front of the crowd holds out the movie star's photograph and the movie star takes it and _____ his autograph on it.
군중들의 앞에서 한 소녀가 그 영화배우의 사진을 들고있고 영화배우는 그것을 가져가 그 위에 자신의 사인을 흘려 쓴다.
`10 고3학평 변형`

6 The research team found that sweat _____ and the skin's touch receptors are more densely packaged as finger size decreases.
그 연구팀은 손가락 크기가 줄어듦에 따라 땀구멍과 피부의 촉각세포가 더 조밀하게 이루어져 있다는 것을 알아냈다.
`10 고3학평 변형`

7 A marvelous _____ spread all over my father's face.
환한 미소가 우리 아빠의 얼굴 가득 퍼졌다. `09 고2평가원 변형`

8 Fieldwork is the _____ of cultural anthropology.
현장연구는 문화인류학의 전형적 특징이다.

9 Humans have the moral _____ to protect all other forms of life.
인간은 다른 모든 생명체를 보호 할 도덕적 의무가 있다. `12 고3평가원 변형`

10 Air is an _____ part of human life.
공기는 인간 생활에 필수적인 부분이다.

A 우리말에 맞게 빈 칸에 알맞은 단어를 쓰시오.

1　tie a _____ knot 세 겹으로 매듭을 묶다

2　vertically _____ 수직으로 정렬하다

3　a rock covered with _____ 이끼로 뒤덮인 바위

4　give a standing _____ 기립박수를 치다

5　contact a _____ 배관공에 연락하다

6　kitchen _____ 부엌 도구

7　the most _____ leaders in history 역사상 가장 잔혹한 지도자들

8　an _____ village 가까운 마을

9　change the _____ 구성을 바꾸다

10　_____ with delight 기쁨에 웃다

B 영어에 맞게 빈 칸에 알맞은 우리말을 쓰시오.

1　quest to explore space 우주 _____

2　constitute the civilized society 문명화된 사회를 _____

3　unjust discrimination _____ 차별

4　surge forward 앞으로 _____

5　deterioration of air quality 공기질의 _____

6　instill the idea of communal spirit _____ 의식을 주입하다

7　invent a new breathing apparatus 새로운 호흡 _____ 를 개발하다

8　find the extinct amphibian 멸종된 _____ 를 발견하다

9　scribble on the wall 벽에 _____

10　the hallmarks of a horror movie 공포 영화의 전형적 _____

C 다음 영어 풀이에 알맞은 어휘를 〈보기〉에서 고르시오.

> **보기**   dormant   adjacent   prolific   brutal   authentic

1. _____ : creating or producing a lot of something

2. _____ : close, near, or next to something

3. _____ : real or genuine; true and reliable

4. _____ : inactive or sleeping

5. _____ : extremely cruel, harsh, or merciless

D 문맥에 맞게 다음 문장을 완성하시오.

1. Helen got an invitation to her •   • a regardless of the benefits or costs.

2. Intrinsic values are those we uphold •   • b remains obscure.

3. The cause of the accident •   • c to protect all other forms of life.

4. Turbulence caused by currents in the ocean •   • d adds oxygen that fish need.

5. Humans have the moral obligation •   • e twenty-year high school reunion.

E 문장을 읽고 문맥에 적절한 단어를 고르시오.

1 We need to (tackle/anguish) this problem right away.

2 Soldiers are (unloading/scribbling) heavy boxes from the truck.

3 Nobody would believe such an (authentic/unfounded) and irresponsible claim.

4 Adrian's (configuration/conscience) did not allow him to lie to the teacher.

5 Max took his children to the (poultry/botanic) garden to show them tropical plants.

F 문장의 빈칸에 알맞은 단어를 〈보기〉에서 찾아 쓰시오. (필요하면 형태를 고치시오.)

| 보기 | prolific | deceptive | preoccupy | conducive | dormant |

1 The _____ author has released a novel every year for the last ten years.
그 다작 작가는 지난 10년 동안 매해 소설을 발표했다.

2 The seeds of many wild plants remain _____ for months until winter is over and rain sets in.
많은 야생 식물의 씨앗은 겨울이 끝나고 비가 내릴 때까지 수개월간 휴면기에 머문다. `2014 수능`

3 Few places are more _____ to internal conversations than a moving plane, ship, or train.
움직이는 비행기나, 배, 혹은 기차보다 내적인 대화를 하는 데 도움이 되는 장소는 거의 없다. `2011 수능`

4 The expression "multitasking", in actuality, is inherently _____ and misleading.
"다중작업"이라는 표현은 실제로는 기만적이며 오해의 소지가 있다. `2015 수능 변형`

5 It is normal for adolescents to be _____ with how they look.
사춘기 청소년들이 어떻게 보이는지에 집착하는 것은 정상적이다. `08 고3학평`

G 다음 〈보기〉 중 두 문장에 공통으로 사용할 수 있는 어휘를 고르시오.

1 You can go back to _____ and polish your writing. 15 고3평가원
  The author wants to publish a _____(e)d version of his best-selling book.

  ① revise ② grin ③ align ④ slap ⑤ deprive

2 The speed with which computers _____ multiple tasks keeps getting faster. 2015 수능 변형
  Allan is smart enough to _____ those complex mathematics questions.

  ① tackle ② astound ③ sprinkle ④ camouflage ⑤ discharge

3 Investigators feel happy when they pursue what they _____ is a worthy outcome. 16 고3평가원 변형
  We _____ additional experiments to be necessary for this research.

  ① emerge ② redeem ③ deem ④ occur ⑤ prolong

Study More

혼동하기 쉬운 단어 conscience vs. conscious

- [conscience] 명 양심
  have a guilty **conscience** 양심에 걸리다   freedom of **conscience** 양심의 자유

- [conscious] 형 의식하는, 의도적인
  Tim is not **conscious** of the problems related the air pollution.
  Tim은 대기 오염과 관련된 문제에 대해 의식하지 못했다.

Day 11

🎧 MP3

301 □ **habitual**
[həbítʃuəl]
형 습관적인, 상습적인   윤 routine 정례적인, 일상의, 판에 박힌
a habitual gesture 습관적인 손짓

302 □ **irresistible**
[ìrizístəbl]
형 저항할 수 없는, 거부할 수 없는
an irresistible force 불가항력

303 □ **liable**
[láiəbl]
형 법적 책임이 있는, ~해야 할 의무가 있는   명 liability (~에 대한) 법적 책임, 부채
liable to pay the salary 급여를 지불 할 책임이 있는

304 □ **paradoxical**
[pæ̀rədáksikəl]
형 역설적인, 모순의
his paradoxical excuse 그의 역설적인 변명

305 □ **introspective**
[ìntrəspéktiv]
형 자기 성찰적인, 자기 반성의   명 introspection 자기성찰
an introspective and quiet student 내성적이고 조용한 학생

306 □ **offensive**
[əfénsiv]
형 모욕적인, 공격적인   명 (군사적) 공격, 공세
offensive words 모욕적인 말

307 □ **neural**
[njú(:)ərəl]
형 신경(계통)의   접 neuro- 신경과 관련이 있는
discover a new neural circuit 새로운 신경회로를 발견하다

308 □ **easygoing**
[íːzigóuiŋ]
형 (성격이) 느긋한, 태평한
an easygoing way of life 태평한 생활

309 □ **heredity**
[hərédəti]
명 유전, 세습   형 hereditary 유전적인, 세습되는
handed down by heredity 유전으로 전해진

310 □ **eloquent**
[éləkwənt]
형 호소력 있는, 웅변의, 달변의
make an eloquent speech 웅변을 하다

311 □ **endorse**
[indɔ́ːrs]
동 (공개적으로) 지지하다, 보증하다, 추천하다   윤 approve 찬성하다, 인정하다
endorse the new traffic policy 새로운 교통정책을 지지하다

312 □ **fungus**
[fʌ́ŋgəs]
명 균, 곰팡이류, 세균   복 fungi/funguses
a type of fatal fungus 치명적인 균의 종류

313 □ **multitude**
[mʌ́ltitjùːd]
명 다수, 군중   *myriad 형 무수한, 막대한 명 무수히 많음
provide a multitude of functions 다수의 기능을 제공하다

314 □ **imprint**
[ímprint]
명 (각인된) 자국, 인상, 모습   동 각인시키다, 찍다, 인쇄하다
the imprint of a foot on the snow 눈 위에 난 발자국

315 □ **heartbeat**
[háːrtbìːt]
명 심장 박동
the baby's irregular heartbeat 아기의 불규칙적인 심장 박동

Daily Test

Ⓐ 우리말에 맞게 빈 칸에 알맞은 단어를 쓰세요.

1 A _____ thing such as taking a subway can reveal what kind of person you are by exposing how you react to situations.
지하철 타는 것과 같은 습관적인 일은 당신이 상황에 따라 어떻게 반응하는 지를 보여줌으로써 당신이 어떤 성격의 사람인지 보여줄 수 있다. `09 고2평가원 변형`

2 Suddenly, Alex had an _____ urge to go to see his beloved wife and daughter.
갑자기, Alex는 그의 사랑하는 아내와 딸을 보러 가고 싶은 거부할 수 없는 충동을 느꼈다. `2008 수능 변형`

3 The reason for the vehicle's success was _____ because its manufacturer had decided to discontinue the line due to poor sales.
그 자동차 회사는 판매부진으로 인해 그 차의 생산을 중단하기로 결정했었기 때문에 그 자동차의 성공의 이유는 역설적이었다. `10 고2학평 변형`

4 His _____ behavior and attitude disappointed the audience.
그의 모욕적인 행동과 태도는 관중들을 실망시켰다.

5 Electrodes work by electrically "activating" _____ cells in the eye.
전극은 전기로 눈의 신경 세포를 활성화 시킴으로써 작동한다.

6 Yuna is an _____ person by nature.
유나는 선천적으로 태평한 사람이다.

7 With his _____ gesture, he had demonstrated that this day's guest and the host would be in perfect harmony.
호소력 짙은 몸짓으로 그는 이날의 손님과 주인이 완벽하게 조화를 이루었다는 것을 보여 주었다. `11 고3학평 변형`

8 Nutritional scientists failed to see a _____ of links in the complex chain that leads to good health.
영양학자들은 양호한 건강으로 이끄는 복잡한 사슬 내에 있는 다수의 연결고리를 알아차리지 못했다. `14 고3평가원 변형`

9 Centuries ago, philosophers regarded memory as a soft wax tablet that would preserve anything _____ on it.
수세기 전 철학자들은 기억을 표면에 각인된 모든 것을 보존하는 연한 밀랍 서판으로 여겼다. `14 고3학평`

10 Fear, a rapid _____, and sweating are signals that the body is ready to fight.
두려움, 빠른 심장 박동, 땀이 나는 것은 우리가 싸울 준비가 되었다는 몸의 신호이다. `16 고3평가원 변형`

Day 11

 MP3

316 inscription [inskrípʃən]
명 비문, 글귀   동 inscribe 이름 등을 쓰다, 새기다
a stone inscription 돌 비문

317 nuisance [njúːsəns]
명 성가신 일, 골칫거리   유 annoyance 짜증, 골칫거리
a big nuisance 크게 성가신 일   What a nuisance! 아 골치거리야!

318 downside [dáunsàid]
명 단점, 불리한 면
the downside to Internet education 인터넷 교육의 단점

319 improvise [ímprəvàiz]
동 임시변통으로 마련하다, 즉석에서 연주를 하다   명 improvisation 즉석에서 한것(연주 등)
improvise a speech 즉석에서 연설을 하다

320 dubious [djúːbiəs]
형 의심스러운, 미심쩍은, 수상쩍은
dubious about the trip 그 여행에 대해 미심쩍어 하다

321 impoverished [impávəriʃt]
형 빈곤한, 빈약한, 결핍된   유 defective 결점이 있는, 불완전한
an impoverished farmer 빈곤한 농부

322 faulty [fɔ́ːlti]
형 결점이 있는, 잘못된
faulty management 결점이 있는 관리

323 inflammation [ìnfləméiʃən]
명 (신체 부위의) 염증
inflammation of the lungs 폐렴   a mild inflammation 가벼운 염증

324 merge [məːrdʒ]
동 합병하다, 통합하다   명 merger (조직이나 사업체의) 합병
merge two companies 두 회사를 합병하다

325 overheat [òuvərhíːt]
동 과열하다, 과열되다
overheat quickly 빨리 과열하다

326 euphemism [júːfəmìzəm]
명 완곡 어법, 완곡한 표현   형 euphemistic 완곡어법의, 완곡한
express by a euphemism 완곡한 표현을 하다

327 prevail [privéil]
동 만연하다, 승리하다   형 prevailing 우세한, 지배적인
prevail elsewhere 곳곳에 만연하다

328 stunning [stʌ́niŋ]
형 굉장히 아름다운, 굉장히 멋진, 근사한
look stunning 굉장히 멋지게 보인다

329 rotten [rátən]
형 썩은, 부패한, 형편없는
the smell of rotten eggs 썩은 달걀 냄새

330 thermal [θə́ːrməl]
형 열의, 온도의, 보온성이 좋은
operate thermal power stations 화력 발전소를 가동하다

Daily Test

A 우리말에 맞게 빈 칸에 알맞은 단어를 쓰세요.

1 Researchers investigated the _____ of spreading malicious gossip.
   연구원들은 악의적인 소문 유포의 부정적인 면을 연구했다. `10 고2학평 변형`

2 Steve has never been _____ of success.
   Steve는 성공을 의심한 적이 없다.

3 Much of sub-Saharan Africa is full of _____ and undeveloped
   countries.
   사하라 사막 이남의 대부분은 빈곤하고 개발되지 않은 나라들로 가득하다.

4 _____ and bleedings of gums can lead to your arteries becoming
   blocked.
   잇몸의 염증과 출혈은 당신의 동맥이 막히는 것을 유발할 수 있다. `10 고2학평`

5 Researchers from a North American University discovered the reason of
   yawning : to protect our brain from _____.
   한 북미지역의 연구자들은 하품의 이유가 우리 두뇌를 과열로부터 보호하기 위해서라는 것을 알아냈다. `12 고1학평`

6 The term _____ derives from a Greek word meaning 'to speak with
   good words'.
   완곡 어법이란 용어는 '좋은 단어들로 말하다'의 의미를 가진 그리스 단어에서 유래되었다. `2012 수능 변형`

7 We all love a story where good _____ over evil.
   우리 모두는 선이 악을 이기는 이야기를 좋아한다. `10 고3평가원 변형`

8 Biological fuel is one of the most _____ technological discoveries
   of our time.
   생물학적 연료는 우리 시대에서 가장 놀랄만한 기술적 발견 중 하나이다. `09 고2평가원 변형`

9 The bear was sticking his nose into garbage cans and eating _____
   food.
   곰은 그의 코를 쓰레기통에 박고 썩은 음식을 먹는 중이었다.

10 _____ pollution is a serious problem that affects the ecosystems of
   rivers and lakes in most industrialized countries.
   열 공해는 대부분의 산업화된 국가에서 강과 호수의 생태계에 영향을 끼치는 심각한 문제이다.

331 ☐	**sprint** [sprint]	통 전력 질주하다　명 단거리 경기, 전력 질주 sprint for the finish line 결승선을 향해 전력 질주하다
332 ☐	**setback** [sétbæk]	명 방해, 차질, 역행 a setback to success 성공의 걸림돌
333 ☐	**spatial** [spéiʃəl]	형 공간의, 공간적인 spatial awareness 공간 인식
334 ☐	**stern** [stəːrn]	형 엄중한, 근엄한, 심각한 a stern look 근엄한 표정　a stern warning 엄중한 경고
335 ☐	**physique** [fizíːk]	명 체격, 몸매　유 build (사람의) 체구 the physique of a soccer player 축구 선수 같은 체격
336 ☐	**revelation** [rèvəléiʃən]	명 폭로, 뜻밖의 사실, 계시 sensational revelations of the government 정부의 깜짝놀랄만한 폭로
337 ☐	**recipient** [risípiənt]	명 수령인, 수취자 find the recipient of the letter 편지의 수령인을 찾다
338 ☐	**acquaint** [əkwéint]	통 익히다, 숙지하다　명 acquaintance 아는 사람, 지인 acquaint him with the new work 그에게 새로운 일을 숙지하다
339 ☐	**punctual** [pʌ́ŋktʃuəl]	형 시간을 잘 지키는, 엄수하는 the importance of being punctual 시간을 잘 지키는 것의 중요성
340 ☐	**preferable** [préfərəbl]	형 선호되는, 더 나은 the preferable option 선호되는 선택
341 ☐	**rag** [ræg]	명 걸레, 누더기　형 ragged 누더기가 된, 다 해진 scrub the floor with a rag 걸레로 바닥을 닦다
342 ☐	**suspension** [səspénʃən]	명 정지, 보류, 정학, 완충장치　통 suspend 유예하다, 중단하다, 매달다 suspension period 정학 기간
343 ☐	**dodge** [dɑdʒ]	통 잽싸게 몸을 피하다, 회피하다 dodge punishment 벌을 회피하다
344 ☐	**petition** [pətíʃən]	명 청원, 탄원(서)　통 진정하다, 탄원하다 online petition to shut down the factory 공장을 폐쇄하기 위한 온라인 청원
345 ☐	**rearing** [ríriŋ]	명 양육, 사육　통 (아이를) 기르다, (동물을) 사육하다 child rearing 자녀 양육

Daily Test

A 우리말에 맞게 빈 칸에 알맞은 단어를 쓰세요.

1 My goal is to set the Korean record for the 200-meter _____.
내 목표는 200미터 달리기에서 한국 신기록을 세우는 것이다.

2 In spite of life's unfairness and cruelties, you can move beyond
_____ and succeed.
인생의 부당함과 잔혹함에도 불구하고, 당신은 좌절을 극복하고 성공 할 수 있다. `06 고3학평 변형`

3 Helen entered her destination into the GPS, whose _____ memory
supplants her own.
Helen은 목적지를 GPS 장치에 입력했고 그 장치의 공간 기억은 그녀의 것(기억)을 대체한다. `15 고2학평 변형`

4 Although you have a good mind and a beautiful _____, constant
self-development is still important.
비록 당신이 좋은 정신, 멋진 체격을 가졌을지라도 끊임없는 자기 계발은 여전히 중요하다. `05 고3학평 변형`

5 Because I was the _____ of the scholarship, it was much easier to
accept admission to the university.
내가 장학금 수혜자였기 때문에, 그 대학의 입학허가를 받아들이기가 아주 쉬웠다. `08 고2평가원 변형`

6 Plenty of mild good news is _____ to one single lump of good news.
아주 많은 수의 가벼운 희소식보다는 한 뭉치의 희소식이 더 낫다. `12 고1학평`

7 John's poor manners and lack of effort led to his _____ from college.
John의 나쁜 태도와 노력 부족이 대학으로부터의 정학으로 이어졌다.

8 Because things move more slowly in water than in air, fish can
_____ most dirt.
물 속에서는 공기 중에서 보다 물체가 더 느리게 움직이기 때문에 물고기는 먼지를 잽싸게 피할 수 있다. `06 고2학평 변형`

9 Since the city accepted our _____, the bus company will initiate a
service to the front door of our complex every day.
시에서 우리의 청원서를 받아들여준 덕분에, 버스 회사는 매일 우리 아파트 단지의 정문까지 운행 서비스를 시작할 것이다.
`15 고2학평 변형`

10 For decades, child-_____ advice from experts has encouraged the
nighttime separation of baby from parent.
수십 년 동안 아이 양육에 대한 전문가들의 충고는 부모들이 밤 시간에 아이와 떨어져 있는 것을 장려했다. `2010 수능 변형`

Day 12

🎧 MP3

| 346 ☐ | **rinse**
[rins] | 동 헹구다, 씻어내다　명 물에 씻기, 행구기, 린스제
rinse her mouth 그녀의 입을 헹구다 |

| 347 ☐ | **probable**
[prάbəbl] | 형 어떤 일이 있을 것 같은, 개연성 있는　명 probability 개연성, 확률
hardly probable 거의 일어날 것 같지 않은 |

| 348 ☐ | **skim**
[skim] | 동 걷어내다, 대충 훑어 보다
skim the document for mistakes 서류에 실수가 있는지 대충 훑어 보다 |

| 349 ☐ | **tedious**
[tí:diəs] | 형 지루한, 싫증나는　유 boring 지루한, 따분한
the tedious performance 지루한 공연　tedious reading 싫증나는 독서 |

| 350 ☐ | **resilient**
[rizíljənt] | 형 회복력 있는, 탄력 있는　명 resilence 탄력, 회복력
a resilient economy 회복세의 경제 |

| 351 ☐ | **raid**
[reid] | 명 습격, 급습　동 불시에 들이닥치다, 급습하다
pirate raid 해적의 습격　raid enemy bases 적의 기지를 급습하다 |

| 352 ☐ | **problematic**
[prὰbləmǽtik] | 형 문제가 있는(많은)
the ineffective and problematic solution 비효율적이고 문제가 많은 해결책 |

| 353 ☐ | **reef**
[ri:f] | 명 암초, 모래톱
study coral reefs 산호초를 연구하다 |

| 354 ☐ | **portfolio**
[pɔːrtfóuliòu] | 명 작품집, 포트폴리오, 서비스 목록
prepare the design portfolio 디자인 포트폴리오를 준비하다 |

| 355 ☐ | **secondhand**
[sékəndhǽnd] | 형 간접의(전해들은), 중고의　부 중고로, 전해들어, 간접으로
secondhand smoking 간접 흡연 |

| 356 ☐ | **thrifty**
[θrífti] | 형 절약하는, 검소한　명 thrift 절약, 검약
live a thrifty life 검소한 삶을 살다 |

| 357 ☐ | **addictive**
[ədíktiv] | 형 (약물 등의) 중독성의, 습관화된　*addicted (to) ~에 중독된, 푹빠진
the danger of addictive drugs 중독성 약물의 위험성 |

| 358 ☐ | **wobble**
[wάbl] | 동 흔들다, 비틀거리다　형 wobbly 흔들리는, 기우뚱한
wobble the chair 의자를 흔들다 |

| 359 ☐ | **archival**
[a:rkáivəl] | 형 기록의, 고문서의　명 archive 기록보관소
archival culture 기록의 문화 |

| 360 ☐ | **relocate**
[riloukéit] | 동 (기업, 근로자 등이) 이전하다, 재배치하다　명 relocation 재배치, 전근
relocate from Tokyo to Busan 동경에서 부산으로 이전하다 |

Daily Test

A 우리말에 맞게 빈 칸에 알맞은 단어를 쓰세요.

1 Your food may taste soapy if you don't _____ the dishes well enough after you wash them.
   만약 당신이 접시를 씻은 후에 잘 헹구지 않는다면 당신의 음식에서는 비누 맛이 날지도 모른다.

2 My father always says to me, "We have to be _____ and save money for a rainy day."
   아버지는 항상 내게 우리는 궂은 날을 대비해 절약하고 저축해야 한다고 말씀하셨다.

3 Most people think that to 'peruse' something means to 'scan or _____ it quickly, without paying much attention.'
   대부분의 사람들은 무언가를 peruse(숙독하다) 한다는 것을 '많은 주의를 기울이지 않고 그저 급히 읽어보거나 대충 훑어보는 것'으로 생각한다. `12 고3 평가원`

4 Smith complains that collecting trash from the ground is _____.
   Smith는 땅에서 쓰레기를 줍는 것이 지겹다고 불평했다. `04 고3 학평 변형`

5 You must be hungry enough, strong enough, _____ enough, to desire change and make change happen.
   여러분은 변화를 바라며 변화를 만들어 내기에 충분히 굶주려 있고, 충분히 강하며 충분히 회복력이 있어야 한다. `14 고3 학평`

6 Everything that one thinks about a lot becomes _____.
   많이 생각하는 모든 것들은 문제가 된다.

7 There is strong evidence that _____ smoke can be harmful.
   간접 흡연이 해를 끼칠 수 있다는 강한 증거가 있다. `09 고3 학평 변형`

8 It is _____ that Yuna will come home next week.
   Yuna는 다음 주에 집에 돌아올 것 같다.

9 Playing computer games is _____, so be sure to maintain balance in your everyday life.
   컴퓨터 게임을 하는 것은 중독성이 있으므로 당신의 일상 생활에서 균형을 유지하는 것을 확실히 해야 한다. `2008 수능 변형`

10 An automobile is a commodity that can be _____ anywhere.
   자동차는 어느 곳으로든 이동될 수 있는 상품이다. `13 고3 학평 변형`

A 우리말에 맞게 빈 칸에 알맞은 단어를 쓰시오.

1　a _____ gesture 습관적인 손짓

2　an _____ and quiet student 내성적이고 조용한 학생

3　handed down by _____ 유전으로 전해진

4　What a _____! 아 골치거리야!

5　_____ elsewhere 곳곳에 만연하다

6　_____ for the finish line 결승선을 향해 전력 질주하다

7　the sensational _____ of the government 정부의 깜짝놀랄만한 폭로

8　scrub the floor with a _____ 걸레로 바닥을 닦다

9　_____ enemy bases 적의 기지를 급습하다

10　prepare the design _____ 디자인 포트폴리오를 준비하다

B 영어에 맞게 빈 칸에 알맞은 우리말을 쓰시오.

1　an irresistible force _____

2　provide a multitude of functions _____의 기능을 제공하다

3　the imprint of a foot on the snow 눈 위에 난 발_____

4　a stone inscription 돌 _____

5　operate thermal power stations _____ 발전소를 가동하다

6　find the recipient of the letter 편지의 _____ 을 찾다

7　acquaint him with the new work 그에게 새로운 일을 _____

8　the tedious performance _____ 공연

9　secondhand smoking _____ 흡연

10　relocate from Tokyo to Busan 동경에서 부산으로 _____

C 다음 영어 풀이에 알맞은 어휘를 〈보기〉에서 고르시오.

> **보기**   wobble   rotten   merge   dubious   rinse

1 _____ : uncertain or skeptical about something; doubtful

2 _____ : to join or combine together

3 _____ : to move unstably, e.g., back and forth or from side to side

4 _____ : to wash something with clean water

5 _____ : bad or decayed and unable to be eaten

D 문맥에 맞게 다음 문장을 완성하시오.

1 His offensive behavior and attitude •	• a	neural cells in the eye.
2 Electrodes work by electrically "activating" •	• b	becoming blocked.
3 Inflammation can lead to your arteries •	• c	a lot becomes problematic.
4 John's poor manners and lack of effort •	• d	led to his suspension from college.
5 Everything that one thinks about •	• e	disappointed the audience.

E 문장을 읽고 문맥에 적절한 단어를 고르시오.

1 I was (dubious/offensive) about whether I should apply to that university.

2 If you bought a (resilient/faulty) product from us, you can ask for a refund.

3 Because of the high prize money, the competition is getting (impoverished/overheated).

4 Since the floor is uneven, the table (relocates/wobbles).

5 The two small schools in the village were (merged/rinsed) to form a larger school.

F 문장의 빈칸에 알맞은 단어를 〈보기〉에서 찾아 쓰시오. (필요하면 형태를 고치시오.)

보기	eloquent	downside	fungi	improvise	stunning

1 Ta-Nahesi Coates is well known as an _____ writer on race, and he posts about that frequently on his blog.
Ta-Nahesi Coates는 인종문제에 대해 호소력 있는 작가로 알려져 있으며 자신의 블로그에 자주 그 주제에 대한 글을 기고한다. `16 고3학평 변형`

2 The young actor gave a _____ performance in his stage debut.
그 젊은 배우는 무대 데뷔에서 놀라운 연기를 보여 주었다.

3 We use bacteria and _____ to make foods like yogurt and cheese.
우리는 요구르트나 치즈 같은 식품을 만들기 위해 박테리아나 곰팡이류를 사용한다. `05 고3평가원`

4 We're willing to take risks when there's little _____.
우리는 불리한 점이 없을 때는 기꺼이 모험을 하려고 한다. `11 고3학평`

5 In jazz, contrary to classical music, the performers often _____ their own melodies.
재즈 음악은, 클래식 음악과는 대조적으로 연주자들은 종종 자신들만의 멜로디로 즉흥연주를 한다. `2007 수능`

G 다음 〈보기〉 중 두 문장에 공통으로 사용할 수 있는 어휘를 고르시오.

1 Still, Liu isn't ready to _____ the habit of sleeping less and making up for it later. 15 고3학평

   The agreement should be _____(e)d by a special committee of experts.

   ① prevail   ② endorse   ③ acquaint   ④ imprint   ⑤ dodge

2 One of the reasons for the popularity of the subway is that it is _____.
   06 고3학평 변형

   He is so _____ that I've never seen him late for a meeting.

   ① fungus   ② secondhand   ③ punctual   ④ merge   ⑤ prevail

3 The university gave a _____ warning to students who use smartphones during lectures.

   Anna's mother was _____ and meticulous about house cleaning. 13 고3평가원 변형

   ① stern   ② neutral   ③ introspective   ④ probable   ⑤ archival

---

Study More

혼동하기 쉬운 단어 additive vs. addictive

- [additive] 명 첨가물, 첨가제
  buy **additive**-free chocolate bread 첨가물이 들어가지 않은 초콜릿 빵을 구입하다
  an artificial **additive** 인공 첨가물

- [addictive] 형 중독적인
  Everybody knows that playing computer games is highly **addictive**.
  모든 이들이 컴퓨터 게임을 하는 것이 상당히 중독적이라는 걸 알고 있다.

Day 13

🎧 MP3

361 vicious
[víʃəs]
형 잔인한, 악랄한, 포악한 　　유 cruel 잔인한, 잔혹한
arrest the vicious criminal 악랄한 범죄자를 체포하다

362 displace
[displéis]
동 대체하다, 쫓아내다, 옮겨 놓다 　　유 replace 대체(대신)하다, 교체하다
be displaced by the new machine 그 새 기계에 의해 대체되다

363 undermine
[ʌ̀ndərmáin]
동 약화 시키다
undermine security 안전을 약화시키다

364 utterly
[ʌ́tərli]
부 완전히, 전적으로, 참으로 　　유 absolutely 전적으로, 틀림없이
utterly destroyed 완전히 파괴되다 　　utterly absurd 참으로 어처구니가 없는

365 engrave
[ingréiv]
동 새기다, 조각하다
engrave her son's name 그녀의 아들의 이름을 새기다

366 unclear
[ʌnklíər]
형 불명확한, 정확하지 않은
the unclear motivation 정확하지 않은 동기

367 abusive
[əbjú:siv]
형 모욕적인, 학대하는
abusive behavior 학대 행위 　　abusive parents 학대하는 부모님

368 sob
[sɑb]
동 흐느끼며 울다 　명 흐느낌, 흐느껴 우는 소리
sob loudly 크게 흐느끼며 울다

369 immobilize
[imóubəlàiz]
동 고정시키다, ~을 움직이지 못하게 하다
immobilize the broken arm 부러진 팔을 고정시키다

370 conceive
[kənsí:v]
동 생각하다, 상상하다, 이해하다, 임신하다 　명 개념, 구상, 임신
conceive a special plan 특별한 계획을 생각하다

371 turmoil
[tə́:rmɔil]
명 혼란, 소란 　　유 chaos 혼돈, 혼란
bring about political turmoil 정치적 혼란을 초래하다

372 volatile
[vɑ́lətil]
형 휘발성의, 변덕스러운, 불안정한
a volatile substance 휘발성 물질

373 warehouse
[wɛ́ərhàus]
명 창고 　　유 depot (대규모)창고, 보급소
store food in a warehouse 창고에 음식을 저장하다

374 tricky
[tríki]
형 힘든, 까다로운
solve a tricky problem 까다로운 문제를 해결하다

375 acute
[əkjú:t]
형 급성의, 극심한, (감각이) 예민한, (관찰력 등이) 예리한
acute pneumonia 극성 폐렴 　　acute pain 극심한 통증

Daily Test

A 우리말에 맞게 빈 칸에 알맞은 단어를 쓰세요.

1 The early settlers in western America _____ many of the Native American tribes.
미국 서부의 초기 정착자들은 많은 아메리카 원주민 부족들을 쫓아냈다.

2 I found a book with the word 'Record' neatly _____ on it.
나는 표지에 깔끔하게 'Record'라는 단어가 새겨져 있는 책을 발견했다. `2012 수능 변형`

3 The camera lens did not focus properly and the resulting photos were blurry and _____.
카메라 렌즈는 정확하게 초점을 잡지 않았고 그 결과 사진은 흐리고 명확하지 않았다. `12 고3평가원 변형`

4 Victor is blamed for his _____ remarks at the meeting.
Victor는 그 모임에서의 모욕적인 발언들로 비난 받는다.

5 When photography ventured to represent living things, they had to be _____.
사진이 움직이는 대상들을 표현하려 할 때, 그것들은 고정되어있어야 한다. `10 고3평가원 변형`

6 The documentary explained that ancient maps were not _____ through the same processes as modern maps.
그 다큐멘터리는 고대 지도들은 현대 지도들을 만들 때와 동일한 과정을 거쳐서 고안되지 않았다고 설명했다. `10 고3학평 변형`

7 According to the experiment, night eaters often eat in response to anxiety or the emotional _____.
그 실험에 따르면, 야식을 하는 사람들은 종종 불안이나 감정의 혼란에 반응해서 먹는다고 한다. `2012 수능 변형`

8 When plants are damaged by plant-eating insects, they release _____ chemicals.
식물들은 식물을 먹는 곤충들에 의해 피해를 입을 때, 휘발성 화학 물질을 방출한다. `06 고3학평 변형`

9 I had an opportunity to visit the _____ of the publishing company in London.
나는 런던에 있는 출판사 창고를 방문할 기회가 있었다. `07 고2학평 변형`

10 The boy began to _____ again, burying his face in the pillow.
그 소년은 베개에 그의 얼굴을 묻으면서 다시 흐느끼기 시작했다.

Day 13

🎧 MP3

376
☐ **wholesale**
[hóulsèil]
형 도매의, 대량의, 다수의　명 도매, 대량판매　반 retail 소매, 소매의
offer goods at wholesale prices 도매가로 물건을 제공하다

377
☐ **additive**
[ǽdətiv]
명 첨가물, 첨가제　형 부가적인, (수학) 덧셈의
an artificial additive 인공 첨가제

378
☐ **affectionate**
[əfékʃənit]
형 다정한, 애정 어린
affectionate with children 아이들에게 다정한

379
☐ **flatten**
[flǽtən]
동 납작해지다, 평평하게 하다
flatten the bread 빵을 납작하게 하다

380
☐ **withhold**
[wiðhóuld]
동 보류하다, 억제하다
withhold his consent 그의 승낙을 보류하다

381
☐ **verify**
[vérəfài]
동 사실임을 증명(입증) 하다　명 verification 확인, 조회, 입증, 비준
verify his hypothesis with an experiment 실험을 통해 그의 가설을 입증하다

382
☐ **endow**
[endáu]
동 (기금, 재산으로) 기부하다, (재능, 특징을) 부여하다
endow a scholarship 장학금을 기부하다

383
☐ **weary**
[wí(:)əri]
형 지친, 피곤한　동 지치게하다, 피곤하게 하다
a weary body and soul 지친 몸과 마음

384
☐ **velocity**
[vəlásəti]
명 (빠른) 속도　유 speed 속력, 속도
measure the velocity of a moving object 움직이는 물체의 속도를 측정하다

385
☐ **admirable**
[ǽdmərəbl]
형 감탄할 만한, 존경스러운　유 praiseworthy 칭찬할만한, 훌륭한
his admirable accomplishments 그의 감탄할 만한 업적들

386
☐ **blight**
[blait]
명 (곡식의) 병충해　동 망치다, 엉망으로 만들다
the tomato blight 토마토 병충해

387
☐ **assault**
[əsɔ́:lt]
명 폭행(죄), 공격　동 폭행하다, 공격하다
commit assault 폭행을 범하다

388
☐ **affiliate**
[əfíliit]
동 제휴하다, 연계하다, 합병하다　명 계열사, 지사, 조합원, 회원
be affiliated with local hospitals 지역 병원들과 제휴하고 있다

389
☐ **compress**
[kámpres]
동 압축하다, 꾹 누르다　형 compressed 눌린, 납작한
compressed hydrogen 압축된 수소

390
☐ **antiseptic**
[æntiséptik]
형 소독이 되는, 소독된　명 소독제, 방부제
apply the antiseptic cream to a wound 상처에 소독 크림을 바르다

Daily Test

A 우리말에 맞게 빈 칸에 알맞은 단어를 쓰세요.

1   Jack started a venture with a _____ watch company and within six months he made $3,000, a fortune for the time.
Jack은 시계 도매 회사와 함께 사업을 시작했고 6개월 만에 그 당시로는 큰 돈인 3천 달러의 수입을 거뒀다. `06 고3학평 변형`

2   Take ordinary tap water, mix in a tiny bit of _____, pressurize to 70,000 psi, and discharge through a tiny hole.
일반 수돗물을 떠서 약간의 첨가물을 섞은 후, 7만 psi의 압력을 가하고 미세 구멍을 통해 그것을 흘러 보내세요. `10 고1학평 변형`

3   The lava gives the shield volcano a very wide, _____ shape.
용암은 매우 넓고 평평한 모양의 순상화산을 만든다.

4   It is an important thing in education that teachers _____ their personal opinions in classroom discussions.
교육에서 선생님들이 학급 토론에서 그들의 개인적인 의견을 억제하는 것은 중요하다.

5   We were _____ from too much study.
우리는 너무나 많은 양의 공부에 지쳤다.

6   The _____ of a river is reduced when it enters a large body of water such as a lake.
강의 속도는 그것이 호수와 같은 커다란 수역에 들어갈 때 줄어든다. `06 고3평가원 변형`

7   The way Mr. Adams plowed through the task was very _____.
Adams씨가 그 일을 애써가며 처리하는 방식은 아주 존경스럽다.

8   Andy's son was charged with _____.
Andy의 아들은 폭행죄로 고소당했다.

9   A professor in Harvard surveyed 4,000 medical doctors who worked at the hospitals _____ to universities in Korea.
하버드의 한 교수는 한국에서 대학과 제휴한 병원에서 일하는 4천명의 의사들을 조사했다.

10   The body of the insect is sightly _____ and mostly elongated, with its mouth facing down.
그 곤충의 몸통은 약간 납작하고 대체로 긴 편이며, 주둥이는 아래쪽을 향하고 있다. `11 고2학평 변형`

Day 14

 MP3

391 ☐	**carnivorous** [kɑ:rnívərəs]	혱 육식성의 a carnivorous animal 육식 동물	맨 herbivorous 초식성의

| 392 ☐ | **bizarre**
[bizá:r] | 혱 기이한, 특이한
a bizarre hobby 특이한 취미 | 윤 odd 이상한, 특이한 |

| 393 ☐ | **comparative**
[kəmpǽrətiv] | 혱 비교의, 상대적인
comparative literature 비교 문학   the comparative degree 비교급 | |

| 394 ☐ | **aspire**
[əspáiər] | 동 열망(염원)하다
aspire to success 성공을 열망하다 | 혱 aspiring ~이 되려는, 야심이 있는 |

| 395 ☐ | **chronological**
[krɑ̀nəládʒikəl] | 혱 연대순의, 연대기의
in chronological order 연대순으로 | 혱 chronology 연대순, 연대표 |

| 396 ☐ | **arena**
[ərí:nə] | 명 (원형) 경기장, 공연장, 활동 무대(영역)
built a new baseball arena 새 야구 경기장 | |

| 397 ☐ | **backbone**
[bǽkbòun] | 명 등뼈, 척추, (일이나 구조의) 근간, 중추
get his backbone realigned 그의 척추를 교정하다 | |

| 398 ☐ | **civilian**
[sivíljən] | 명 (주로 군인과 대비해) 민간인 혱 민간의, 일반인의
civilian casualties 민간인 사상자   a civilian expert 민간 전문가 | |

| 399 ☐ | **altruism**
[ǽltru(:)ìzəm] | 명 이타주의, 이타심 혱 altruistic 이타적인   맨 egoism 자기중심주의
reciprocal altruism 상호 이타성 | |

| 400 ☐ | **complicit**
[kəmplisit] | 혱 (주로 안좋은 일에) 연루된, 공모한 (~in)
be complicit in the cover-up 은폐 공작에 연루되다 | |

| 401 ☐ | **blindfold**
[bláindfòuld] | 동 (눈가리개로) 눈을 가리다 명 눈가리개
wear a blindfold 눈가리개를 하다 | |

| 402 ☐ | **backfire**
[bǽkfàiər] | 동 역효과를 낳다 명 역효과를 낳는 행위
seriously backfire 심각한 역효과를 낳다 | |

| 403 ☐ | **autonomy**
[ɔ:tánəmi] | 명 자치권, 자립, 독립
grant autonomy 자치권을 부여하다 | 혱 autonomous 자주적인, 자치의 |

| 404 ☐ | **bearable**
[bɛ́(:)ərəbl] | 혱 참을만한, 견딜만한
uncomfortable but bearable weather 불편하지만 견딜만한 날씨 | 윤 tolerable 참을 수 있는, 나쁘지 않은 |

| 405 ☐ | **automotive**
[ɔ̀:təmóutiv] | 혱 자동차의, 자동추진의
lead the automotive industry 자동차 산업을 이끌다 | |

Daily Test

A 우리말에 맞게 빈 칸에 알맞은 단어를 쓰세요.

1   Scientists have discovered at least 600 different kinds of _____
    plants all over the world.
    과학자들은 전 세계에서 최소 600여 종의 다양한 육식성 식물들을 발견했다.

2   Some animals will engage in _____ behaviors and can severely
    harm themselves.
    몇몇 동물들은 기이한 행동을 보일 것이며 심하게 자신들에게 상처를 입힐 수 있다. `14 고3학평 변형`

3   After a few years of _____ calm, disaster struck the country.
    몇 년간의 상대적인 평온함 뒤에 재난이 그 나라에 닥쳤다. `17 고3평가원 변형`

4   The stories are arranged in _____ order.
    이야기들은 연대기 순으로 정렬되어 있습니다.

5   The idea that all animals have a _____ is wrong.
    모든 동물들이 등뼈가 있다는 생각은 틀렸다.

6   _____ has always existed, but the Internet gives it a platform where
    the actions of individuals can have global impact.
    이타주의는 항상 존재해 왔지만 인터넷은 거기에 개인의 행동이 세계적인 영향을 미칠 수 있는 발판을 제공한다.
    `12 고3평가원 변형`

7   Jane heard footsteps approaching her and the _____ was stripped
    from her eyes.
    Jane은 그녀에게 다가오는 발소리를 들었고 눈가리개가 그녀의 눈에서 벗겨졌다. `09 고3학평 변형`

8   Although it is important to do what you really want, this behavior sometimes
    _____.
    당신이 원하는 일을 하는 것이 중요함에도 불구하고, 이런 행동은 때로로 역효과를 낸다. `12 고3평가원 변형`

9   The precious memories we all have makes our lives _____.
    우리 모두가 지닌 소중한 기억이 우리의 삶을 견딜만하게 해준다.

10 In order to be used in an _____ engine, plant material has to go
    through a refining process.
    자동차 엔진에 사용되기 위해서, 식물성 소재는 정제 과정을 거쳐야 한다.

Day 14

🎧 MP3

406 catchy
[kǽtʃi]
혱 기억하기 쉬운, 외우기 쉬운, 함정이 있는
a catchy design 기억하기 쉬운 디자인 catchy phrases 외우기 쉬운 구절들

407 antecedent
[æ̀ntisí:dənt]
몡 선례, 선행사건, 선조 혱 선행하는 ,이전의 빤 subsequent 다음의, 차후의
the historical antecedent 역사적 선례

408 ambient
[ǽmbiənt]
혱 주위의, 잔잔한
the ambient environment 주위 환경 ambient lighting 잔잔한 조명

409 concise
[kənsáis]
혱 간결한, 축약된 윤 brief 간결한, 짧막한, 잠시의
a concise statement 간결한 진술

410 averse
[əvə́:rs]
혱 몹시 싫어하는, 싫어하여 (~to) 윤 opposed (to) ~에 반대하는, ~와 아주 다른
averse to the press 언론을 몹시 싫어하는

411 barter
[bá:rtər]
동 물물 교환하다 몡 물물교환
barter salt for ice 소금과 얼음을 교환하다

412 anatomy
[ənǽtəmi]
몡 해부학, 해부학적 구조, (사태나 사건의) 분석
have expertise in human anatomy 인체 해부학에 대한 전문 지식을 가지다

413 candid
[kǽndid]
혱 솔직한, 자연스러운
a candid opinion 솔직한 의견

414 bland
[blænd]
혱 단조로운, 온화한, (맛 등이) 자극적이지 않은
a bland melody 단조로운 멜로디

415 compulsion
[kəmpʌ́lʃən]
몡 강제, 강박(현상), 강요, 충동 혱 compulsive 강박적인, (자신을) 통제하지 못하는
under compulsion 강요에 의해

416 formidable
[fɔ́:rmidəbl]
혱 만만치 않은, 어마어마한 윤 intimidating 위협적인, 겁을 주는
do a formidable task 만만치 않은 일을 하다

417 discord
[dískɔ:rd]
몡 불일치, 불화 윤 disharmony 부조화, 불화
in discord with the facts 사실과 불일치

418 descent
[disént]
몡 하강, 내리막 동 descend 내려오다, 내려가다
a swift descent 급격한 하강 a gradual descent 완만한 내리막

419 expenditure
[ikspénditʃər]
몡 지출, 비용, 경비
the total expenditure 총경비

420 festive
[féstiv]
혱 축제의, 기념일의, 명절기분의
enjoy the festive mood 축제 분위기를 즐기다

Daily Test

A 우리말에 맞게 빈 칸에 알맞은 단어를 쓰세요.

1 The engines of pollution-free cars run on _____ air.
공기 오염이 없는 자동차 엔진은 압축된 주변 공기를 이용하여 작동된다. `07 고2학평 변형`

2 _____ was the medium of exchange until gold and silver were used to buy and sell goods.
물물교환은 금과 은이 물건을 사고파는 데 사용될 때까지 교환의 매개수단이었다.

3 The last lecture was on the _____ of the mouse.
지난 강의는 쥐의 해부에 관한 것이었다.

4 The famous actor gave a _____ radio interview on his life.
그 유명한 영화배우는 자신의 인생에 대한 솔직한 라디오 인터뷰를 했다.

5 Bright colored foods seem to taste better than _____-looking foods, even when the flavor compounds are identical.
심지어 맛을 내는 혼합물이 동일함에도 밝은 색의 음식이 단조롭게 보이는 음식 보다 더 맛있게 보인다. `11 고3학평 변형`

6 Net _____ have been further defined to include compulsive online gambling and online auction addiction.
인터넷 강박증은 강박적 인터넷 도박과 온라인 경매 중독을 포함하는 것으로 정의가 확대되었다. `05 고3학평 변형`

7 Although her opponent was _____, Ann finally won the game.
그녀의 상대가 만만치 않았음에도 불구하고, Ann은 마침내 경기에서 이겼다.

8 Family _____ adversely affects a child's natural development.
가정불화는 아이의 자연적 성장에 나쁜 영향을 미친다.

9 Max had his dinner as he watched the sun's _____ in the cloudless sky.
Max는 구름 한 점 없는 하늘에 해가 지는 것을 바라보면서 저녁 식사를 했다. `11 고2학평 변형`

10 The graph shows four OECD countries' _____ for private educational institutions as a percentage of GDP.
그 그래프는 OECD 네 국가들의 사교육 지출 비용을 GDP에서 차지하는 비율로 보여준다. `07 고3학평 변형`

A 우리말에 맞게 빈 칸에 알맞은 단어를 쓰시오.

1 _____ her son's name 그녀의 아들의 이름을 새기다

2 _____ the broken arm 부러진 팔을 고정시키다

3 measure the _____ of a moving object 움직이는 물체의 속도를 측정하다

4 Tomato _____ 토마토 병충해

5 _____ hydrogen 압축된 수소

6 a _____ hobby 특이한 취미

7 wear a _____ 눈가리개를 하다

8 _____ salt for ice 소금과 얼음을 교환하다

9 a gradual _____ 완만한 내리막

10 the total _____ 총경비

B 영어에 맞게 빈 칸에 알맞은 우리말을 쓰시오.

1 conceive a special plan 특별한 계획을 _____

2 store food in a warehouse _____에 음식을 저장하다

3 his admirable accomplishments 그의 _____ 업적들

4 affectionate with children 아이들에게 _____

5 apply the antiseptic cream to the wound 상처에 _____ 크림을 바르다

6 civilian casualties _____ 사상자

7 reciprocal altruism 상호 _____

8 seriously backfire 심각한 _____

9 have expertise in human anatomy 인체 _____에 대한 전문 지식을 가지다

10 a bland melody _____ 멜로디

C 다음 영어 풀이에 알맞은 어휘를 〈보기〉에서 고르시오.

| 보기 | tricky | antecedent | vicious | carnivorous | assault |

1 _____ : extremely violent, cruel, or dangerous

2 _____ : difficult to handle or deal with; using or requiring tricks

3 _____ : a sudden or violent physical attack; a military attack

4 _____ : meat-eating or eating the meat of other animals

5 _____ : something that happens before something else

D 문맥에 맞게 다음 문장을 완성하시오.

1 The boy began to sob again, •   • a affects a child's natural development.

2 We were weary from •   • b too much study.

3 The stories are arranged •   • c burying his face in the pillow.

4 The idea that all animals •   • d have a backbone is wrong.

5 Family discord adversely •   • e in chronological order.

E 문장을 읽고 문맥에 적절한 단어를 고르시오.

1 He conducted endless experiments to (verify/displace) his theories.

2 She (sobs/aspires) to be famous.

3 We were all moved by his (candid/carnivorous) story about his life.

4 Terry's essay was (concise/festive) and did not contain unnecessary expressions.

5 The two cities endeavored to acquire (anatomy/autonomy) on tax and education.

F 문장의 빈칸에 알맞은 단어를 〈보기〉에서 찾아 쓰시오. (필요하면 형태를 고치시오.)

보기	averse	tricky	utterly	formidable	vicious

1 The villagers survived the _____ attack from the neighboring country.
마을 사람들은 이웃 나라의 포악한 공격을 이겨 내었다.

2 Baboons enjoy insects and are not _____ to a good piece of meat now and then.
비비 원숭이는 곤충을 즐기며 이따금 큼직한 고기덩이도 싫어하지 않는다. `06 고3학평 변형`

3 They overcame _____ obstacles to win their liberty.
그들은 자신들의 자유를 얻기 위해 만만찮은 장애물들을 극복했다.

4 Having grown up in the U.S.A., Amy finds using chopsticks to be a _____ thing.
미국에서 자랐기 때문에 Amy에게 젓가락을 사용하는 것은 까다로운 일이었다.

5 He looked _____ exhausted from the long wait.
그는 오랜 기다림으로 완전히 기진맥진해 보였다. `07 고3학평 변형`

G 다음 〈보기〉 중 두 문장에 공통으로 사용할 수 있는 어휘를 고르시오.

1   Suddenly, he felt an _____ pain in his stomach and could not move a step.
    Dogs and cats have an _____ sense of smell.

    ① bland   ② complicit   ③ weary   ④ acute   ⑤ civilian

2   It seems that you are _____(e)d with special talents.   `12 고3학평`
    The millionaire _____(e)d a medical college with a new wing.

    ① endow   ② immobilize   ③ conceive   ④ blindfold   ⑤ averse

3   In effect, sound _____(e)d the motion of the motion picture.   `10 고3학평`
    We should not _____ his reputation in medical science.

    ① backfire   ② undermine   ③ barter   ④ engrave   ⑤ affiliate

---

Study More

혼동하기 쉬운 단어 bland vs. blend

- [bland] 형 특징 없는, 단조로운
  Jenny's performance was **bland** but elegant. Jenny의 공연은 단조롭지만 우아했다.

- [blend] 동 섞다, 혼합하다
  Blend some flour with milk to make a cake. 케이크를 만들기 위해 밀가루와 우유를 섞으세요.

Day 15

421 ☐ **ephemeral**
[ifémərəl]

형 수명이 짧은, 단명하는, 순식간의, 덧없는   유 momentary 순식간의, 잠깐의
ephemeral insects 하루살이 곤충

422 ☐ **descendant**
[diséndənt]

명 자손, 후예, (과거에서) 유래한 것
a direct descendant 직계 자손

423 ☐ **embody**
[imbádi]

동 구체화하다, 구현하다
embody his will 그의 의지를 구체화하다

424 ☐ **curse**
[kəːrs]

명 저주, 욕설   동 욕(설)을 하다, 악담을 하다
the curse of the mummy 미라의 저주

425 ☐ **clingy**
[klíŋi]

형 점착성의, 달라붙는   동 cling (to) ~에 달라붙다, ~에 애착을 가지다
a clingy dress 달라붙는 옷

426 ☐ **converge**
[kənvə́ːrdʒ]

동 모여들다, 집중되다   명 모여듦, 집중
converge on London 런던에 모여들다

427 ☐ **courteous**
[kə́ːrtiəs]

형 공손한, 정중한   명 courtesy 공손함, 정중한 행위, 친절
kind and courteous attitude 친절하고 공손한 태도

428 ☐ **contradictory**
[kàntrədíktəri]

형 모순되는, 상반된, 부정적인   유 contrary (to) ~와는 다른, ~와 반대되는
contradictory to the common theory 일반적인 이론과 모순되는

429 ☐ **frenzy**
[frénzi]

명 광분, 격분, 격양, 광포
in a frenzy 광분하여   drive him into a frenzy 그를 광란에 빠지게 하다

430 ☐ **dissent**
[disént]

명 의견차이, 반대   동 의견이 다르다, 반대하다
religious dissent 종교적인 반대

431 ☐ **contingent**
[kəntíndʒənt]

형 ~의 여하에 달린 (~on)   명 대표단   유 dependent (on) ~에 좌우되는, ~에 달린
be contingent on the weather 날씨 여하에 달려있다

432 ☐ **finalize**
[fáinəlàiz]

동 마무리 하다, 완결하다
finalize his plan 그의 계획을 마무리짓다

433 ☐ **discrepancy**
[diskrépənsi]

명 차이, 어긋남, 불일치   유 difference 차이, 다름
a discrepancy between the two parties 두 정당간의 어긋남

434 ☐ **pierce**
[piərs]

동 뚫다, 관통하다, 찌르다   유 penetrate 뚫고 들어가다, 관통하다
pierce the wall with a bullet 총알로 벽을 뚫다

435 ☐ **downplay**
[dáunplèi]

동 경시하다, 대단치 않게 생각하다
downplay Jane's accomplishment Jane의 성취를 대단치 않게 생각하다

Daily Test

A 우리말에 맞게 빈 칸에 알맞은 단어를 쓰세요.

1 The success of the event will be _____ on financial support from the government.
그 행사의 성공은 정부로부터의 재정 지원에 달려있다.

2 King Tut's _____ focused on several mysterious deaths involving people associated with the ancient mummy.
Tut 왕의 저주는 고대 미라와 관련된 사람들을 포함한 몇몇 미스터리한 죽음에 대해 초점을 맞추었다.

3 His little daughter was fearful and _____, and she started to become whinier and less happy.
그의 어린 딸은 두려워하고 집착했고, 그녀는 더욱 투덜대고 덜 행복해지기 시작했다. 13 고3학평 변형

4 The news threw people into a _____.
그 소식은 사람들을 격분하게 했다.

5 We can decide what we value and how we _____ our values in the material world.
우리는 물질적 세계에서 우리가 가치있게 여기는 것과 어떻게 우리의 가치를 구현할 것인지 결정할 수 있다. 13 고3학평 변형

6 Latinos are _____ by nature and by custom.
라틴계 사람들은 천성적으로 그리고 관습상 공손하다. 11 고1학평

7 Although the experiment has yet to be _____, the scientist decided to announce the result.
그 실험이 아직 마무리 되지 않았음에도 불구하고, 그 과학자는 결과를 발표하기로 결심했다. 08 고3학평 변형

8 When there is a _____ between the verbal message and the nonverbal message, the latter weighs more in forming a judgment.
언어적 메시지와 비언어적 메시지 간에 차이가 있을 때, 후자는 판단 형성에 더 큰 영향을 준다. 15 고3평가원 변형

9 The birds sang approvingly above us, the blue sky _____ gently through the fine leaves.
새들은 만족스러운 듯 우리 위에서 지저귀었고 푸른 하늘은 부드러운 나뭇잎들 사이를 평온하게 뚫고 내려왔다.

10 I praised my son's good acts and _____ his mistakes.
나는 내 아들의 착한 행동을 칭찬해 주었고 그의 실수는 대단치 않게 생각했어요. 10 고3평가원 변형

Day 15

🎧 MP3

---

436 excavation
[èkskəvéiʃən]
圐 발굴, 발굴지, 땅파기　　　　　　　圐 excavate 발굴하다, 출토하다, 굴착하다
look around the excavation site 발굴지를 둘러보다

---

437 concur
[kənkə́:r]
圐 동의하다, (의견이) 일치하다, 동시에 일어나다　　圐 concurrent 공존하는,
concur with her opinion 그녀의 의견과 일치하다　　　　　　　　　동시에 발생하는

---

438 deprive
[dipráiv]
圐 빼앗다, 박탈하다　　　　　　　圐 deprived 궁핍한, 불우한
deprive her of the right 권리를 빼앗다

---

439 fraught
[frɔːt]
圐 (좋지 않은 것들로) 가득한, 걱정하는
memories fraught with pain 고통으로 가득찬 기억들

---

440 diarrhea
[dàiərí(ː)ə]
圐 설사
suffer from severe diarrhea 심한 설사에 시달리다

---

441 coveted
[kʌ́vitid]
圐 탐내는, 갈망하던, 부러움을 사는　　圐 covet 탐내다, 갈망하다
the coveted position 탐내는 자리

---

442 drawback
[drɔ́:bæk]
圐 결점, 문제점, 방해, 철수　　　　圐 disadvantage 불리한점, 약점
a drawback to the performance 그 공연의 결점

---

443 frantic
[fræntik]
圐 광란적인, 정신없이 서두는　　　　圐 frenzied 광분한, 광란한
let out a frantic scream 광란의 소리를 치다

---

444 devour
[diváuər]
圐 게걸스레 먹다, 집어 삼키다　　　圐 gobble 게걸스레 먹다
devour the food on the table 탁자 위 음식을 걸신들린 듯 먹어치우다

---

445 courageous
[kəréidʒəs]
圐 용감한, 용기있는, 담력있는, 배짱있는　　　圐 brave 용감한, 용맹한
his very courageous challenge 그의 매우 용감한 도전

---

446 immerse
[imə́:rs]
圐 (액체 속에) 담그다, 몰두하다　　圐 immersion 담금, 몰두, 몰입
immerse your feet in water 발을 물 속에 담그다

---

447 inconvenient
[ìnkənví:njənt]
圐 불편한, 곤란한, 부자유스러운
an inconvenient place 불편한 장소

---

448 imprudent
[imprú:dənt]
圐 현명하지 못한, 경솔한, 무모한　　圐 imprudence 경솔, 경멸, 무모(함)
rude and imprudent behavior 무례하고 경솔한 행동

---

449 marvel
[má:rvəl]
圐 놀라다, 경이로워하다, 경탄하다 (~at)　　圐 경이로움, 경이, 놀라운 일
the marvels of nature 자연의 경이로움

---

450 impending
[impéndiŋ]
圐 곧 닥칠, 임박한　　　　　　　圐 imminent 임밥한, 곧 닥칠듯한
warn of the impending earthquake 곧 닥칠 지진에 대해 경고하다

Daily Test

A 우리말에 맞게 빈 칸에 알맞은 단어를 쓰세요.

1 When _____ of regular intervals of dark and light, the mind can lose its bearings.
어둠과 빛의 규칙적인 간격이 사라질 때, 마음은 그의 방향을 잃을 수 있다. `13 고1학평 변형`

2 Thanks to the new drug, the rate of water borne diseases like _____ dropped greatly.
신약 덕분에, 설사와 같은 물에 의한 질병 발병률이 현저하게 떨어졌다. `12 고1학평 변형`

3 During a recent _____ in a very old city, archaeologists found the remains of a water well about four meters deep in a stratum.
아주 오래된 도시의 최근 발굴(작업)에서 인류학자들은 지층 속 4미터 정도의 깊이에서 우물의 유적을 발견했다. `10 고3학평`

4 The movie star often feels she is the object of envy, especially from _____ teens.
그 영화배우는 종종 그녀가 특히 광란의 10대들에게 질투의 대상이 된 것 같다고 느낀다. `05 고3학평 변형`

5 An overweight boy may eat moderately while around his friends but then _____ huge portions when alone.
과체중인 소년은 친구들과 함께 할 때는 적절하게 먹지만 혼자 있을 때는 엄청난 양을 먹을 수도 있을 것이다.
`11 고3평가원 변형`

6 Babies are _____ in the language that they are expected to learn.
아기들은 자기들이 배울 언어에 몰입된다. `11 고2학평 변형`

7 Mom thinks that a smartphone with a screen size over 5 inches may be _____ to carry.
어머니는 화면 크기가 5인치가 넘는 스마트폰은 휴대하기 불편할 수 있다고 생각한다.

8 To be _____ under all circumstances requires strong determination.
모든 상황에서 용기를 낸다는 것은 강한 결단력을 요구한다. `2011 수능 변형`

9 I remembered seeing a pocket compass when I was seven years old and _____ that the needle always pointed north.
나는 7살 때 주머니용 나침반을 보고 바늘이 항상 북쪽을 가리키는 것에 감탄했던 것을 기억했다. `12 고3학평 변형`

10 It was so _____ to trust William because he was famous swindler.
William은 유명한 사기꾼이었기 때문에 그를 신뢰 한 것은 너무 경솔했다.

Day 16

🎧 MP3

451 ☐	**gourmet** [gúərmei]	몡 미식가, 식도락가　　　 유 connoisseur (예술, 미술, 음식 등의) 감정가, 감식가 invite the gourmet to our restaurant 우리 식당에 미식가들을 초대하다
452 ☐	**horrific** [hɔ(:)rífik]	혱 끔찍한, 무시무시한　　　　　　 유 horrifying 무서운, 소름끼치는 a horrific crime scene 끔찍한 범죄 현장
453 ☐	**glossy** [glási]	몡 광택, 광택인화　 혱 윤이 나는, 번질번질한 her glossy skin 그녀의 윤이 나는 피부
454 ☐	**insure** [inʃúər]	통 보험에 가입하다, 보증하다　　　 몡 insurance 보험, 보험업, 보호수단 insure against illness 질병에 대비해 보험에 가입하다
455 ☐	**juvenile** [dʒúːvənàil]	혱 청소년의, 나이 어린 , 유치한　 몡 청소년　　　 유 adolescent 청소년 juvenile delinquency 청소년 비행
456 ☐	**germinate** [dʒə́ːrmənèit]	통 싹트다, 발아시키다, 시작되다 germinate seeds 씨앗을 발아시키다
457 ☐	**gist** [dʒist]	몡 (대화, 글의) 요지, 요점, 골자　　 유 core 핵심, 골자, 정수 understand the gist of the essay 에세이의 요지를 이해하다
458 ☐	**kinesthetic** [kìnisθétik]	혱 운동감각(성)의 use of kinesthetic intelligence 운동감각 지능의 사용
459 ☐	**irregular** [irégjələr]	혱 고르지 않은, 불규칙의, 변칙적인　 몡 irregularity 변칙, 불규칙(성), 불규칙 한 것 an irregular road 울퉁불퉁한 길　　　 irregular verb 불규칙 동사
460 ☐	**insurmountable** [ìnsərmáuntəbl]	혱 (곤경, 문제 등이) 극복할 수 없는, 이겨내기 어려운　 유 invincible 이길 수 없는 confront an insurmountable obstacle 극복하지 못할 장애물을 마주하다
461 ☐	**gobble** [gábl]	통 게걸스럽게 먹다 gobble down all the bread 모든 빵을 게걸스럽게 먹어치우다
462 ☐	**invalid** [invǽlid]	혱 무효한, 타당하지 않은, 병약한　　 유 void 무효의, 법적 효력이 없는 an invalid patent 무효한 특허　　 an invalid argument 타당하지 않은 주장
463 ☐	**grid** [grid]	몡 격자 무늬, 격자판, (가스, 전기 등의) 배관망 grid system 격자계　　　 power grid 전력망
464 ☐	**instantaneous** [ìnstəntéiniəs]	혱 즉각적인, 순간적인　　　　　 유 immediate 즉각적인, 즉시의, 당장의 an instantaneous reaction 즉각적인 반응
465 ☐	**impartial** [impáːrʃəl]	혱 공정한, 편견이 없는　　　　 반 partial (toward) ~을 편애하는, offer an impartial judgment 공정한 판결을 요구하다　　 ~에 편파적인

Daily Test

A 우리말에 맞게 빈 칸에 알맞은 단어를 쓰세요.

1   Wilderness dining has two extremes: _____ eaters and survival eaters.
   황야의 식사는 미식형 포식자와 생존형 포식자라는 양 극단을 갖고 있다. 2015 수능

2   The city was notorious for its high rate of _____ delinquency.
   그 도시는 높은 청소년 범죄율로 악명 높았다.

3   Andy realized that he was not a slow learner but he was a _____ learner.
   Andy는 그가 느린 학습자가 아니라 운동 감각적인 학습자임을 깨달았다. 14 고3평가원 변형

4   Pluto travels on an _____ path around the Sun.
   목성은 태양 주변의 불규칙적인 경로를 통해 이동한다.

5   The most competent and normal child encounters what seem like _____ problems in living.
   가장 유능하고 정상적인 아이라 하더라도 살면서 극복할 수 없는 문제들처럼 보이는 것을 만난다. 2015 수능 변형

6   Once the elephant was close to another elephant, it would suddenly grab some of the uneaten hay and _____ it up.
   일단 코끼리가 다른 코끼리에게 가까이 다가가면, 그 코끼리는 갑자기 먹지 않은 건초를 잡아채어 게걸스럽게 먹어 치우곤 했다. 12 고3학평 변형

7   He argues that the contract is unfair and _____.
   그는 그 계약이 불공평하며 무효라고 주장한다.

8   People were surprised that the _____ accident could happen during the day.
   사람들은 그 끔찍한 사고가 낮 동안 일어날 수 있었던 것에 놀랐다.

9   An _____ and strong impulse moved Tom to battle his desperate fate.
   순간적이고 강한 충동은 Tom이 가망이 없는 그의 운명과 맞서 싸우게끔 했다. 11 고3평가원 변형

10 Although Nick's judgment was _____ and objective, people didn't agree with it.
   Nick의 판단이 공정하고 객관적이었음에도 불구하고, 사람들은 그에 동의하지 않았다.

🎧 MP3

466 □ **honorary**
[ánərèri]
형 명예의, 명예직의
grant an honorary citizenship 명예 시민권을 부여하다

467 □ **illegible**
[ilédʒəbl]
형 읽기 어려운, 판독하기 어려운
her illegible handwriting 그의 읽기 어려운 필체

468 □ **intermediary**
[ìntərmí:dièri]
명 중재자, 중개인　형 중간의, 중개의　*intermediate 형 중간의, (수준 등이) 중급의
intermediary between consumers 소비자간의 중재자

469 □ **groundless**
[gráundlis]
형 근거 없는, 사실무근의　㊌ baseless 근거없는, 이유없는
be surprised by a groundless fear 근거 없는 공포에 깜짝 놀라다

470 □ **lukewarm**
[lú:kwɔ́:rm]
형 미온적인, 미지근한　㊌ tepid 미지근한, 열의없는
a lukewarm attitude 미온적인 태도

471 □ **metabolism**
[mətǽbəlìzəm]
형 신진대사, 물질대사　형 metabolic 신진대사의
speed up metabolism 신진대사를 활발히 하다

472 □ **invertebrate**
[invə́:rtəbrit]
명 무척추동물　㊀ vertebrate 척추동물
a type of marine invertebrate 해양 무척추 생물의 한 종류

473 □ **incremental**
[ìnkrəméntəl]
형 점진적인, 증가의
incremental change 점진적인 변화

474 □ **inhibit**
[inhíbit]
동 억제하다, 금하다, 못하게 막다　㊌ hinder 방해하다, 저지하다
inhibit the growth of children 아이들의 성장을 억제하다

475 □ **gravitate**
[grǽvitèit]
동 인력에 끌리다, 가라앉다
gravitate to a certain culture 특정 문화에 끌리다

476 □ **recurrent**
[rikə́:rənt]
형 되풀이되는, 재발하는　㊌ repeating 반복하는, 되풀이되는
suffer from recurrent pain 되풀이되는 고통에 시달리다

477 □ **shrub**
[ʃrʌb]
명 관목
prune a shrub 관목을 가지치기 하다

478 □ **ambivalent**
[æmbívələnt]
형 상반된 감정이 존재하는, 애증이 엇갈리는　명 ambivalence 상반되는 감정
show an ambivalent attitude 상반된 감정이 존재하는 태도를 보이다

479 □ **glide**
[glaid]
동 미끄러지다, 미끄러지듯 움직이다, 활공하다　명 미끄러지는 듯한 움직임
glide over the ice 얼음 위에서 미끄러지듯 움직이다

480 □ **sanitize**
[sǽnitàiz]
동 (청소, 살균 등으로) ~을 깨끗하게 만들다
sanitize the glass bottle 유리 병을 소독하다

Daily Test

A 우리말에 맞게 빈 칸에 알맞은 단어를 쓰세요.

1   Lisa was appointed _____ Assistant in Mexican Archaeology at the
    Harvard University.
    Lisa는 하버드 대학에서 멕시코 인류학의 명예 조교로 임명되었다. `14 고3평가원 변형`

2   _____ signatures just indicate a lack of self-esteem.
    읽기 어려운 서명은 바로 자존감의 부족을 드러낸다. `08 고2평가원`

3   The public suffers from a _____ fear of chemical decaffeination.
    대중은 화학적 카페인 제거법에 대한 근거 없는 공포에 시달린다. `2009 수능 변형`

4   For many plants, _____ and respiration are all stimulated by
    animal and insect feeding.
    많은 식물에게 있어 신진대사와 호흡은 모두 동물과 곤충의 섭취 활동에 의해 자극된다. `14 고3학평`

5   After placing one hand in the cold water and one in the hot water, the student
    is told to place both in the _____ water simultaneously.
    한 손은 찬물에, 다른 손은 뜨거운 물을 넣은 후에 그 학생은 두 손을 동시에 미지근한 물에 넣으라고 지시를 받는다.
    `14 고2학평 변형`

6   We tend to _____ toward what is not happening rather than what is.
    우리는 일어날 일보다 일어나지 않을 일에 더 끌리는 경향이 있다. `07 고3평가원 변형`

7   He suffered from _____ stomach pains.
    그는 되풀이되는 위통으로 시달렸다.

8   The desert has a greater variety of _____ than deserts like the
    Sahara.
    이 사막은 사하라 같은 사막보다 더 다양한 종류의 관목들을 갖고 있다.

9   Yuna still remained _____ about her new house.
    유나는 새 집에 대해 여전히 상반된 감정을 갖고 있었다.

10 During earthquakes, tables _____ are said to glide back and forth
    in the opposite direction that the building is moving.
    지진이 일어나는 동안, 탁자는 빌딩이 움직이는 반대 방향으로 왔다 갔다 미끄러진다고 한다.

A 우리말에 맞게 빈 칸에 알맞은 단어를 쓰시오.

1 _____ insects 하루살이 곤충

2 the _____ of the mummy 미라의 저주

3 kind and _____ attitude 친절하고 공손한 태도

4 rude and _____ behavior 무례하고 경솔한 행동

5 the _____ of nature 자연의 경이로움

6 her _____ skin 그녀의 윤이 나는 피부

7 use of _____ intelligence 운동감각 지능의 사용

8 _____ down all the bread 모든 빵을 게걸스럽게 먹어치우다

9 a type of marine _____ 해양 무척추 생물의 한 종류

10 _____ change 점진적인 변화

B 영어에 맞게 빈 칸에 알맞은 우리말을 쓰시오.

1 a direct descendant 직계 _____

2 drive him into a frenzy 그를 _____ 에 빠지게 하다

3 finalize his plan 그의 계획을 _____

4 suffer from severe diarrhea 심한 _____ 에 시달리다

5 let out a frantic scream _____ 의 소리를 치다

6 insure against illness 질병에 대비해 _____

7 juvenile delinquency _____ 비행

8 a lukewarm attitude _____ 태도

9 prune a shrub _____ 을 가지치기 하다

10 glide over the ice 얼음 위에서 _____

C 다음 영어 풀이에 알맞은 어휘를 〈보기〉에서 고르시오.

보기   inhibit   ambivalent   converge   courageous   impending

1 _____ : soon to happen, especially something bad

2 _____ : to prevent someone from doing something; to forbid
    something

3 _____ : brave, without fear of doing a difficult or dangerous task

4 _____ : having or showing different or opposing feelings at the
    same time

5 _____ : to meet or join at a common point

D 문맥에 맞게 다음 문장을 완성하시오.

1 The success of the event
   will be contingent
   · · a on financial support from the
          government.

2 I praised my son's good
   acts
   · · b could happen during the day.

3 Babies are immersed in the
   language
   · · c gourmet eaters and survival
          eaters.

4 Wilderness dining has two
   extremes:
   · · d that they are expected to learn.

5 People were surprised that
   the horrific accident
   · · e and downplayed his mistakes.

E 문장을 읽고 문맥에 적절한 단어를 고르시오.

1 In this city, different cultures (converge/glide) and coexist peacefully.

2 Although I got the (gourmet/gist) of the movie, I did not fully understand it.

3 John's (irregular/juvenile) sleep pattern made him feel tired during the day.

4 Dale's handwriting was so small and messy that it was almost (contradictory/illegible).

5 The making of a walking robot was (glossy/fraught) with unexpected difficulties.

F 문장의 빈칸에 알맞은 단어를 〈보기〉에서 찾아 쓰시오. (필요하면 형태를 고치시오.)

| 보기 | impending | dissent | clingy | pierce | insurmountable |

1 Under the circumstances, he will become _____, or disobedient, or both.
그런 환경 하에서 그는 집착이 강해지거나 반항적이 되거나 혹은 둘 다 일 것이다. `2014 수능`

2 Although he seemed to be facing _____ difficulties, he never gave up.
비록 대처할 수 없는 어려움과 대적하는 것 같았지만 그는 결코 포기하지 않았다.

3 Experts from diverse fields will present solutions for the _____ energy crisis.
다양한 분야의 전문가들이 곧 닥칠 에너지 위기에 대한 방안을 제시할 것이다.

4 _____ may be far more frequent in the high performing groups.
의견차이는 높은 성취도를 나타내는 그룹에서 더욱 빈번할 수도 있다. `2011 수능 변형`

5 Sylvia's mother does not allow Sylvia to get her ears _____.
Sylvia의 어머니는 Sylvia가 귀를 뚫는 것을 허락하지 않는다.

G 다음 〈보기〉 중 두 문장에 공통으로 사용할 수 있는 어휘를 고르시오.

1 Health professionals _____ on the importance of a balanced diet.
The residents of the village _____ with the plans to install more traffic lights.

① concur   ② germinate   ③ pierce   ④ occur   ⑤ collapse

2 Despite some _____s, the car became very popular among young people.
Another _____ of daily plans is that they lack flexibility. 14 고3 학평

① excavation   ② drawback   ③ diarrhea   ④ metabolism   ⑤ compulsion

3 Being a _____ boy, he told the truth without a hint of fear.
The _____ lifeguard dived into the water and saved the child.

① ephemeral   ② coveted   ③ courageous   ④ courteous   ⑤ frantic

---

Study More

청소년을 지칭하는 여러 가지 단어 juvenile, adolescent, youth, teenager

- prevent **juvenile** delinquency 청소년 범죄를 예방하다
  patterns of behavior in **adolescents** 청소년 행동 양식
  a promising **youth** 전도유망한 청소년
  the most popular movie among **teenagers** 10대들 사이에서 가장 인기 있는 영화

Day 17

🎧 MP3

481 ☐	**plague** [pleig]	몡 전염병, 재앙, (동물, 곤충의) 무리, 떼 동 괴롭히다, 돌림병에 걸리게 하다 the black plague 흑사병
482 ☐	**negligible** [néglidʒəbl]	휑 하찮은, 무시할만한 ⑪ insignificant 사소한, 하찮은 a negligible side effect 무시 할 정도의 대수롭지 않은 부작용
483 ☐	**ration** [ræʃən]	몡 배급량 동 배급하다, 소비를 제한하다 insufficient bread rations 불충분한 빵 배급량
484 ☐	**overlap** [óuvərlæp]	동 포개지다, 중복되다 몡 포개짐, 중복됨, 공통부분 overlap sheets of paper 종이로 포개지다
485 ☐	**replica** [répləkə]	몡 모형, 복제품 동 replicate 복사(복제)하다 make a replica of the bridge 다리의 모형을 만들다
486 ☐	**embed** [imbéd]	동 박아넣다, 끼워넣다 embed in the wall 벽에 박아넣다 embed deeply 깊게 끼워넣다
487 ☐	**predominant** [pridámənənt]	휑 두드러진, 주된, 우세한 몡 predominance 우위, 우세, 우월 a predominant characteristic 두드러진 특징
488 ☐	**presuppose** [prìːsəpóuz]	동 예상하다, 전제하다, 추정하다 몡 presupposition 예상, 상정, 추정 presuppose the positive result 긍정적인 결과를 예상하다
489 ☐	**stem from** [stem frəm]	~에서 생겨나다, 기인하다 stem from global warming 지구 온난화로부터 기인하다
490 ☐	**preparatory** [pripǽrətɔ̀ːri]	휑 준비를 위한, 준비의, 예비의 ⑪ preliminary 예비의, 준비의 preparatory training for the Olympics 올림픽 준비 훈련
491 ☐	**propensity** [prəpénsəti]	몡 경향, 성향 ⑪ disposition (타고난)기질, 성향 the propensity of teenagers to consume 10대들의 소비성향
492 ☐	**tangible** [tǽndʒəbl]	휑 유형의, 만져서 알 수 있는 ⑫ intangible 무형의, 만져서 알기 힘든 tangible assets 유형 자산
493 ☐	**moan** [moun]	동 (사람이) 신음하다, 칭얼대다, 불평하다 몡 (고통, 슬픔에서 오는) moan with sorrow 슬픔에 신음하다 신음(소리), 불평
494 ☐	**shriek** [ʃriːk]	동 (흥분, 고통으로) 소리를 지르다, 비명을 지르다 몡 비명, 날카로운 소리 shriek with fear 공포심에 소리를 지르다
495 ☐	**encompass** [inkʌ́mpəs]	동 (많은 것을) 포함하다, 아우르다, 에워싸다 encompass a wide range of interests 넓은 범위의 관심사를 아우르다

Daily Test

A 우리말에 맞게 빈 칸에 알맞은 단어를 쓰세요.

1 Unlike other pandemics such as the Black Death _____, today's pandemics are relatively more contained.

흑사병과 같은 다른 전염병과 달리, 오늘날의 전염병은 비교적 더 통제가 잘 된다.

2 If you dislike motorcycle drive, you probably believe that its risks are high and its benefits _____.

만약 당신이 오토바이 운전을 싫어한다면, 당신은 아마도 그의 위험도는 높고 장점은 무시해도 될 정도라고 믿을 것이다.
`15 고3학평 변형`

3 The flour _____ was down to three pounds per person per month.

밀가루 배급량은 한 달에 인당 3파운드로 줄어 들었다.

4 The processes of advocacy and mediation can _____, perhaps with very problematic results.

옹호와 중재의 과정은 아주 해결하기 어려운 문제에 대해서는 겹칠 수 있다. `2012 수능 변형`

5 A cast is a _____ with the same three-dimensional shape as the original organism.

주물은 원래 유기체의 3차원적 모형과 같은 모조품이다.

6 The water that is _____ in our food and manufactured products is called virtual water.

우리 음식과 가공품에 포함된 물은 가상수라고 불린다. `16 고1학평`

7 Experts investigated several issues that _____ the sudden fever.

전문가들은 그 갑작스런 과열에서 기인한 여러 문제들을 조사했다. `11 고2학평 변형`

8 One morning I came across a catalog for a college _____ school.

어느 날 아침 나는 대학입시 준비학교의 카탈로그를 우연히 발견했다. `12 고3평가원 변형`

9 Achievement is something _____, clearly defined and measurable.

성취는 실체가 있고 명확하게 정의되며 측정할 수 있는 유형의 것이다. `16 고2학평`

10 "Stop and be quiet!" _____ the old woman.

"멈추고 조용히 해!" 나이 든 여성이 소리를 질렀다. `07 고2학평 변형`

🎧 MP3

496
☐ **mundane**
[mʌndein]

형 재미없는, 평범한, 세속적인 　 유 banal 따분한, 평범한, 시시한
bored with a mundane job 재미없는 일에 따분한

497
☐ **reap**
[ri:p]

동 거두다, 수확하다, 이익을 얻다
reap grain 곡식을 거두다　　reap enormous profits 큰 이익을 얻다

498
☐ **paramount**
[pǽrəmàunt]

형 다른 무엇보다 중요한, 탁월한, 최고의 　 유 supreme 최고의, 최상의, 최대의
of paramount importance 가장 중요한

499
☐ **mandate**
[mǽndeit]

명 권한, 위임 통치(권)　동 지시하다, 명령하다
give a clear mandate 명확한 권한을 주다

500
☐ **perceptive**
[pərséptiv]

형 통찰력 있는, 지각의 　 +perceptual 형 지각의, 지각에 관련된
perceptive judgment 통찰력 있는 판단

501
☐ **impel**
[impél]

동 ~을 강요하다, 추진하다 　 유 compel 강요하다, 강제하다
impel her to run 뛸 것을 강요하다　　an impelling force 추진력

502
☐ **whirl**
[hwəːrl]

동 빙그르르 돌다(돌리다), 휙 돌다(돌리다)　명 빙빙 돌기, 선회
whirl in the wind 바람에 빙그르르 돌다　　whirl around 주위를 돌다

503
☐ **algebra**
[ǽldʒəbrə]

명 대수학 　 +geometry 명 기하학
major in algebra and social science 대수학과 사회 과학을 전공하다

504
☐ **screech**
[skri:tʃ]

동 날카로운 소리를 내다, 끼익거리는 소리를 내다　명 끽끽하는 소리,
screech out of pain 고통에 날카로운 비명을 지르다　　날카로운 소리

505
☐ **mischief**
[místʃif]

명 (악의 없는) 장난기, 피해 　 형 mischievous 짓궂은, (평판에) 해를 끼치는
be full of mischief 장난기로 가득하다

506
☐ **constrict**
[kənstríkt]

동 수축하다, 위축시키다, 속박하다
constrict the blood vessel 혈관을 수축시키다

507
☐ **uplift**
[ʌ́plìft]

동 ~을 들어올리다, 사기를 높이다　명 (사회적, 지적) 향상, 행복감
uplift his spirit 그의 정신을 고양시키다

508
☐ **escalate**
[éskəlèit]

동 확대하다, 악화시키다
escalate the problem 문제가 악화되다

509
☐ **consolidate**
[kənsálidèit]

동 굳히다, 통합하다, 강화하다 　 명 consolidation 강화, 합병
consolidate the theory 이론을 강화하다

510
☐ **demolition**
[dèməlíʃən]

명 파괴, 폭파, 해체 　 동 demolish (건물을) 철거하다, 허물다,
the demolition of the old castle 낡은 성의 파괴　　파괴하다

Daily Test

A 우리말에 맞게 빈 칸에 알맞은 단어를 쓰세요.

1   People think Miss Young is a very _____ woman.
사람들은 Miss Young이 매우 통찰력 있는 여성이라고 생각한다.

2   If your friends keep saying to you things like, "Is there something wrong?",
you may feel _____ to go to the doctor.
만약 당신의 친구들이 당신에게 "뭔가 잘못 됐니?"라고 계속 묻는다면, 당신은 아마 의사에게 가 보라고 강요받는 듯한
기분이 들 것이다. 13 고3학평 변형

3   I _____ and began to run as fast as I could.
나는 휙 돌아서 가능한 빠르게 뛰기 시작했다. 07 고2학평 변형

4   When you entered the first grade, you did not expect to learn a foreign
language and _____ all in the first week.
당신이 1학년에 들어갔을 때, 당신은 첫 주에 외국어와 대수학을 모두 배울 것이라고는 예상하지 않았었다. 10 고2학평 변형

5   After winning the finals, Linda _____ with joy and ran to her
family.
결승전에서 이긴 후, Linda는 기쁨에 소리를 질렀고 그녀의 가족에게 뛰어갔다. 15 고3학평 변형

6   The matter-of-fact attitude _____ one's capacity to generate new
solutions when needed.
사무적인 태도는 필요할 때 새로운 해결책을 찾을 개인의 능력을 위축 시킨다. 05 고3학평 변형

7   Soldiers were _____ by the news of victory.
군인들은 승리의 소식에 사기가 높아졌다.

8   Both countries have _____ the war.
두 나라는 전쟁을 확대시켰다.

9   The army _____ its position with the help of snipers.
그 부대는 저격수들의 도움으로 진지를 더욱 강화했다.

10   The building is slated for _____.
그 건물은 해체(철거)가 예정되어 있다.

Day 18

 MP3

511 degenerative
[didʒénərèitiv]
형 퇴행성의, 타락한
a degenerative disease 퇴행성 질환

512 aggravate
[ǽgrəvèit]
동 악화시키다, 가중시키다, 화나게하다　　명 aggravation 악화, 격화
aggravate his symptoms 그의 증상을 악화시키다

513 epoch
[épək]
명 (특정의) 시대, 시기
study the Reformation epoch 종교 개혁 시대를 공부하다

514 ensue
[insjúː]
동 계속되다, 잇달아 일어나다, (~의 결과로서) 생기다
After the earthquake, floods ensued. 지진 후에, 홍수가 잇달아 일어났다.

515 secluded
[siklúːdid]
형 한적한, 외딴, 은둔한　　유 isolated 외딴, 고립된
walk along the secluded beach 한적한 해변가를 따라 걷다

516 paraphrase
[pǽrəfrèiz]
동 (알기 쉽게) 바꾸어 표현하다, (알기 쉽게) 바꾸어 표현하기, 의역
paraphrase the question 질문을 다른 말로 바꾸어 표현하다

517 decompose
[dìːkəmpóuz]
동 ~을 분해하다, 부패시키다　　명 decomposition 분해, 부패, 변질
take a thousand years to decompose 부패하는데 천 년이 걸리다

518 transparent
[trænspέ(ː)ərənt]
형 (물체가) 투명한, 명료한, 솔직한　　명 transparency 투명도, 명료성
design a transparent bridge 투명한 다리를 디자인하다

519 steadfast
[stédfæst]
형 확고한, 변함없는
steadfast principle 확고한 원칙　　his steadfast love 그의 변함없는 사랑

520 vanity
[vǽnəti]
명 허영심, 자만심, 무의미　　형 vain 헛된, 소용없는, 자만심이 강한
intellectual vanity 지적 허영심　　be full of vanity 자만심으로 가득차다

521 ramification
[ræməfəkéiʃən]
명 (주로 복수형으로) (어떤 일의) 영향, 결과
obvious ramifications 명백한 결과

522 bereaved
[biríːvd]
형 사별을 당한
a recently bereaved woman 최근에 사별을 당한 여인

523 imperative
[impérətiv]
형 필수의, 반드시 해야 하는, 명령적인
an imperative duty 필수적인 의무

524 preliminary
[prilímənèri]
형 예비의, 준비의　　명 예비 행위, 사전 준비
preliminary enquiries 예비 조사

525 informant
[infɔ́ːrmənt]
명 정보 제공자, 정보원
an anonymous informant 익명의 정보 제공자

Daily Test

A 우리말에 맞게 빈 칸에 알맞은 단어를 쓰세요.

1 Difficulty in assessing information is _____ by the overabundance of information at our disposal.
정보를 평가하는 것의 어려움은 우리가 원하는 대로 쓸 수 있는 정보의 과다에 의해 악화된다. 12 고3평가원 변형

2 If we explore how people have lived in other _____, we can draw out lessons for the challenges of everyday life.
만약 우리가 다른 시대 사람들이 어떻게 살았는지 탐구한다면, 우리는 일상의 도전에 대한 교훈을 끌어낼 수 있다. 13 고3학평 변형

3 Water is formless and _____, and yet we long to be beside it.
물은 형태가 없고 투명하지만 그럼에도 우리는 그것 옆에 있기를 갈망한다. 07 고2학평 변형

4 The king was greatly moved because of Kim's _____ loyalty.
왕은 Kim의 변함없는 충성심 때문에 크게 감동받았다.

5 Narcissists possess extreme _____ and selfishness.
나르시스트는 극단적인 허영심과 이기심을 가지고 있다.

6 My grandfather has _____ inflammation of a joint.
우리 할아버지는 관절에 퇴행성 염증이 있다.

7 James was recently _____ of his wife and was deep in sorrow.
James는 최근에 그의 부인과 사별했고 깊은 슬픔에 잠겼다.

8 It is _____ that we finish the project by next Friday.
우리는 반드시 다음주 금요일까지 프로젝트를 끝내야 한다.

9 A junior high school student had survived all the _____ rounds of a national spelling bee.
한 중학교 학생이 전국 맞춤법 대회의 모든 예선전을 통과했다. 06 고2평가원 변형

10 You must check the facts both for your sake and for the sake of your _____, who would not wish to appear foolish.
당신은 당신 자신을 위해서 그리고 어리석게 보이길 원치 않는 정보 제공자를 위해 사실들을 확인해야 합니다. 14 고3학평

Day 18

🎧 MP3

| 526 ☐ | **terse** [təːrs] | 혱 간결한, 간단 명료한 | 閉 tersely 간결하게, 야무지게 |
| | | terse conversation 간결한 대화 terse solution 간단 명료한 해결책 | |

527 ☐ **adversary** [ǽdvərsèri]
몡 상대방, 적수   ⟨㋌⟩ opponent 상대자, 적수, 반대자
come up against an adversary 적수와 맞서 싸우다

528 ☐ **bypass** [báipæ̀s]
몡 우회 도로   图 우회하다, (절차나 순서를) 건너 뛰다
take the bypass 우회 도로를 택하다

529 ☐ **miser** [máizər]
몡 구두쇠   혱 miserly 구두쇠인, (수, 양이) 아주 적은
be well-known as a miser 구두쇠로써 잘 알려져 있다

530 ☐ **captivate** [kǽptəvèit]
图 ~의 마음을 사로잡다   恲 bore 지루하게 하다, 따분하게 하다
captivate her fans 그녀의 팬들을 사로잡다

531 ☐ **unrecognized** [ʌnrekəgnaizd]
혱 의식되지 못하는, 인식되지 않은
unrecognized problems 의식하지 못하는 문제들

532 ☐ **stark** [staːrk]
혱 (차이가) 극명한, 황량한   ⟨㋌⟩ striking 현저한, 두드러진
a stark difference 극명한 차이

533 ☐ **sentiment** [séntəmənt]
몡 정서, 감정   혱 sentimental 정서적인, (지나치게) 감상적인
display his sentiment 그의 감정을 내보이다

534 ☐ **fictitious** [fiktíʃəs]
혱 허구의, 지어낸
make a fictitious character 허구의 인물을 만들어내다

535 ☐ **slate** [sleit]
몡 슬레이트, 석판   图 혹평하다, 계획하다
a fallen slate 떨어진 슬레이트   be slated for ~할 계획이다

536 ☐ **mortal** [mɔ́ːrtəl]
혱 죽을 운명의, 언젠가는 죽는, 치명적인   恲 immortal 죽지 않는, 불멸의
our mortal enemies 죽을 운명의 적들   a mortal wound 치명상

537 ☐ **wither** [wíðər]
图 시들다, 말라죽다, 시들게하다, 말라죽게 하다
be withered by drought 가뭄에 말라 죽다

538 ☐ **proponent** [prəpóunənt]
몡 지지자
a proponent of new policy 새 정책의 지지자

539 ☐ **salute** [səljúːt]
图 (거수 경례를) 경례하다, 경의를 표현하다   몡 salutation 인사(말)
salute the national hero 국가적 영웅에게 경례하다

540 ☐ **unleash** [ʌnlíːʃ]
图 촉발시키다, 일으키다, 자유롭게 하다
unleash the bigger weapons 불필요한 경쟁을 일으키다

Daily Test

A 우리말에 맞게 빈 칸에 알맞은 단어를 쓰세요.

1 A genuinely educated person can express himself _____ and trimly.
성실하게 교육받은 사람은 스스로를 간결하고 잘 다듬어서 표현 할 수 있다. `2011 수능`

2 The children were _____ by the various interesting stories about dinosaurs.
아이들은 공룡들에 대한 다양한 흥미로운 이야기에 사로잡혔다. `09 고3학평 변형`

3 The issue went _____ by the investigators.
그 문제는 조사원들에게 인식되지 못한 체 넘어갔다.

4 There is very little vegetation in the _____, rocky landscape.
황량하고 바위 투성이의 땅에는 초목 식물이 거의 없다. `08 고2학평 변형`

5 Some writers play on people's _____ as an easy source of money.
일부 작가들은 사람들의 감정을 쉬운 돈의 원천으로 생각한다. `07 고1학평 변형`

6 Some designers tend to love a blank _____ and the freedom to do whatever they want.
어떤 디자이너들은 백지상태와 그가 원하는 무엇이든지 할 자유를 사랑하는 경향이 있다. `15 고1학평 변형`

7 The philosopher said that the man is _____.
그 철학자는 사람은 반드시 죽는다고 말했다.

8 The leaves finally _____ after the new leaves have taken over.
잎들은 새 잎들이 자리를 잡은 후에 마침내 시든다. `13 고3평가원 변형`

9 She was a leading _____ of civil rights movement.
그녀는 시민 평등권 운동의 선두적인 지지자이다.

10 He is a famous _____ who hates Christmas.
그는 크리스마스를 싫어하기로 유명한 구두쇠이다. `05 고3학평 변형`

A 우리말에 맞게 빈 칸에 알맞은 단어를 쓰시오.

1 the black _____ 흑사병

2 _____ sheets of paper 종이로 포개지다

3 _____ the positive result 긍정적인 결과를 예상하다

4 _____ with fear 공포심에 소리를 지르다

5 _____ out of pain 고통에 날카로운 비명을 지르다

6 a _____ disease 퇴행성 질환

7 his _____ love 그의 변함없는 사랑

8 _____ enquiries 예비 조사

9 _____ problems 의식하지 못하는 문제들

10 make a _____ character 허구의 인물을 만들어내다

B 영어에 맞게 빈 칸에 알맞은 우리말을 쓰시오.

1 a negligible side effect _____의 대수롭지 않은 부작용

2 embed deeply 깊게 _____

3 perceptive judgment _____ 판단

4 be full of mischief _____로 가득하다

5 escalate the problem 문제가 _____

6 aggravate his symptoms 그의 증상을 _____

7 an anonymous informant 익명의 _____

8 a stark difference _____ 차이

9 our mortal enemies _____ 적들

10 a proponent of new policy 새 정책의 _____

C 다음 영어 풀이에 알맞은 어휘를 〈보기〉에서 고르시오.

> 보기　　　overlap　　mortal　　replica　　epoch　　secluded

1 _____ : an important period in history

2 _____ : hidden or very private; away from other people

3 _____ : unable to live forever and subject to death

4 _____ : an exact copy of something

5 _____ : to lie or extend over and cover something or part of
　　　　　　　　　　something

D 문맥에 맞게 다음 문장을 완성하시오.

1　The flour ration was down　　•　　　　•　a　to run as fast as I could.
　　to

2　Achievement is something　•　　　　　•　b　of vanity and selfishness.
　　tangible,

3　I whirled and began　　　　•　　　　　•　c　three pound per person per
　　　　　　　　　　　　　　　　　　　　　　　month.

4　Narcissists have an extreme •　　　　　•　d　clearly defined and
　　case　　　　　　　　　　　　　　　　　　　measurable.

5　It is imperative that we　　•　　　　　•　e　the project by next Friday.
　　finish

E 문장을 읽고 문맥에 적절한 단어를 고르시오.

1 Wounded soldiers were (moaning/coinciding) with pain in the hospital rooms.

2 Joe is tired of doing the same (mundane/perceptive) things and wants to do something new.

3 We need to (encompass/bypass) the busy road to get to the hotel on time.

4 His success (stemmed/withered) from his creativity and constant efforts.

5 This story seems a bit difficult for children. Can you (paraphrase/uplift) it for them?

F 문장의 빈칸에 알맞은 단어를 〈보기〉에서 찾아 쓰시오. (필요하면 형태를 고치시오.)

| 보기 | salute | reap | predominant | ramification | paramount |

1 The _____ theme of the movie was rebuilding family bonds.
그 영화의 주된 주제는 가족의 유대를 재건하는 것이었다.

2 Wendy's contribution was the _____ element to the success of the exhibition.
Wendy의 기여가 전시회의 성공에 다른 무엇보다 중요한 요소였다.

3 It is too soon to predict the _____ of the new admission system.
새로운 입학 시스템의 영향들을 예측하기는 너무 이르다.

4 The farmer sowed seeds and _____ what he sowed.
농부는 씨를 뿌렸고 뿌린 것을 수확했다. 2001 수능

5 Above the television, there is a large picture of Neil Armstrong standing on the surface of the moon and _____ a stiff American flag.
텔레비전 위에는 Neil Armstrong이 달 표면에 서서 빳빳한 성조기에 경례하고 있는 그림이 있다. 07 고3학평

G 다음 〈보기〉 중 두 문장에 공통으로 사용할 수 있는 어휘를 고르시오.

1   Vegetables are _____ agricultural products of this region.
    The _____ theme of the movie was rebuilding family bonds.

    ① bereaved   ② negligible   ③ transparent   ④ degenerative   ⑤ predominant

2   The City Education Department _____(e)d vaccination for all students.
    From this year, seat belts are _____(e)d on all school buses.

    ① screech   ② captivate   ③ mandate   ④ aggravate   ⑤ constrict

3   The country has a high _____ for floods in summer.
    He has the _____ to buy luxurious things out of curiosity.

    ① epoch   ② propensity   ③ proponent   ④ mischief   ⑤ ration

---

Study More

adversary와 adverse의 용법

- [adversary] 몡 상대방, 적
  a worthy **adversary** 상대할 만한 적수   come up against an **adversary** 상대에 맞서다

- [adverse] 혱 부정적인, 불리한, 반대의
  The government announced that the new drug has **adverse** side effects.
  정부는 그 신약이 좋지 않은 부작용이 있다고 발표했다.

Day 19

🎧 MP3

541 ☐	**stammer** [stǽmər]	동 말을 더듬다　명 말 더듬기　유 stutter 말을 더듬다, 말 더듬기 start to stammer 말을 더듬기 시작하다
542 ☐	**redeem** [ridíːm]	동 (결함 등을) 보완하다, (실수 등을) 만회하다, (현금으로) 교환하다 redeem his mistake 그의 실수를 보완하다
543 ☐	**underestimate** [ʌ̀ndəréstəmit]	동 과소평가하다, 낮게 어림잡다, 경시하다　유 undervalue 과소평가하다, 경시하다 underestimate his accomplishment 그의 성취를 과소평가하다
544 ☐	**subsidiary** [səbsídièri]	명 자회사, 부속물　형 부수적인, 자회사의, ~에 종속적인 subsidiary income 부수입　　a subsidiary company 자회사
545 ☐	**tranquil** [trǽŋkwil]	형 고요한, 평화로운, 차분한　　명 tranquility 평온, 고요함, 평정 a tranquil lake 고요한 호수
546 ☐	**stagger** [stǽgər]	동 비틀거리다, 깜짝놀라게 하다, 동요하다　형 staggering 충격적인, 믿기 어려운 stagger around 주변을 비틀거리며 돌아다니다
547 ☐	**iconic** [aikáːnik]	형 ~의 상징이 되는, 우상의, 전통을 따르는 the iconic Greek building 그리스의 우상적 건물
548 ☐	**exhortation** [ègzɔːrtéiʃən]	명 권고, 장려의 말, 경고　　동 exhort 권하다, 촉구하다 make a strong exhortation 강력한 권고의 말을 하다
549 ☐	**substandard** [sʌbstǽndərd]	형 표준 이하의, 열악한, 불량의 substandard language ability 표준 이하의 언어 구사력
550 ☐	**amplify** [ǽmpləfài]	동 증폭시키다, 과장하다　　명 amplifier 앰프, 증폭기 amplify the public anxiety 대중의 불안감을 증폭시키다
551 ☐	**spokesperson** [spóukspə̀ːrsən]	명 대변인 a spokesperson of foreign workers 이주 노동자들의 대변인
552 ☐	**remainder** [riméindər]	명 나머지, 남아 있는 것, 잔여　유 remnant (주로 복수로) 나머지, 잔여, 자취 the remainder of his property 그의 재산의 나머지
553 ☐	**supremacy** [sjupréməsi]	명 패권, 우위, 지상주의 hold world supremacy 세계적 우위에 서다
554 ☐	**imprison** [imprízən]	동 투옥하다, 감금하다　　명 imprisonment 투옥, 구금 imprison a person for murder 살인죄로 감옥에 넣다
555 ☐	**cite** [sait]	동 인용하다, (예를) 들다　명 인용(구) cite Cindy's experiment data Cindy의 실험결과를 인용하다

Daily Test

A 우리말에 맞게 빈 칸에 알맞은 단어를 쓰세요.

1   Dr. Drake cured my son's _____.
    Dr. Drake는 우리 아들의 말 더듬는 것을 치료해 주었다.

2   When a can is emptied, it may be _____ at the recycling center for
    the nickel deposit.
    캔이 비워지면 재활용 센터에서 5센트를 상환 받을 수 있다. 08 고3학평 변형

3   When Maggie charged with an uppercut to the jaw, the champion
    _____ and dropped to the mat.
    Maggie가 턱을 올려 쳤을 때, 챔피언은 비틀거렸고 매트에 쓰러졌다. 09 고2학평

4   Ann gave an _____ to her students.
    Ann은 그녀의 학생들에게 권고의 말을 건넸다.

5   The problem is related to _____ housing.
    그 문제는 불량 주택과 관련되어 있다.

6   Eric was named the _____ of the year by the American Red Cross.
    Eric은 미국 적십자회의 대변인으로 지정되었다. 14 고3학평 변형

7   He worked the _____ of the year away from us, not returning until
    the deep winter.
    그는 한겨울 까지 돌아오지 않고 그 해의 나머지 기간을 우리와 떨어져서 일했다. 16 고3평가원 변형

8   Their aerial _____ within the region will last for some time.
    그들의 공군력의 우위는 지역 내에서 당분간 지속될 것이다.

9   In isolation, hope disappears and you can no longer see a life beyond the
    invisible walls that _____ you.
    고립상태에서는, 희망이 사라지고 당신은 당신을 가두는 보이지 않는 벽 너머의 삶을 더 이상 볼 수 없다. 2008 수능

10 Analysts _____ the environmental damage that too many human
    visitors can cause.
    분석가들은 너무 많은 방문객들이 야기 할 수 있는 환경적 손상을 예로 들었다. 11 고2학평 변형

Day 19

 MP3

556 inconsiderate
[ìnkənsídərit]
형 사려 깊지 못한, 남을 배려하지 않는　유 insensitive (to) ~에 둔감한, 무감각한
inconsiderate advice 사려 깊지 못한 조언

557 downshift
[dàunʃíft]
동 기어를 저속으로 바꾸다, 생활을 단순화하다
downshift to decrease speed 속도를 줄이기 위해 기어를 저속으로 바꾸다

558 crispy
[kríspi]
형 바삭한, 아삭아삭한
bite a crispy apple 아삭아삭한 사과를 베어물다

559 climax
[kláimæks]
명 (어떤 일의) 절정　유 peak 절정, 정점, 정상
reach a climax 절정에 다다르다

560 shrug
[ʃrʌg]
동 (어깨를) 으쓱하다　명 어깨를 으쓱하기
start to shrug and laugh 어깨를 으쓱하고 웃기 시작하다

561 overboard
[óuvərbɔ̀ːrd]
부 배 밖으로　*(go ~) ~을 지나칠 정도로 하다
throw boxes overboard 배 밖으로 상자들을 던지다

562 imprecise
[ìmprisáis]
형 부정확한, 애매한
give imprecise information 부정확한 정보를 주다

563 makeshift
[méikʃìft]
형 임시 변통의, 일시적인　명 미봉책, 일시적인 방편
a makeshift solution 임시 변통의 해결책

564 asymmetry
[eisímitri]
명 불균형, 비대칭　형 asymmetric 비대칭의, 불균형적인
a curious asymmetry 흥미로운 불균형

565 single out
[síŋgl aut]
동 선발하다, 발탁하다
single out a new leader 새로운 지도자로 선발하다

566 wholehearted
[hóulhá:rtid]
형 전폭적인, 전적인, 성의있는, 진지한　반 halfhearted 성의없는, 열성이 없는
her mother's wholehearted support 그녀 엄마의 전폭적인 지원

567 predicament
[pridíkəmənt]
명 곤경, 궁지
be in a terrible predicament 끔찍한 곤경에 빠지다

568 snatch
[snætʃ]
동 낚아채다, 빼앗다
snatch her bag and run away 그녀의 가방을 낚아채서 도망가다

569 summon
[sʌ́mən]
동 소환하다, 호출하다, (회의를) 소집하다, (용기나 자신감을) 불러 일으키다
summon the police 경찰을 부르다

570 humane
[hju(:)méin]
형 인간적인, 자비로운　유 compassionate 인정많은, 동정심있는
the humane treatment of criminals 범죄자들을 위한 인간적인 대우

Daily Test

A 우리말에 맞게 빈 칸에 알맞은 단어를 쓰세요.

1 Making a noise at night is really _____ and rude.
밤에 큰 소리를 내는 것은 정말 사려깊지 못하고 무례한 행동이다.

2 Over the top of the paper I was reading came a _____ long object that caused me to jump.
읽고 있던 서류위로 부스럭거리는 긴 물건이 다가오자 나는 벌떡 일어났다. [08 고3학평 변형]

3 The play has a _____ where the conflict reaches its peak.
연극에는 갈등이 최고조에 달하는 절정이 있다. [06 고3평가원 변형]

4 The boy _____ and pretended that nothing had happened.
그 소년은 어깨를 으쓱하고는 아무 일도 일어나지 않은 척 했다.

5 At a _____ hospital, her left leg was considered beyond repair and amputated just below the knee.
임시 병동에서, 그녀의 왼쪽 다리는 치료가 불가능하다 여겨졌고 무릎 아래를 절단해야 했다. [12 고3학평 변형]

6 Most predators have to _____ and focus on one individual, in order to successfully capture a prey.
대부분의 포식자들은 그들의 먹이를 성공적으로 잡기 위해 하나의 먹이를 선택하고 집중한다. [12 고3학평]

7 My family gave _____ support to my plan to travel around the world.
우리 가족은 세계를 여행하고자 하는 내 계획을 전적으로 지원했다.

8 Dad's words helped him to get out of his _____.
아버지의 말이 그가 곤경에서 빠져나오는 데 도움을 주었다.

9 The strong wind _____ Lily's hat.
강한 바람이 Lily의 모자를 낚아챘다.

10 It is universally believed that government leaders must be _____ and fair.
보편적으로 정부 지도자들은 인간적이고 공정해야 한다고 여겨진다.

Day 19 | 119

Day 20

🎧 MP3

571 ☐ wade
[weid]
동 (물이나 진흙 속을) 헤치며 걷다
wade into the water 물 속으로 헤치며 걷다

572 ☐ remnant
[rémnənt]
명 (주로 복수로) 남은 부분, 나머지, 잔존물　유 remainder 나머지, 남아있는 것, 잔여
remnants of lunch 점심 식사 후 남은 것

573 ☐ ideology
[àidiálədʒi]
명 이념, 관념　형 ideological 사상적인, 이념적인
capitalist ideology 자본주의 이념

574 ☐ deviate
[díːviit]
동 (예상 등을) 벗어나다, 빗나가다
deviate from his original plan 그의 원래 계획을 벗어나다

575 ☐ astray
[əstréi]
부 길을 잃은, 옳은 길에서 벗어난　동 stray (away, from) 제 길(위치)를 벗어나다
go astray 길을 잃다　　**be easily led astray** 나쁜 길에 빠지기 쉽다

576 ☐ respiratory
[réspərətɔ̀ːri]
형 호흡의, 호흡기관의
suffer from respiratory disease 호흡기 질환으로 고통받다

577 ☐ proximal
[práksəməl]
형 가장 가까운, 인접하는　반 distal 먼 쪽의
proximal to the ankle 발목에 가까운

578 ☐ nuance
[njúːɑːns]
명 (의미, 소리, 감정 등의) 미묘한 차이, 뉘앙스　유 shade (의견, 감정 등) 미묘한 차이
every nuance of his expression 그의 표정의 모든 미묘한 차이

579 ☐ rewind
[riːwáind]
동 (녹음 테이프 등을) 되감다　명 되감기(기능)
rewind a tape in a tape recorder 녹음기에서 테이프를 되감다

580 ☐ manpower
[ménpàuər]
명 인력, 인적자원
a serious manpower shortage 심각한 인력 부족

581 ☐ internalize
[intɜ́ːrnilaiz]
동 (사상, 태도 등을) 내면화하다　반 externalize (사상, 태도 등을) 표면화하다
internalize positive values 긍정적인 가치를 내면화하다

582 ☐ momentary
[móuməntèri]
형 순간적인, 잠깐의　유 ephemeral 순식간의
a momentary joy 순간적인 기쁨

583 ☐ trifle
[tráifl]
명 사소한 일　동 하찮게 다루다　형 trifling 하찮은, 사소한
waste time on trifles 사소한 일에 시간을 낭비하다

584 ☐ reactivate
[riǽktəvèit]
동 (활동 등을) 재개하다, 재활성화하다
reactivate his account 그의 계정을 재활성화하다

585 ☐ sarcastic
[sɑːrkǽstik]
형 빈정대는, 비꼬는　명 sacarsm 빈정댐, 비꼼
blame Joe for his sarcastic behavior Joe의 빈정대는 태도를 비난하다

Daily Test

A 우리말에 맞게 빈 칸에 알맞은 단어를 쓰세요.

1 The majority of salt in the lake is a _____ of dissolved salts that are present in all fresh water.
그 호수의 대부분의 소금은 담수에 있는 용해된 소금의 잔존물이다. `2013 수능`

2 An inflationary _____ that compromises quality for quantity can be traced back to Hollywood and celebrity.
양을 위해 질을 타협하는 팽창위주의 관념은 헐리우드와 유명인사들에게로 거슬러 올라갈 수 있다. `10 고3학평`

3 The flu is a _____ illness caused by the influenza virus and is different from the common cold.
독감은 인플루엔자 바이러스에 의해 야기되는 호흡기 질환으로 일반 감기와는 다르다.

4 The best way to _____ what you study or read is to expose yourself to various tests.
당신이 공부하거나 읽은 것을 내면화 하는 가장 좋은 방법은 당신을 다양한 테스트에 노출하는 것이다. `13 고3평가원 변형`

5 Our voice is a very subtle instrument and can convey every _____.
우리의 목소리는 매우 예민한 악기이고 모든 뉘앙스를 전달 할 수 있다. `12 고3학평 변형`

6 I want to repair the video player because it is unable to _____ the tape.
나는 비디오 플레이어가 테이프를 되감지 못해서 수리를 하고 싶어요.

7 More _____ needs to be allocated to provide diverse language services for greater efficiency.
더 효율적으로 다양한 언어 서비스를 제공하기 위해 더 많은 인력이 배정될 필요가 있다. `09 고3학평`

8 Psychologists make the distinction between dispositions and _____ feelings.
심리학자는 기질과 순간적인 감정 사이의 차이를 구분한다. `14 고3학평 변형`

9 He tried to _____ his unused email account but to no avail.
그는 그의 사용하지 않는 이메일 계정을 활성화 시키려 했지만 소용 없었다.

10 Many people think he is too _____ to take on such a serious role.
많은 사람들은 그가 그런 진지한 역할을 맡기에는 너무 빈정댄다고 생각한다.

Day 20

 MP3

---

586 populous
[pápjələs]
혱 인구가 많은, 붐비는　　　 凹 desolate 사는 사람이 없는, 황량한
the most populous city in Korea 한국에서 제일 인구가 많은 도시

587 solidarity
[sàlidǽrəti]
몡 연대, 결속, 일치, 단결　　　 凹 division (단체, 구성원의) 분열
enhance community solidarity 공동체의 결속을 강화하다

588 correspondent
[kɔ̀(:)rispándənt]
몡 통신원, 기자, (편지 등으로) 소식을 주고 받는 사람
work as a foreign correspondent 해외 특파원으로 일하다

589 stale
[steil]
혱 (음식이) 신선하지 않은, 딱딱해진, 오래된, 김이 빠진
provide a stale salad 신선하지 않은 샐러드를 제공하다

590 besiege
[bisí:dʒ]
동 포위하다, 에워싸다, 엄습하다　　　 유 surround 둘러싸다, 에워싸다
besiege enemies and start to attack 적을 포위하고 공격하기 시작하다

591 incur
[inkə́:r]
동 (좋지 않은 상황을) 초래하다, (비용을) 발생시키다
incur a risk 위험을 초래하다

592 shortcoming
[ʃɔ́:rtkʌ̀miŋ]
몡 결점, 단점　　　 유 failing (주로 복수로) 결점, 약점, 단점
be aware of his shortcoming 그의 결점을 알아 차리다

593 brute
[bru:t]
몡 짐승, 야수　 혱 맹목적인, 폭력에만 의존하는
brute instinct 야수적인 본능　　　 differ from the brute 야수와 다른

594 vigorously
[vígərəsli]
혱 강력하게, 힘차게　　　 몡 vigor 활기, 기력, 원기
protest vigorously 강력하게 항의하다　　　 walk vigorously 힘차게 걷다

595 theoretically
[θìərétikəli]
부 이론상으로
theoretically false conclusions 이론상으로 잘못된 결론

596 exemplify
[igzémpləfài]
동 전형적인 예가 된다, ～의 예가 된다, 예를 들다
exemplify his new research result 그녀의 새로운 연구결과의 예가 된다

597 censor
[sénsər]
몡 검열관　 동 검열하다, (검열해서) 삭제하다
censor books and movies 책과 영화들을 검열하다

598 sentence
[séntəns]
동 (형을) 선고하다　 몡 형벌, 판결, (형의) 선고
sentence a person to death 사형을 선고하다

599 altruistic
[æltru(:)ístik]
혱 이타(주의)적인　　　 凹 egoistic 이기(주의)적인, 자기 위주의
the importance of altruistic motives 이타적 동기의 중요성

600 predecessor
[prédisèsər]
몡 전임자, 조상, 이전의 것　　　 凹 successor 후임자, 계승자, 뒤에 오는 것
my immediate predecessor 내 직전 전임자

Daily Test

A 우리말에 맞게 빈 칸에 알맞은 단어를 쓰세요.

1 Bangalore is India's third most _____ city.
방갈로르는 인도에서 세 번째로 인구가 많은 도시이다. `10 고2학평 변형`

2 The _____ coffee was boiling up and Jimmy poured it into a glass.
오래된 커피가 끓었고 Jimmy는 그것을 유리잔에 따랐다. `07 고3학평 변형`

3 He _____ a lot of expenses on his overseas travels.
그는 해외 여행에 많은 비용을 지불했다.

4 One _____ of the car is its high noise level while driving.
그 차의 한 가지 단점은 운전 중 높은 소음 수치이다. `07 고2학평`

5 You cannot act like a greedy _____ or let your anger get out of control.
당신은 탐욕스러운 짐승처럼 행동하거나 화를 표출해서는 안 된다. `12 고3 평가원 변형`

6 France is one of the EU members that _____ support the GMO ban.
프랑스는 강력하게 GMO 법안의 금지를 지지하는 EU 일원 중의 하나이다.

7 Even though paper products may _____ be biodegradable, they do not biodegrade.
종이 상품이 이론적으로 자연 분해성 임에도 불구하고, 그들은 자연분해 되지 않는다. `11 고3 평가원`

8 Socrates was _____ to death and got killed in prison.
소크라테스는 사형을 선고 받았고 감옥에서 죽었다.

9 I realized that living an _____ life is hard but important.
나는 이타적인 삶을 사는 것은 힘들지만 중요하다는 것을 깨달았다.

10 Roy wants to be a foreign _____ because he is very interested in foreign affairs and cultures.
Roy는 해외의 사건과 문화에 매우 관심이 있기 때문에 해외 특파원이 되길 원한다.

A 우리말에 맞게 빈 칸에 알맞은 단어를 쓰시오.

1 start to _____ 말을 더듬기 시작하다

2 _____ around 주변을 비틀거리며 돌아다니다

3 the _____ of his property 그의 재산의 나머지

4 throw boxes _____ 배 밖으로 상자들을 던지다

5 _____ a new leader 새로운 지도자로 선발하다

6 _____ of lunch 점심 식사 후 남은 것

7 suffer from _____ disease 호흡기 질환으로 고통받다

8 _____ a tape in a tape recorder 녹음기에서 테이프를 되감다

9 _____ instinct 야수적인 본능

10 _____ books and movies 책과 영화들을 검열하다

B 영어에 맞게 빈 칸에 알맞은 우리말을 쓰시오.

1 the iconic Greek building 그리스의 _____ 건물

2 make a strong exhortation 강력한 _____을 하다

3 imprison a person for murder 살인죄로 _____

4 start to shrug and laugh 어깨를 _____ 웃기 시작하다

5 a makeshift solution _____ 해결책

6 capitalist ideology 자본주의 _____

7 waste time on trifles _____에 시간을 낭비하다

8 be aware of his shortcoming 그의 _____을 알아 차리다

9 walk vigorously _____ 걷다

10 my immediate predecessor 내 직전 _____

C 다음 영어 풀이에 알맞은 어휘를 〈보기〉에서 고르시오.

> 보기　　　trifle　　nuance　　tranquil　　remnant　　populous

1 _____ : having a large population

2 _____ : something that is unimportant or has little value

3 _____ : peaceful, calm, and quiet

4 _____ : something or part of something that remains after use or sale

5 _____ : a very slight or subtle difference in meaning, color, tone, etc.

D 문맥에 맞게 다음 문장을 완성하시오.

1 The problem is related to　　・

　・ a　must be humane and fair.

2 Their aerial supremacy within the region　　・

　・ b　will last for some time.

3 It is universally believed that government leaders　・

　・ c　substandard housing.

4 Our voice is a very subtle instrument　　・

　・ d　to take on such a serious role.

5 Many people think he is too sarcastic　　・

　・ e　and can convey every nuance.

E 문장을 읽고 문맥에 적절한 단어를 고르시오.

1 The movie clearly (exemplifies/rewinds) the director's view on happiness.

2 Take this map with you if you don't want to go (over/astray) in the woods.

3 The thief was (sentenced/staggered) to five weeks of community service.

4 Matt settled in a quite village and enjoyed a (proximal/tranquil) life on his own.

5 The (altruistic/stale) traveler gave much of his money to the hungry people in the village.

F 문장의 빈칸에 알맞은 단어를 〈보기〉에서 찾아 쓰시오. (필요하면 형태를 고치시오.)

| 보기 | downshift | correspondent | wade | deviate | subsidiary |

1 Alex sticks to his own training timetable and does not want to
_____ from it.
Alex는 자기 자신의 훈련 일정을 고수하며 거기에서 벗어나고 싶어 하지 않는다.

2 The company has seven _____ working in various fields.
그 회사는 다양한 분야에서 활동하고 있는 7개의 자회사들이 있다.

3 Victor _____ into the water to pick up his son's toy duck.
Victor는 아들의 오리 장난감을 주우려고 물 속을 헤치고 들어갔다.

4 Last decade, nearly a quarter of Australians aged 30 to 59 have
_____.
지난 십 년 동안 30~59세 호주인의 거의 4분의 1이 생활을 단순화했다. 06 고3평가원

5 Lori is interested in international affairs and wants to be a foreign
_____.
Lori는 국제 문제에 관심이 많아서 해외 통신원이 되고 싶어 한다.

G 다음 〈보기〉 중 두 문장에 공통으로 사용할 수 있는 어휘를 고르시오.

1   We should not _____ Joe. He is still our most challenging opponent.
    When we eat out, we tend to _____ the number of calories we
    consume. `08 고3평가원 변형`

    ① snatch   ② underestimate   ③ internalize   ④ reactivate   ⑤ amplify

2   He was _____(e)d to the court and questioned about the incident.
    Then the boy _____(e)d the courage to ask what was really on his
    mind. `05 고3학평`

    ① summon   ② redeem   ③ decompose   ④ uplift   ⑤ wade

3   The armed soldiers _____(e)d the fortress and waited for their
    commander's order.
    When you walk into a store, you are _____(e)d by information. `2013 수능`

    ① acknowledge   ② embed   ③ mandate   ④ besiege   ⑤ converge

Study More

'sub‒' : [명사, 형용사에서] '~보다 적은', '~아래'의 뜻을 나타낸다.

- [subtropical] 형 아열대의
  a design suited to a humid **subtropical** climate 습한 아열대 기후에 적합한 디자인

- [submarine] 형 잠수함
  The **submarine** started to come to the surface. 그 잠수함이 표면 위에 나타나기 시작했다.

Day 21

🎧 MP3

601 ☐ **upbringing**
[ʌ́pbrìŋiŋ]
圀 양육, 훈육, 가정교육
have a bad upbringing 잘못된 가정교육을 받다

602 ☐ **negation**
[nigéiʃən]
圀 정반대, 부정　　　圁 negate 부정(부인)하다, 무효화하다
the negation of fair judgment 공정한 판단의 정반대

603 ☐ **bulk**
[bʌlk]
圀 대부분, 큰 규모의 양
the bulk of the crowd 군중의 대부분　　in bulk 대량으로

604 ☐ **contempt**
[kəntémpt]
圀 경멸, 멸시, 무시　　　圀 disdain 경멸, 무시, 업신여김
anger turns to contempt 화가 경멸로 바뀌다

605 ☐ **speck**
[spek]
圀 작은 얼룩, 알갱이, 소량 (~of)
a speck of dust 먼지 알갱이

606 ☐ **temperament**
[témpərəmənt]
圀 기질, 성미, 흥분하기 쉬운 기질
have a hysterical temperament 히스테리적 기질을 가지다

607 ☐ **authenticate**
[ɔ:θéntəkèit]
圁 (진짜임을) 증명하다, 인증하다　　圀 authentication 입증, 증명, 인증
authenticate facts 사실이 진짜임을 증명하다

608 ☐ **agile**
[ǽdʒəl]
圅 날렵한, 민첩한　　　圀 nimble 빠른, 동작이 날렵한
as agile as a squirrel 다람쥐만큼 날렵한

609 ☐ **dazzling**
[dǽzliŋ]
圅 눈부신, 휘황찬란한　　　圁 dazzle 눈이 부시게 하다, 현혹 시키다
dazzling beauty 눈부실 정도의 아름다움

610 ☐ **electoral**
[iléktərəl]
圅 선거의, 유권자의　　　*elective 圅 선거에 의한,
electoral reformation 선거 개혁　　　　　(강좌 등을) 선택할 수 있는

611 ☐ **detract**
[ditrǽkt]
圁 (주의를) 딴 곳으로 돌리다, 빗나가게 하다
detract attention from the problem 문제로부터 주의를 딴 곳으로 돌리다

612 ☐ **torment**
[tɔ:rmént]
圀 고통, 고뇌, 고통을 주는 것　圁 괴롭히다, 고통을 주다, 괴롭히다
mental torment 정신적인 고통

613 ☐ **theorem**
[θí(:)ərəm]
圀 정리, 원리　　　*axiom 圀 자명한 이치, 공리, 권리
prove a new theorem 새로운 정리를 증명하다

614 ☐ **pail**
[peil]
圀 들통, 버킷
a milk pail and two loaves of bread 우유 한 들통과 빵 두 덩어리

615 ☐ **elusive**
[ilú:siv]
圅 파악하기 어려운, 달성하기 힘든, 잡히지 않는
his elusive motivation 그의 파악하기 힘든 동기

Daily Test

A 우리말에 맞게 빈 칸에 알맞은 단어를 쓰세요.

1   A wise _____ from parents is able to shape a child's whole life for the better.
    부모의 현명한 양육방식은 아이의 삶 전체를 더 좋게 형성할 수 있다.

2   The man looked at me with _____.
    그 남자는 나를 경멸어린 눈초리로 쳐다보았다.

3   Fourteen billion years ago, the universe was a tiny, burning _____, too small and too hot to support life.
    140억년 전에, 우주는 작고 불타는 알갱이였고 생명체를 살게 하기에는 너무 작고 너무 뜨거웠다.

4   People have been using birth order to account for personality factors such as passive _____.
    사람들은 수동적인 기질과 같은 성격 요소를 설명하기 위해 출생 순위를 사용해왔다. 2009 수능

5   Music for motion pictures often serves to _____ the era.
    영화음악은 종종 그 시대를 증명해주는 역할을 한다. 15 고3평가원 변형

6   Susan says that the ring is _____ and she can't wait to wear it.
    Susan은 그 반지가 너무 눈이 부셔 그것을 끼고 싶어 견딜 수 없다고 말한다. 09 고3학평 변형

7   Helen tried to _____ her daughter's attention from the doll.
    Helen은 자기 딸의 관심을 그 인형에서 돌리려고 했다.

8   Fermat, whose 'last _____' puzzled mathematicians for centuries, was a lawyer.
    수세기 동안 수학자들을 혼란에 빠뜨린 '마지막 정리'의 페르마는 변호사였다. 10 고2학평

9   The boy goes to work for a dairy farmer, who pays him with a _____ of milk instead of money.
    그 소년은 한 낙농업 농부를 위해 일하러 가는데 그는 돈 대신에 우유 한 통을 그에게 지불한다. 15 고2학평

10 Nick's writing style is _____, but his novels are always popular in Korea.
    Nick의 문체는 파악하기 어렵지만 그의 소설은 항상 한국에서 인기가 많다.

Day 21

 MP3

616 ☐ **acrobat**
[ǽkrəbæ̀t]

명 곡예사　　　　형 acrobatic 곡예의, 곡예에 관련된

an aerial acrobat 공중 곡예사

617 ☐ **mute**
[mju:t]

형 말없는, 소리가 나지않는, 묵음의　　동 소리를 줄이다

a mute appeal 무언의 호소

618 ☐ **amoral**
[eimɔ́(:)rəl]

형 도덕관념이 없는　　　　+immoral 형 비도덕적인

the amoral principle 도덕적 관념이 없는 원칙

619 ☐ **pinpoint**
[pínpɔ̀int]

동 (위치, 이유 등을) 정확히 찾아내다

pinpoint the location on the map 지도 상에서 위치를 정확히 찾아내다

620 ☐ **unprecedented**
[ʌnprésidèntid]

형 전례 없는, 유례없는

an unprecedented crisis 전례 없는 위기

621 ☐ **neutralize**
[njú:trəlàiz]

동 무효화하다, 중화하다, 상쇄하다　　유 void 무효로 하다, 취소하다

neutralize poison 독을 중화시키다　　neutralize an opposition
대립을 중화시키다

622 ☐ **interplay**
[íntərplèi]

명 상호 작용

interplay between two technologies 두 기술간의 상호작용

623 ☐ **ebb**
[eb]

명 썰물, 쇠퇴　　동 썰물이 되다, 서서히 줄다

the ebb tide 썰물 간조　　　the ebb of life 인생의 쇠퇴

624 ☐ **fluctuate**
[flʌ́ktʃuèit]

동 수시로 변하다, 요동하다, 동요하다　　명 fluctuation (지속적인) 변동, 동요, 등락

fluctuating price 수시로 변하는 물가

625 ☐ **outnumber**
[àutnʌ́mbər]

동 수적으로 우세하다, ~보다 더 많다

outnumbered in the consumer market 소비 시장에서 수적으로 우세하다

626 ☐ **serial**
[síriəl]

명 연재물, 연속극　　형 순차적인, 계속되는, 일련의

a three-part serial 3부작　　　in serial order 순차적인 순서로

627 ☐ **nocturnal**
[nɑktə́:rnəl]

형 야행성의, 밤의, 야간의　　　　반 diurnal 낮에 활동하는, 일간의, 낮의

a nocturnal animal 야행성 동물

628 ☐ **hiss**
[his]

동 쉬익하는 소리를 내다　　명 쉬익하는 소리

The snake started to hiss. 뱀이 쉬익하는 소리를 내기 시작했다.

629 ☐ **mutter**
[mʌ́tər]

동 투덜거리다, 불평하다　　명 중얼거림

start to mutter complaints 투덜거리며 불평하기 시작하다

630 ☐ **customization**
[kʌ́stəmə-zéiʃən]

명 주문제작　　　동 customize (주문에 따라) 만들다, 주문제작하다

mass customization 대량 주문제작

Daily Test

A 우리말에 맞게 빈 칸에 알맞은 단어를 쓰세요.

1 The _____ are performing as children watch.
곡예사들은 아이들이 보는 앞에서 공연을 하고 있다.

2 Conductors, who have traditionally been _____ on stage, now sometimes also speak from the podium.
전통적으로 무대 위에서 말이 없던 지휘자들은 지금은 때때로 지휘대에서 말을 하기도 한다. `11 고2학평 변형`

3 Knowledge is _____ -not immoral but morality neutral.
지식은 도덕관념이 없는데 비도덕적인 것이 아니라 도덕성 중립적이다. `2015 수능 변형`

4 The _____ accident shocked many people.
그 전례 없는 사고는 많은 사람들을 충격에 빠뜨렸다.

5 The professor said that empathy could _____ anger.
교수님은 공감이 화를 중화 시킨다고 말했다. `10 고2학평 변형`

6 The quality of a statue usually relies on the _____ between light and shade.
동상의 작품성은 대개 명암 사이의 상호작용에 의존한다. `10 고3학평 변형`

7 The empire was at an _____.
그 제국은 쇠퇴기에 있었다.

8 William's troop greatly _____ our troop.
William의 부대는 우리 부대에 수적으로 아주 우세했다.

9 If you read his novels, you'll probably think of blood-thirsty and _____ killers.
당신이 그의 소설들을 읽는다면, 당신은 아마 피에 굶주린 연쇄 살인마에 대해 생각 할 것이다.

10 Wind is rocking our trailer, _____ in around its aluminum door and window frames.
바람은 우리의 트레일러를 흔들며 알루미늄 문과 창틀로 쉬익 하는 소리를 내며 들어온다. `07 고3학평`

Day 22

🎧 MP3

| 631 ☐ | **wrestle**
[résl] | 동 몸싸움을 벌이다, 맞붙어 싸우다, (어떤 문제와) 씨름하다
wrestle with the invader 침략자와 맞붙어 싸우다 |

| 632 ☐ | **fearsome**
[fíərsəm] | 형 무시무시한, 무서운　　　유 dreadful 무시무시한, 무서운
get a fearsome reputation 무시무시한 평판을 받다 |

| 633 ☐ | **circumstantial**
[sə̀ːrkəmstǽnʃəl] | 형 정황적인, 상황의, 부수적인, 우연한
gather circumstantial evidence 정황적 증거를 모으다 |

| 634 ☐ | **on board**
[án bɔ́ːrd] | 승선한, 탑승한　　　형 on-board 선내의, 기내의
load goods on board 배에 화물을 싣다 |

| 635 ☐ | **bump into**
[bʌmp íntə] | (우연히) ~와 마주치다　　　유 encounter 우연히 만나다, 마주치다
bump into wild animals 야생 동물과 우연히 마주하다 |

| 636 ☐ | **revisit**
[riːvízit] | 동 다시 방문하다, (어떤 문제를) 다시 고려하다
revisit the historical site 그 유적지를 다시 방문하다 |

| 637 ☐ | **hobble**
[hábl] | 동 다리를 절다, 절뚝거리다　　　유 limp 다리를 절뚝거리다, 절뚝거림
hobble across the street 다리를 절며 거리를 가로지르다 |

| 638 ☐ | **coursework**
[kɔːrswɜːrk] | 명 교과학습
offer relevant coursework 적절한 수업활동을 제안하다 |

| 639 ☐ | **discontent**
[dìskəntént] | 명 불만, 불만스러운 것　형 불평(불만)이 있는 (~with)
show discontent toward the policy 그 정책을 향해 불만을 표하다 |

| 640 ☐ | **divert**
[daivə́ːrt] | 동 방향을 전환시키다, 우회시키다, (주의, 관심을) 딴 곳으로 돌리다
divert the course of a river 강의 흐름을 바꾸다 |

| 641 ☐ | **verdict**
[və́ːrdikt] | 명 판결, 평결, 의견　　　유 ruling (판사의) 판결
reach a verdict 판결을 내리다 |

| 642 ☐ | **watchdog**
[wátʃdɔ̀(ː)g] | 명 감시인, 감시 단체
a government watchdog agency 정부 감시 기관 |

| 643 ☐ | **roam**
[roum] | 동 (이리저리) 돌아다니다, 배회하다
roam freely 자유롭게 돌아다니다 |

| 644 ☐ | **sterilized**
[stérəlàizd] | 형 살균한, 소독한
offer sterilized water 살균한 물을 제공하다 |

| 645 ☐ | **legible**
[lédʒəbl] | 형 읽기 쉬운, 또렷한　　　반 illegible 읽기 어려운, 판독하기 어려운
legible handwriting 알아 보기 쉬운 필체 |

Daily Test

A 우리말에 맞게 빈 칸에 알맞은 단어를 쓰세요.

1 A nobleman, Tan wished to present to his emperor a gift of an
   _____ square tile.
   귀족이었던 Tan은 자신의 황제에게 정교한 사각형 타일을 선물로 증정하고 싶어했다.

2 Beowulf is the story of a Swedish prince who travels to Denmark to slay a
   _____ monster called Grendel.
   Beowulf는 덴마크로 여행간 스웨덴 왕자가 Grendel이라 불리는 무서운 괴물을 죽이는 이야기이다.

3 Because we only had _____ evidence, we couldn't arrest the thief.
   우리는 오직 정황적 증거밖에 없었기 때문에, 우리는 그 도둑을 체포할 수 없었다.

4 If we return to Korea, I'll _____ the palace.
   만약 우리가 한국에 돌아간다면, 나는 그 궁을 다시 방문할 것이다.

5 She still _____ on an imperfect leg, and each activity left her in
   agony for days.
   그녀는 아직 불완전한 다리를 절뚝거렸고 각각의 활동은 수일 동안 그녀에게 극도의 고통을 남겼다. `12 고3학평 변형`

6 In addition to _____, all students are required to attend a series of
   seminars on college admissions.
   수업 활동과 더불어, 모든 학생들은 대학 입학에 관련한 일련의 세미나에 참가 해야 한다. `14 고3학평`

7 In order to increase water resources, nations must use traditional water supply
   methods like _____ rivers.
   물 자원을 증가시키기 위해, 국가는 강의 물 방향을 바꾸는 것과 같은 전통의 물 공급 방식을 사용해야 한다.

8 Making better decisions when picking out jams is best done with the
   emotional brain, which generates its _____ automatically.
   잼을 고를 때 더 좋은 선택을 하는 것은 자동으로 판단을 내리는 감정적 뇌에 의해 가장 잘 수행된다. `2013 수능`

9 The night before the Celtic New Year was considered a special night when
   ghosts and witches _____ the earth.
   켈트족의 새해 전날 밤은 귀신과 마녀가 세상을 배회하는 특별한 밤으로 여겨졌다. `04 고3평가원 변형`

10 Mary's disappointment and _____ passed quite quickly when the
   situation develops into a different one.
   Mary의 실망과 불만은 상황이 다르게 흘러가자 꽤 빠르게 바뀌었다. `12 고1평가원 변형`

Day 22

646 □ **exquisite**
[ékskwizit]

형 매우 아름다운, 정교한
make an exquisite dress 매우 아름다운 드레스를 만들다

647 □ **radiant**
[réidiənt]

형 빛나는, 환한　　　　　유 bright 밝은, 빛나는
enjoy a radiant morning 빛나는 아침을 즐기다

648 □ **stereotype**
[stériətàip]

명 고정 관념, 정형화된 사고방식
a cultural stereotype 문화적 고정 관념

649 □ **metaphorical**
[mètəfɔ́(:)rikəl]

형 은유의, 비유적인　　　　　유 figurative 비유적인, 상징적인
write a poem with metaphorical words 비유적인 말로 시를 쓰다

650 □ **sage**
[seidʒ]

형 현명한, 슬기로운　　명 현인, 현자
offer sage counsel 현명한 상담을 해주다

651 □ **hospitable**
[háspitəbl]

형 환대하는, 친절한, (기후, 조건 등이) 알맞은
receive hospitable treatment 환대를 받다

652 □ **compute**
[kəmpjúːt]

동 계산하다, 산출하다, 추정하다　　유 calculate 계산하다, 산정하다
compute the total income 총 수익을 계산하다

653 □ **hideous**
[hídiəs]

형 흉측한, 끔찍한
his hideous face 그의 흉측한 얼굴

654 □ **propagate**
[prápəgèit]

동 (사상, 신조를) 전파하다
propagate a wrong ideology 잘못된 신념을 전파하다

655 □ **entity**
[éntəti]

명 본질, 실재, 독립체
lose one's entity 본질을 잃어버리다

656 □ **overshoot**
[òuvərʃúːt]

동 (목표 지점 보다) 더 나아가다, (계획보다) 더 많이 하다
overshoot the mark 목표물을 넘어가다

657 □ **shameless**
[ʃéimlis]

형 창피한 줄 모르는, 부끄러움을 모르는
in a shameless manner 창피한 줄 모르는 태도로

658 □ **ideological**
[àidiəládʒikəl]

형 사상적인, 이념적인
political and ideological issue 정치적이고 사상적인 문제

659 □ **contemptuous**
[kəntémptʃuəs]

형 경멸하는, 업신여기는　　　　명 contempt 경멸, 멸시, 무시
contemptuous treatment 업신여기는 대우

660 □ **repress**
[riprés]

동 (감정 등을) 억누르다, 참다, 억압하다, 억제하다　　명 repression 탄압, 진압, 억압
repress the freedom of speech 발언의 자유를 억압하다

Daily Test

A 우리말에 맞게 빈 칸에 알맞은 단어를 쓰세요.

1 We were fascinated by the _____ statue.
우리는 그 정교한 동상에 매료되었다.

2 She smiled from a face that was as _____ as an angel's.
천사같이 빛나는 그녀의 얼굴에 웃음이 퍼졌다. 11 고3학평 변형

3 I want to break the _____ people have about me.
난 사람들이 내게 가지고 있는 고정관념을 깨고 싶어요.

4 His new novel features _____ and symbolic language.
그의 새 소설은 비유적이고 상징적 언어를 특징으로 한다.

5 Sarah and her husband have an _____ difference, so she usually argues with him.
Sarah와 그녀의 남편은 이념적인 차이가 있기에 그녀는 종종 그와 논쟁한다.

6 Anna hid herself under the table when she saw a _____ face at the window.
Anna는 창문에서 그 흉측한 얼굴을 보았을 때, 탁자 밑으로 몸을 숨겼다.

7 The general ordered the army to _____ the uprising.
장군은 부대에게 폭동을 진압하라고 명령했다.

8 The generous court officer said that he found the people of foreign lands to be _____ and generally kindhearted.
그 관대한 관리는 다른 지역에 사는 사람들이 공손하며, 대개 마음씨가 곱다는 것을 알아냈다고 말했다. 06 고3학평

9 I think the president made a _____ decision.
나는 대통령이 현명한 결정을 내렸다고 생각한다.

10 I am _____ enough to take all compliments at their face value.
나는 모든 칭찬을 곧이곧대로 받아들일 만큼 부끄러움을 모른다. 2010 수능 변형

A 우리말에 맞게 빈 칸에 알맞은 단어를 쓰시오.

1 a _____ of dust 먼지 알갱이

2 _____ reformation 선거 개혁

3 in _____ order 순차적인 순서로

4 a _____ animal 야행성 동물

5 start to _____ complaints 투덜거리며 불평하기 시작하다

6 get a _____ reputation 무시무시한 평판을 받다

7 _____ across the street 다리를 절며 거리를 가로지르다

8 reach a _____ 판결을 내리다

9 a cultural _____ 문화적 고정 관념

10 _____ the total income 총 수익을 계산하다

B 영어에 맞게 빈 칸에 알맞은 우리말을 쓰시오.

1 mental torment 정신적인 _____

2 prove a new theorem 새로운 _____를 증명하다

3 a mute appeal _____ 호소

4 the amoral principle _____ 원칙

5 the ebb of life 인생의 _____

6 load goods on board 배에 화물을 _____

7 divert the course of a river 강의 _____

8 enjoy a radiant morning _____ 아침을 즐기다

9 his hideous face 그의 _____ 얼굴

10 overshoot the mark 목표물을 _____

C 다음 영어 풀이에 알맞은 어휘를 〈보기〉에서 고르시오.

> **보기** torment mute compute fluctuate entity

1 _____ : to change continually

2 _____ : to find out or calculate something by using mathematics or a computer

3 _____ : something that exists on its own

4 _____ : to cause someone or something to feel great pain or suffering

5 _____ : to make a sound quieter or to make the sound of something silent

D 문맥에 맞게 다음 문장을 완성하시오.

1 The man looked at   •   • a me with contempt.

2 Music for motion pictures •   • b outnumbered our troop.

3 William's troop greatly   •   • c a sage decision.

4 If we return to Korea,   •   • d I'll revisit the palace.

5 I think the president made •   • e often serves to authenticate the era.

E 문장을 읽고 문맥에 적절한 단어를 고르시오.

1 Joan (bumped/muted) into her childhood friend on the street.

2 The sun was so (dazzling/nocturnal) that I could not drive without wearing sunglasses.

3 Ralph's family buys household items in (speck/bulk) to save money.

4 Some names of the people inscribed on the ancient wall were still (legible/serial).

5 They (propagated/tormented) misleading ideas about the power of the Internet.

F 문장의 빈칸에 알맞은 단어를 〈보기〉에서 찾아 쓰시오. (필요하면 형태를 고치시오.)

보기   fluctuate   agile   sterilize   customization   contemptuous

1 Brown bears are not only surprisingly fast, but also for such huge beasts, amazingly _____.
불곰은 놀라울 정도로 빨리 달릴 뿐만 아니라 몸집이 큰 짐승치고는 경이로울 만큼 민첩하다. 08 고3학평

2 Experts predict that consumer prices, which have been _____ in recent times, will stabilize soon.
전문가들은 최근 수시로 변했던 소비자 물가가 곧 진정될 것이라고 전망한다.

3 My coach once said that "Don't be afraid of your rivals. But don't be _____ of them either."
코치님은 언젠가 내게 "경쟁 상대를 두려워하지 마라. 그렇다고 그들을 업신여기지도 말아라."라고 말씀하셨다.

4 Mass _____ is a strategy to provide individualized products to consumers.
대량 주문 제작은 개개인의 요구에 맞추어 만든 제품을 소비자들에게 제공 할 수 있게 하는 전략이다. 15 고3학평

5 Our Vegetable-Garden-Box is portable and includes _____ soil.
저의 Vegetable-Garden-Box는 휴대하기 쉽고 살균된 흙을 포함하고 있습니다. 14 고3학평

G 다음 〈보기〉 중 두 문장에 공통으로 사용할 수 있는 어휘를 고르시오.

1 Good writers are expected to write to put _____ or vague ideas into concise words. 2013 수능 변형
   Since Tom's question was abstract and _____, I did not answer him right away.

   ① respiratory ② populous ③ stale ④ electoral ⑤ elusive

2 Freud thought that our _____(e)d desires emerged via our dreams.
   The dictator came to power and _____(e)d freedom of speech and expression.

   ① repress ② outnumber ③ cite ④ salute ⑤ shrug

3 Aldenderfer's research team hopes that DNA analysis will _____ the origins of the isolated region's inhabitants. 11 고3학평 변형
   Within a few minutes of the start of the meeting, the counselor _____(e)d the source of the problem.

   ① mute ② pinpoint ③ hiss ④ mutter ⑤ roam

Study More

혼동하기 쉬운 단어 detect vs. detract

- [detect] 통 감지하다, 발견하다
  The machine suddenly **detected** movement. 그 기계가 갑자기 움직임을 감지했다.
  detect the error in the report 보고서에 오류를 발견하다

- [detract] 통 주의를 딴 데로 돌리다, 손상시키다
  I tried to **detract** my son's attention from the TV. 나는 텔레비전에서 아들의 관심을 돌리려고 노력했다.
  detract the value of the tower 그 탑의 가치를 손상시키다

Day 23

🎧 MP3

---

661 ☐ **malicious**
[məlíʃəs]

형 악의적인, 적의있는　　　　유 vicious 악의있는, 부도덕한, 고약한

spread the malicious gossip 악의적인 험담을 퍼뜨리다

---

662 ☐ **pronounce**
[prənáuns]

동 발음하다, 선언하다, 선고하다

pronounce French correctly 불어를 정확하게 발음하다

---

663 ☐ **benevolent**
[bənévələnt]

형 자애로운, 자비심이 많은, 호의적인　　　명 benevolence 자비심, 박애

show a benevolent attitude 자애로운 태도를 보이다

---

664 ☐ **instill**
[instíl]

동 (사상 등을) 서서히 불어넣다, 주입하다

instill the idea of freedom 자유의 개념을 주입하다

---

665 ☐ **sullen**
[sʎlən]

형 시무룩한, 뚱한, (날씨 등이) 음침한　　　유 gloomy 우울한, 침울한, 어둑어둑한

look sullen 시무룩해 보이다　　　her sullen attitude 그녀의 뚱한 태도

---

666 ☐ **scrap**
[skræp]

동 폐기하다, 폐지하다, 철회하다　　　명 (옷감 등의) 조각

scrap the plan 계획을 철회하다

---

667 ☐ **vie**
[vai]

동 우열을 다투다, 경쟁하다 (~ for / with)　　　유 compete 경쟁하다, 맞서다

vie for the gold medal 금메달을 따기 위해 경쟁하다

---

668 ☐ **appall**
[əpɔ́:l]

동 오싹오싹하게 하다, 질겁하게(질리게) 하다　형 appalling 간담이 서늘한, 무시무시한

be appalled at the thought of war 전쟁에 대한 생각으로 오싹하다

---

669 ☐ **dysfunctional**
[disfʎŋkʃənl]

형 고장난, 기능 이상의　　　명 dysfunction 기능이상, 역기능

a dysfunctional family 제대로 기능을 하지 못하는 가정

---

670 ☐ **rationale**
[ræ̀ʃənǽl]

명 근거, 이유　　　*rational 형 (생각 등이) 합리적인, 이성적인

the rationale behind the new policy 새로운 정책의 근거

---

671 ☐ **deference**
[défərəns]

명 존중, 존경

show deference to teachers 선생님께 존경을 표하다

---

672 ☐ **partake**
[pɑːrtéik]

동 참가하다, 먹다

partake in the local festival 지역 축제에 참가하다

---

673 ☐ **residual**
[rizídʒuəl]

형 나머지의, 잔여의　　　명 residue 잔여(잔류)물

residual products 부산물

---

674 ☐ **unrestricted**
[ʎnristríktid]

형 조금도 제한받지 않는, 구속받지 않는

be afraid of unrestricted power 무제한의 권력을 두려워하다

---

675 ☐ **senator**
[sénətər]

명 상원 의원, (고대 로마의) 원로원 의원

a junior senator 신진 상원의원

Daily Test

A 우리말에 맞게 빈 칸에 알맞은 단어를 쓰세요.

1   Dutch usually comes from "diets," _____ "deets."
Dutch는 "deets"로 발음되는 "diets"에서 유래한다. 08 고2학평 변형

2   Bob was really _____ and kind, so he was never infuriated.
Bob은 정말 자애롭고 친절했기에, 그는 절대 분개하지 않았다.

3   My father's word _____ confidence in me.
우리 아빠의 말은 내게 자신감을 불어넣어 주었다.

4   There was a fearful, _____ sound of rushing waves and broken surges in the sea.
밀려드는 파도와 부서진 큰 파도의 무시무시하고 음침한 파도 소리가 있었다. 09 고3학평 변형

5   I was _____ at the poor workmanship that was done.
저는 형편없는 작업 솜씨에 깜짝 놀랐습니다.

6   Companies that change constantly without any consistent _____ collapse easily.
어떠한 일관성 있는 이유 없이 계속 변하는 회사는 쉽게 실패한다. 12 고3평가원 변형

7   We are not the only species to occasionally give wrongheaded _____ to those in authority positions.
우리는 때때로 권위있는 사람들에게 잘못된 존중을 주는 유일한 종족이 아니다. 13 고3평가원 변형

8   Remove all _____ moisture with a vacuum cleaner.
진공 청소기로 나머지 수분을 모두 제거해라. 12 고3학평 변형

9   "_____ competition" is impossible, because, by definition, all competition is restricted.
"제한 없는 경쟁"은 정의상 모든 경쟁이 제한적이기 때문에 불가능하다. 09 고2학평 변형

10 I recently started to teach English to children from _____ families.
나는 최근에 결손 가정의 아이들을 위해 영어를 가르치기 시작했다.

Day 23

 🎧 MP3

676 ☐ **amenity**
[əménəti]

몡 생활 편의 시설
every available amenity 이용 가능한 모든 편의시설

677 ☐ **blunt**
[blʌnt]

혱 무딘, 퉁명스러운, 직설적인　튱 둔화 시키다, ~을 무디게하다
His speech was very blunt. 그의 말투는 매우 퉁명스러웠다.

678 ☐ **mash**
[mæʃ]

튱 ~을 짓이기다, 으깨다　몡 으깬 것, 으깬 음식
make salad with mashed potatoes 으깬 감자를 이용해 샐러드를 만들다

679 ☐ **outright**
[áutràit]

혱 완전한, 노골적인　훈 완전히, 철저히, 숨김없이
the outright winner 완전한 승자

680 ☐ **replenish**
[ripléniʃ]

튱 다시 채우다, 보충하다　훈 refill 다시 채우다, 보충하다
replenish his cup with milk 그의 컵에 우유를 다시 채우다

681 ☐ **synonymously**
[sinɑ́:niməsli]

훈 동의어로, 같은 뜻으로　몡 synonym 동의어, 유의어
The two words are used synonymously. 두 단어는 같은 뜻으로 쓰인다.

682 ☐ **aftermath**
[ǽftərmæθ]

몡 (전쟁, 사고 등의) 후유증
the aftermath of the accident 그 사고의 후유증

683 ☐ **spur**
[spəːr]

몡 박차, 자극(제), 원동력　튱 박차를 가하다, 자극하다
a powerful spur to victory 승리에 대한 강한 자극

684 ☐ **copious**
[kóupiəs]

혱 엄청난, 방대한　훈 abundant 풍부한, 아주 많은
eat copious amounts of chocolate 엄청난 양의 초콜릿을 먹다

685 ☐ **vaccination**
[væksənéiʃən]

몡 백신(예방) 접종　튱 vaccinate 예방접종을 하다
a flu vaccination 감기 예방접종

686 ☐ **sanctuary**
[sǽŋktʃuèri]

몡 피난처, 안식, 성소
a sanctuary for the refugees 난민을 위한 피난처

687 ☐ **retrospect**
[rétrəspèkt]

몡 회고, 추억　튱 회고하다, 회상에 잠기다
in retrospect 돌이켜 생각해보면

688 ☐ **maladaptive**
[mæ̀lədǽptiv]

혱 적응성 없는, 부적응의
maladaptive disorder 부적응 장애

689 ☐ **sensational**
[senséiʃənəl]

혱 세상을 놀라게 하는, 선풍적인　훈 phenomenal 경이적인, 놀랄만한
a sensational event 세상을 놀라게 만든 사건

690 ☐ **footstep**
[fútstèp]

몡 발소리, 발자국
the sound of the dog's footstep 강아지 발자국 소리

Daily Test

A 우리말에 맞게 빈 칸에 알맞은 단어를 쓰세요.

1   The knife is too _____ to cut the loaf of bread.
그 칼은 너무 무뎌서 빵 덩어리를 자를 수 없다.

2   When you make an egg sandwich, use a fork to _____ the eggs up very well.
계란 샌드위치를 만들 때는 포크를 사용해 익힌 계란을 잘 으깨 주어라. [04 고1평가원 변형]

3   We had failed to win an _____ victory.
우리는 완전한 승리를 거두지 못했다.

4   Because your body does not produce calcium, you must continually _____ the supply.
당신의 몸이 칼슘을 생산하지 못하기 때문에, 당신은 꾸준히 (칼슘) 공급을 보충해야 한다. [05 고3학평]

5   The _____ of the earthquake forced authorities in Japan to enact new building code requirements.
지진의 후유증은 일본의 관계당국이 새로운 건물 구조 기준을 제정하도록 했다.

6   He _____ his horse, allowing it to run freely.
그는 그의 말에 박차를 가해 자유롭게 뛰게끔 했다. [11 고2학평]

7   In _____, last summer vacation was really perfect.
회상하자면, 지난 여름 방학은 정말 완벽했다.

8   Our village has had _____ snow in the last few weeks.
우리 마을은 지난 몇 주 간 엄청난 양의 눈이 내렸다.

9   My daughter sang and danced with her friends in the school festival as part of a _____ performance.
내 딸은 학교 축제에서 모두를 깜짝 놀라게 할 공연의 일부로 친구들과 노래하고 춤췄다. [2016 수능 변형]

10   His _____ followed mine. When I walked faster, he did, too.
그의 발소리가 나를 따랐다. 내가 더 빨리 걸을 때, 그 역시 그랬다. [08 고2평가원 변형]

Day 24

🎧 MP3

691 □ **premonition**
[priməníʃən]
⃞명 (불길한) 예감, 예고　　　　　　　　⃞형 premonitory 예고의, 전제의
a premonition of a natural disaster 자연 재해에 대한 예감

692 □ **deadlock**
[dédlàk]
⃞명 (협상의) 교착 상태　　　　　　　　⃞유 stalemate 교착상태, 궁지, 막다름
break a deadlock 교착상태를 타개하다

693 □ **unseen**
[ʌnsíːn]
⃞형 눈에 보이지 않는, 처음 보는
unseen dangers 보이지 않는 위험

694 □ **analogue**
[ǽnəlɔ̀(ː)g]
⃞명 유사물　　⃞형 (작동방식이) 아날로그식인　　⃞반 digital 디지털(방식)의
send an analogue signal 아날로그 신호를 보내다

695 □ **lavish**
[lǽviʃ]
⃞형 호화로운, 마음이 후한
live a lavish life 호화로운 생활을 하다　　lavish in praise 칭찬에 후한

696 □ **unstable**
[ʌnstéibl]
⃞형 불안정한, 변하기 쉬운, 미덥지 못한　　⃞유 unsteady 불안정한, 변하기 쉬운
unstable weather conditions 불안정한 날씨 상태

697 □ **ordinal**
[ɔ́ːrdənəl]
⃞형 서수의, 순서를 나타내는　　⃞명 서수　　⃞반 cardinal (number) 기수
an ordinal number 서수

698 □ **execution**
[èksəkjúːʃən]
⃞명 사형 집행, (어떤 일의) 실행, 수행, (작업의) 솜씨
a stay of execution 사형 집행 유예　　carry into execution 실행하다

699 □ **commission**
[kəmíʃən]
⃞명 위원회, 위임, 수수료　　⃞동 위임하다, (작업, 제품 등을) 주문(의뢰)하다
commission of power 권력의 위임

700 □ **outlandish**
[autlǽndiʃ]
⃞형 기이한, 희한한　　　　　　　　⃞유 bizarre 기이한, 특이한
an outlandish idea 기이한 생각　　an outlandish situation 희한한 상황

701 □ **telegram**
[téləgræm]
⃞명 전보, 전문
send a telegram 전보를 치다　　misread a telegram 전문을 잘못 읽다

702 □ **encrust**
[inkrʌ́st]
⃞동 외피로 덮다, 아로새기다　　⃞유 coat (페인트 등을) 칠하다, (막 같은 것을) 입히다
encrust with dirty mud 더러운 진흙으로 뒤덮이다

703 □ **painstaking**
[péinstèikiŋ]
⃞형 힘이 드는, 공드는, 고생스러운　　⃞부 painstakingly 힘들여서, 공들여서
a painstaking task 힘이 드는 일

704 □ **spiral**
[spáiərəl]
⃞명 나선, 나선형의 물건　　⃞형 나선형의, 소용돌이 모양의
a spiral-shaped shell 나선 모양의 껍질

705 □ **agenda**
[ədʒéndə]
⃞명 의제, 안건, 의사 일정　　⃞유 program (업무, 행사 등의) 계획, 진행 순서
set the agenda 의제를 설정하다　　the important agenda 중요한 안건

Daily Test

A 우리말에 맞게 빈 칸에 알맞은 단어를 쓰세요.

1 Ann had a _____ of her own death.
   Ann은 그녀 자신의 죽음을 예감했다.

2 The jungle of Panama brought a host of _____ problems including yellow fever and malaria.
   파나마 정글은 황열병과 말라리아를 포함해서 처음 보는 다수의 문제들을 야기했다.

3 We will make a group presentation about "The end of _____ days".
   우리는 "아날로그 시대의 종말"에 대한 조별 발표를 할 것이다.

4 The canoe was very _____ in the rough river.
   그 카누는 거친 강 물살에 매우 불안정했다.

5 Neumann gave the modern definition of _____ numbers, at age nineteen.
   Neumann은 19살 때 서수의 현대적인 정의를 완성했다. `15 고3 평가원 변형`

6 An international _____ banned the fishing of some sharks.
   국제 위원회는 일부 상어들의 포획을 금지했다. `11 고2학평`

7 Many of the most _____ pieces of science fiction have their basis in scientific facts.
   많은 기이한 공상과학 소설들은 그들의 근거를 과학적 사실에서 가져온다. `15 고1학평`

8 A 19th century painter working with tempera could modify and rework an image, but the process was _____ and slow.
   19세기에 템페라 작업을 하던 화가는 이미지를 수정하고 다시 작업 할 수 있었지만 그 과정은 고통스럽고 느렸다. `15 고3 평가원`

9 Da Vinci drew up plans for a _____ design helicopter in 1490 called the Helical Air Screw.
   다빈치는 1490년에 Helical Air Screw라 불리는 나선형 설계를 한 헬리콥터를 위한 도면을 그렸다.

10 Do you know what's on the _____ at the next conference?
   당신은 다음 컨퍼런스의 의제가 무엇인지 알고 있나요?

Day 24

706 ☐ **flick**
[flik]

명 (손가락 등으로) 가볍게 튀기다(털다), (버튼 등을) 탁(확) 누르다
flick the water on her sleeves 그녀의 소매에 있는 물을 가볍게 털다

707 ☐ **scramble**
[skrǽmbl]

동 재빨리 움직이다, 서로 밀치다, 뒤죽박죽으로 만들다
scramble over the window 재빨리 창문을 넘어가다

708 ☐ **abrasion**
[əbréiʒən]

명 찰과상, 긁힌 부분, 마멸, 침식
an abrasion on his face 그의 얼굴에 생긴 찰과상

709 ☐ **dangle**
[dǽŋgl]

동 매달리다, 달랑거리다
dangle from the window 창문에 매달리다

710 ☐ **maladjusted**
[mæləʤʌ́stid]

형 적응하지 못하는, 조정이 잘못된
guide maladjusted students 부적응 학생들을 지도하다

711 ☐ **entreaty**
[intríːti]

명 간청, 애원　　　　　　　유 plea 간청, 애원
pay attention to her entreaty 그녀의 간청에 관심을 갖다

712 ☐ **cram**
[kræm]

동 밀어 넣다, 억지로 쑤셔 넣다, 벼락치기로 공부하다　명 벼락공부, 꽉 들어참
cram up 벼락치기로 공부하다

713 ☐ **revolt**
[rivóult]

명 반란, 저항, 봉기　동 반란을 일으키다 (~ against), 반발하다
lead a revolt 반란을 이끌다　　put down a revolt 저항을 진압하다

714 ☐ **gratify**
[grǽtəfài]

동 (욕구 등을) 만족 시키다, 기쁘게 하다　형 gratifying 만족을 주는, 흐뭇한
be gratified with the math test result 수학 시험 결과에 만족하다

715 ☐ **abbreviate**
[əbríːvièit]

동 (어구를) 단축하다, 줄이다　명 abbreviation 축약형
abbreviate a phrase 어구를 줄여쓰다

716 ☐ **virtuous**
[və́ːrtʃuəs]

형 덕이 높은, 도덕적인, 고결한　유 ethical 도덕적으로 옳은, 윤리에 관계된
dream of a virtuous society 도덕적 사회를 꿈꾸다

717 ☐ **sizable**
[sáizəbl]

형 상당한 크기의, 꽤 큰
a sizable garden 상당한 크기의 정원

718 ☐ **adjoin**
[əʤɔ́in]

동 ~에 인접하다, ~과 접하다, ~에 연결하다
adjoin each other 서로 인접해 있다

719 ☐ **orient**
[ɔ́ːriənt]

동 ~을 지향하게 하다, 자기 위치를 알다　명 orientation 지향, 성향, 예비교육
orient themselves in the heavy rain 폭우 속에서 그들 자신들의 위치를 알다

720 ☐ **commonality**
[kàmənǽləti]

명 공유성, 공통성, 공통점
commonality between two groups 두 그룹간의 공통성

Daily Test

A 우리말에 맞게 빈 칸에 알맞은 단어를 쓰세요.

1 Three thieves _____ over the fence and opened the door.
   세 명의 도둑이 울타리를 훌쩍 뛰어넘고 문을 열었다.

2 Sue was _____ at the new company and couldn't concentrate on her work.
   Sue는 새로운 회사에 적응하지 못했고 그녀의 일에 집중하지 못했다.

3 Jane turned a deaf ear to our _____.
   Jane은 우리의 간청은 들은 척도 하지 않았다.

4 Some students _____ for exams and forget everything a week later.
   일부 학생들은 시험에 대비해 벼락치기 공부를 하고 1주일 후에 모든 것을 잊는다.

5 A _____ seemed inevitable and may have come at the worst possible moment.
   반란은 불가피해 보였고 최악의 순간에 일어났을 수도 있었을 것이다.

6 My family was _____ to hear about my English exam result.
   우리 가족은 내 영어 시험 결과에 대해 듣고서 행복해했다.

7 People in America use a great deal of slang, and spoken words are often _____.
   미국 사람들은 속어를 많이 사용하고 구어는 종종 축약이 된다. `06 고2학평 변형`

8 In the well-watered East, 160 acres was a _____ farm.
   물이 잘 깃든 동쪽에서, 160 에이커는 상당히 큰 농장이었다. `06 고3학평`

9 Our society is a youth-_____ culture, one that assumes that what is new and current is of most value.
   우리 사회는 젊은이 중심의 문화이고, 새롭고 현재 유행하는 것이 가장 가치 있는 것이라 가정하는 문화이다. `11 고1학평 변형`

10 There are many _____ between beauty and goodness.
   아름다움과 선 사이에는 많은 공통점이 있습니다.

A 우리말에 맞게 빈 칸에 알맞은 단어를 쓰시오.

1 _____ French correctly 불어를 정확하게 발음하다

2 her _____ attitude 그녀의 뚱한 태도

3 the _____ behind the new policy 새로운 정책의 근거

4 His speech was very _____. 그의 말투는 매우 퉁명스러웠다.

5 a powerful _____ to victory 승리에 대한 강한 자극

6 break a _____ 교착상태를 타개하다

7 an _____ number 서수

8 _____ with dirty mud 더러운 진흙으로 뒤덮이다

9 lead a _____ 반란을 이끌다

10 a _____ garden 상당한 크기의 정원

B 영어에 맞게 빈 칸에 알맞은 우리말을 쓰시오.

1 residual products _____

2 a junior senator 신진 _____

3 the aftermath of the accident 그 사고의 _____

4 a flu vaccination 감기 _____

5 in retrospect _____

6 unseen dangers _____ 위험

7 carry into execution _____ 하다

8 a spiral-shaped shell _____ 모양의 껍질

9 an abrasion on his face 그의 얼굴에 생긴 _____

10 abbreviate a phrase 어구를 _____

C 다음 영어 풀이에 알맞은 어휘를 〈보기〉에서 고르시오.

보기	lavish	adjoin	replenish	copious	abbreviate

1 _____ : to give a large amount of something; expensive; generous

2 _____ : very large in number or quantity

3 _____ : to fill or to make complete again

4 _____ : to make something shorter; to reduce the length of a word or name

5 _____ : connected with or next to something

D 문맥에 맞게 다음 문장을 완성하시오.

1 I recently started to teach English   •   • **a** my English exam result.

2 We had failed to win   •   • **b** an outright victory.

3 The canoe was very unstable   •   • **c** in the rough river.

4 An international commission banned   •   • **d** to children from dysfunctional families.

5 My family was gratified to hear about   •   • **e** the fishing of some sharks.

E 문장을 읽고 문맥에 적절한 단어를 고르시오.

1 The hotel provides (amenities/revolts) such as fitness facilities, TV, and free parking.

2 More than 1000 people registered to (partake/scramble) in the marathon race.

3 Roy went to the post office to send an urgent (deadlock/telegram) abroad.

4 Nicole's house (adjoins/spurs) a beautiful lake.

5 My little brother (gratified/flicked) water at me with his fingers.

F 문장의 빈칸에 알맞은 단어를 〈보기〉에서 찾아 쓰시오. (필요하면 형태를 고치시오.)

보기	virtuous	premonition	malicious	copious	sanctuary

1 The Karyenda drums were normally kept in drum _____ which were guarded mainly by Hutu families.
Karyenda 북은 주로 Hutu족이 지키던 북 보관 성소들에 일상적으로 보관되었다. 10 고3학평 변형

2 _____ rumors about him spread like fire and ruined his reputation quickly.
그에 대한 악의적인 소문이 급속이 퍼졌고 그의 평판을 손상시켰다.

3 Her _____ life was made into a movie and remembered by many people.
그녀의 고결한 삶은 영화로 제작되었고 많은 사람들에 의해 기억되었다.

4 We all have memories of taking _____ notes but never looking at them again.
우리 모두는 많은 양의 필기를 했지만 그것들을 다시 보지 않은 기억을 가지고 있다. 07 고3학평 변형

5 Pamela had a sudden _____ that she would fail the driving test.
Pamela는 자신이 운전시험에 떨어질 것이라는 갑작스러운 예감이 들었다.

G 다음 〈보기〉 중 두 문장에 공통으로 사용할 수 있는 어휘를 고르시오.

1 The situation is getting worse. I don't want to _____ false hope in my coworkers.

   I am grateful to my homeroom teacher for _____ing self-confidence in me.

   ① scrap   ② mash   ③ detract   ④ instill   ⑤ divert

2 I think there is a certain _____ between music and language.

   Brian's talk gave a certain sense of _____ among the residents.

   ① footstep   ② execution   ③ commission   ④ spiral   ⑤ commonality

3 They spent large sums of money on _____ clothing and jewelry. 11 고3학평 변형

   Roger made a fortune from gold mining and lived a _____ life.

   ① sullen   ② lavish   ③ outlandish   ④ painstaking   ⑤ agile

---

Study More

'dys –' : '악화', '불량', '곤란'의 의미를 나타낸다.

- [dyspepsia] 명 소화불량
  The doctor said that **dyspepsia** is medical pain in the stomach.
  그 의사는 소화불량은 위에 의학적인 통증이 있는 것이라 말했다.

- [dysfunction] 명 기능 장애, 역기능
  be ill with respiratory **dysfunction** 호흡 기능 장애를 앓다

Day 25

 MP3

721 ☐	**accountant** [əkáuntənt]	몡 회계사, 회계원 recruit a new accountant 새로운 회계사를 채용하다
722 ☐	**pervasive** [pərveisiv]	혱 만연한, 구석구석 스며드는, 침투성의　㈜ prevalent 널리 퍼져있는, 우세한 pervasive in our society 우리 사회에 만연한
723 ☐	**assimilate** [əsíməlèit]	통 동화하다, 흡수하다, 완전히 이해하다　몡 assimilation 흡수, 동화 be assimilated into American culture 미국 문화에 동화되다
724 ☐	**spear** [spiər]	몡 창　통 (창으로) 찌르다, 찍다 attack with a spear 창으로 공격하다
725 ☐	**lawful** [lɔ́ːfəl]	혱 합법적인, 정당한, 법을 잘 지키는　㈜ legal 합법적인, 법률상의 a lawful act 합법적 행위　　her lawful heir 그녀의 합법적 상속인
726 ☐	**entrust** [intrʌ́st]	통 맡기다, 위임하다, 위탁하다　㈜ consign 위탁하다, 맡기다, 건네주다 entrust her brother with a task 그녀의 오빠에게 일을 위임하다
727 ☐	**strenuous** [strénjuəs]	혱 몹시 힘든, 격렬한, 분투하는　㈜ arduous 몹시 힘든, 고된 enjoy strenuous exercise 격렬한 운동을 즐기다
728 ☐	**reel** [riːl]	몡 (필름 등을 감는) 릴, 얼레 a reel on a fishing rod 낚싯대에 걸린 얼레　　a reel of film 필름 한 통
729 ☐	**centralize** [séntrəlàiz]	통 중앙 집권화하다, 중심에 모으다 a centralized system of government 중앙 집권화된 정부 체제
730 ☐	**cellar** [sélər]	몡 지하실, 지하 저장실 walk down into the cellar 지하실로 걸어 내려가다
731 ☐	**vivacious** [vivéiʃəs]	혱 활발한, 명랑한　⊕ reserved 속마음을 잘 드러내지 않는, 말수가 적은 her vivacious expression 그녀의 활발한 표정
732 ☐	**hamper** [hǽmpər]	통 방해하다 (주로 수동형으로)　㈜ impede 지연하다, 방해하다 be hampered by bad weather 나쁜 날씨로 방해 받다
733 ☐	**splendid** [spléndid]	혱 훌륭한, 정말 좋은, 인상적인　㈜ gorgeous 아주 멋진, 화려한, 훌륭한 have a splendid time with family 가족들과 정말 좋은 시간을 보내다
734 ☐	**backtrack** [bǽktræk]	통 (방금 왔던 길을) 되짚어 가다, 철회하다 backtrack on her claim 그녀의 주장을 철회하다
735 ☐	**sabotage** [sǽbətàːʒ]	통 (고의적으로) 방해하다, 파괴하다　몡 고의적 방해 행위 commit sabotage 고의적 방해 행위를 하다

Daily Test

A 우리말에 맞게 빈 칸에 알맞은 단어를 쓰세요.

1 Jenny has six years' experience as an _____.
   Jenny는 회계사로 6년간 일한 경력이 있습니다.

2 A sense of social change is _____ in his new novel.
   사회 변화에 대한 의식이 그의 새 소설에 깃들어 있다.

3 How did these Native Americans kill such large, strong animals with only
   primitive wooden _____?
   어떻게 미국 인디언들은 그렇게 크고 강한 동물들을 오로지 원시적인 나무 창으로 죽일 수 있었을까?

4 Because her behavior was _____, she could escape punishment.
   그녀의 행동이 합법적이었기 때문에, 그녀는 처벌을 면할 수 있었다. `06 고3학평 변형`

5 Before dad went to travel, he _____ me with his movie projector
   and all the reels of film.
   아버지는 여행을 떠나기 전에, 내게 자신의 영사기와 모든 영화 필름을 맡겼다. `15 고3평가원 변형`

6 You should avoid _____ exercise for 4 weeks.
   당신은 4주 동안 격렬한 운동을 피해야 한다.

7 Some people think that power should be localized, not _____.
   일부 사람들은 권력은 중앙에 집중되는 것이 아니라 지방으로 분권화가 되어야한다고 생각한다.

8 He lost a chance to get a job because he didn't know the meaning of the word,
   "_____".
   그는 "활발한"이라는 단어의 뜻을 몰랐기 때문에 취업 기회를 놓쳤다. `05 고2학평 변형`

9 _____ by busy schedules, many people neglect breakfast or choose
   to skip it entirely.
   바쁜 일정으로 방해 받으며, 많은 사람들은 아침식사를 소홀히 하거나 아예 건너뛰기도 한다.

10 The boys got lost in the forest and couldn't _____ home.
    소년들은 숲에서 길을 잃었고 집까지 왔던 길을 되짚어 가지 못했다.

Day 25

🎧 MP3

736 □ miscellaneous
[mìsəléiniəs]
뒝 여러 가지 종류의, 잡다한 　 㕦 diverse 다양한, 여러가지의
do miscellaneous work 다양한 일을 처리하다

737 □ denote
[dinóut]
동 의미하다, 조짐을 보이다, 표시하다
denote the dangerous situation 위험한 상황의 조짐을 보이다

738 □ utilitarian
[ju:tìlitɛ́(:)əriən]
형 실용적인, 공리적인, 공리주의의
a utilitarian choice 실용적인 선택

739 □ sensorimotor
[sènsərimóutər]
형 감각 운동적인, 지각 운동의
sensorimotor disorder 감각 운동 장애

740 □ degrade
[digréid]
동 비하하다, 평판(품위)를 저하하다, 품질을 떨어뜨리다
degrade human dignity 인간의 품위를 떨어뜨리다

741 □ fleet
[fli:t]
명 함대, 선단
the support of fleets 함대의 지원

742 □ perpetual
[pərpétʃuəl]
형 끝없는, 평생(종신)의, 영원한,계속해서 반복되는 　 㕦 everlasting 영원한, 변치않는
offer a perpetual life 영원한 생명을 제공하다

743 □ evict
[i(:)víkt]
동 쫓아버리다, 쫓아내다 　 명 eviction 쫓아냄, 퇴거
be evicted from an apartment 아파트에서 쫓겨나다

744 □ soluble
[sáljəbl]
형 녹는, 용해성이 있는 　 명 solution 용액, 용해
soluble in water 물에서 녹는

745 □ numb
[nʌm]
형 감각이 없는, 멍한, 저린 　 동 감각이 없게 만들다, (마음을) 멍하게 만들다
numb with cold 추위에 감각이 없는

746 □ gravy
[gréivi]
명 육즙, 그레이비
steak with thick gravy sauce 진한 육즙 소스가 가미된 스테이크

747 □ deviant
[dí:viənt]
형 벗어난, 일탈적인, 정상이 아닌 　 㕦 abnormal 비정상적인, 이례적인
the deviant behavior of teenagers 10대들의 일탈적인 행동

748 □ downfall
[dáunfɔ̀:l]
명 몰락, 낙하, 강우, 강설
lead to the empire's downfall 제국의 몰락을 초래하다

749 □ binocular
[bənákjələr]
형 두 눈으로 보이는, 두 눈용의 　 *binoculars 명 쌍안경
a binocular telescope 쌍안경

750 □ formulate
[fɔ́:rmjəlèit]
동 만들어내다, 형성하다, 공식화하다 　 명 formulation 공식화, 체계화
formulate a transportation policy 대중교통 정책을 만들다

Daily Test

A 우리말에 맞게 빈 칸에 알맞은 단어를 쓰세요.

1 Peter drove down to home with several _____ pieces of handmade pottery.
Peter는 직접 만든 여러가지 종류의 자기들을 가지고 자신의 집을 향해 운전했다.

2 Andrew was a _____ learner who was constantly exploring and questioning.
Andrew는 끊임 없이 탐구하고 의문을 제기하는 영원한 학습자였다. `15 고3학평 변형`

3 Since Tina was _____ from her apartment, she had no choice but to leave the city.
Tina가 그녀의 아파트에서 쫓겨났기 때문에, 그녀는 도시를 떠날 수 밖에 없었다. `09 고2학평 변형`

4 The beans are soaked in water, which removes the caffeine-along, with all _____ solids.
원두는 물에 담기고, 물은 용해되는 고체들과 함께 카페인을 제거해준다. `2009 수능`

5 Because of the cold weather, my toes and fingers were _____.
추운 날씨 때문에, 내 발끝과 손가락은 마비되었다.

6 Potatoes with _____ is my favorite dish.
그레이비를 곁들인 감자는 내가 가장 좋아하는 음식이다.

7 The researcher studied the _____ behavior of teenagers.
연구원들은 10대들의 일탈적인 행동을 연구했다.

8 The scientist explained that the American pika's thick fur can be its _____.
과학자는 미국 새앙토끼의 두꺼운 털이 그것의 몰락 원인이었을 거라고 설명했다. `09 고3학평 변형`

9 When the soldier puts the _____ to his eyes, he can see only what the lenses allow him to see.
군인이 자신의 눈에 쌍안경을 대면, 그는 렌즈가 보도록 허용하는 것만을 볼 수 있다. `14 고3학평`

10 A skilled explainer learns to _____ an answer that focuses on understanding instead of efficiency.
숙련된 해설가는 효율성 대신에 이해에 중심을 둔 정답을 만들어내는 법을 배운다. `15 고3평가원 변형`

Day 26

🎧 MP3

751 ☐ **passerby**
[pǽsərbái]
명 통행인, 행인
ask a passerby for directions 행인에게 길을 묻다

752 ☐ **pedagogical**
[pèdəgádʒik]
형 교육(학)의, 교육에 관련된   명 pedagogy 교육학
develop a new pedagogical method 새로운 교육 방식을 개발하다

753 ☐ **naughty**
[nɔ́:ti]
형 버릇 없는, 말을 안 듣는   유 mischievous 장난이 심한, 짓궂은
a naughty child 버릇 없는 아이

754 ☐ **reconciliation**
[rèkənsìliéiʃən]
명 화해, 조화, 조정   동 reconcile (다른 생각들을) 조화 (화해) 시키다
request reconciliation 화해를 청하다

755 ☐ **oversee**
[òuvərsí:]
동 감독하다, 두루 살피다
oversee a project 프로젝트를 감독하다

756 ☐ **rally**
[rǽli]
명 (대규모) 집회, (자동차) 경주   동 결집하다, 단결하다
a peace rally 평화 집회

757 ☐ **nourish**
[nə́:riʃ]
동 영양분을 공급하다, (감정 및 생각 등을) 키우다
nourish the body 몸에 영양분을 공급하다

758 ☐ **entangle**
[intǽŋgl]
동 얽히게 하다
get entangled in the trap 덫에 얽히게 만들다

759 ☐ **recessive**
[risésiv]
형 열성의, 퇴행의, 역행의   반 dominant 우성의, 우세한
recessive gene 열성 유전자

760 ☐ **acclaim**
[əkléim]
명 찬사, 칭찬 갈채   동 칭송하다, 환호하다
receive critical acclaim 평단의 찬사를 받다

761 ☐ **disperse**
[dispə́:rs]
동 흩어지다, 해산하다, 내놓다
disperse quickly 빠르게 흩어지다

762 ☐ **meek**
[mi:k]
형 온순한, 온화한
a meek-eyed girl 온순한 눈의 소녀

763 ☐ **dock**
[dɑk]
명 부두, 선창, 화물 적재 플랫폼, (우주선이) 도킹하다   동 (배를) 부두에 대다
The boat was docked in Busan. 그 배는 부산에 정박해 있었다.

764 ☐ **conjure**
[kándʒər]
동 마술을 하다, ~을 떠올리다, 생각해내다
teach his grandson to conjure 그의 손자에게 마술을 알려주다

765 ☐ **moist**
[mɔist]
형 축축한, 젖은, 습한   명 moisture 수분, 습기
in moist air 축축한 공기 속에

Daily Test

A 우리말에 맞게 빈 칸에 알맞은 단어를 쓰세요.

1   Teachers play the central _____ function of transmitting knowledge.
    선생님은 지식을 전달하는 가장 중요한 교육적 역할을 한다. `15 고3학평`

2   I quickly wrote a short letter asking the math teacher to forgive me for being
    so _____.
    나는 재빨리 수학 선생님께 버릇없이 군 것을 용서해주길 바라는 짧은 편지를 썼다. `05 고3학평 변형`

3   I lowered the octopus into the water, and immediately saw its _____
    tentacles.
    나는 물 속으로 문어를 가져갔고, 바로 문어의 얽혀있는 촉수들을 보았다.

4   Genes are grouped together in pairs and can be either dominant or
    _____.
    유전자는 짝을 이루어 무리를 짓고 우성이거나 열성일 수 있다.

5   Frank published five books and these are highly _____.
    Frank는 5권의 책을 출판했고 그 책들은 꽤 칭송 받았다. `14 고1학평 변형`

6   The vending machines _____ chocolate bars, carbonated soda
    drinks, and salty chips.
    자판기는 초콜릿 바, 탄산이 든 음료수, 짭짤한 과자를 내보낸다.

7   The bus driver was thin and basically _____.
    버스 운전사는 말랐고 기본적으로 온화했다. `07 고3학평`

8   By 2,500 BC, Indians had developed ship design by building the very first
    tidal _____.
    기원전 2500년 쯤에, 인디언들은 최초의 조수 부두를 건설함으로써 배 디자인을 진보시켰다.

9   A relationship can suffer after a quarrel if the offender refuses to make the
    first move toward _____.
    (인관) 관계는 다툼 후에 기분 나쁘게 한 사람이 먼저 화해를 위한 몸짓을 거절한다면 악화 될 수 있다. `05 고3평가원`

10 Clouds are formed when _____ air is carried upward by warm air
    currents.
    구름은 물기를 머금은 공기가 따뜻한 공기 기류에 의해 위로 향할 때 형성된다. `16 고3학평`

Day 26

 MP3

766 standpoint
[sténdpɔ̀int]
명 관점, 입장　　　　　유 stance 입장, 태도, 자세
a religious standpoint 종교적 관점

767 aviation
[èiviéiʃən]
명 항공(술), 항공산업
construct a new aviation station 새로운 항공기지를 건설하다

768 testimony
[téstəmòuni]
명 증거, (법정에서의) 증언　　　*testimonial 명 증거, 증명서, 추천서
rely on the testimony 증거에 의존하다

769 rehabilitation
[rìːhəbìlitéiʃən]
명 재활, 사회 복귀
manage the rehabilitation program 재활 프로그램을 운영하다

770 unlock
[ʌnlák]
동 (열쇠로) 열다, (비밀 등을) 드러내다
unlock a safe 금고를 열다

771 pathway
[pǽθwèi]
명 좁은 길, 오솔길
block the pathway 길을 막다

772 stake
[steik]
명 위험부담, 지분, 말뚝　 동 (돈, 생명을) 걸다
be at stake 위태롭다　　 stake a claim 권리를 주장하다

773 eject
[i(ː)dʒékt]
동 쫓아내다, 내뿜다
eject him from the classroom 그를 교실에서 쫓아내다

774 cane
[kein]
명 줄기, 지팡이
sugar cane farm 사탕수수 농장

775 psychiatrist
[sikáiətrist]
명 정신과 의사　　　　　*psychiatry 명 정신 의학, 정신 과학
see a psychiatrist twice a month 한 달에 두 번 정신과를 가다

776 robust
[roubʌ́st]
형 혈기 왕성한, 튼튼한, 활발한　　 유 vigorous 활발한, 활기찬, 왕성한
robust youngsters 혈기 왕성한 청년들

777 cavity
[kǽvəti]
명 구멍, 충치
the mouth cavity 구강　 treat a cavity 충치를 치료하다

778 ridicule
[rídəkjùːl]
명 조롱, 조소　 동 조롱하다　　 형 ridiculous 터무늬없는, 우스운
hold her sister up to ridicule 그녀의 동생을 조롱거리로 삼다

779 drape
[dreip]
동 걸치다, 주름을 잡아 걸치다　 명 덮는 천, 휘장, 커튼
drape around her arms 그녀의 팔 근처에 옷을 걸치다

780 shovel
[ʃʌ́vəl]
명 삽, 부삽　 동 삽으로 뜨다(파다)
a man with a shovel 삽을 들고 있는 남자

Daily Test

A 우리말에 맞게 빈 칸에 알맞은 단어를 쓰세요.

1   The history of _____ is marked by man's efforts to set ever higher records for speed, altitude, and distance.
항공술의 역사는 속도, 고도, 거리에 대한 더 높은 기록을 세우기 위한 인간의 노력에 의해 특징지어 진다.

2   The historian works closely with things like documents and oral _____ to make the past come alive.
역사가는 과거가 살아서 오게 해주는 문서, 구두 증언과 밀접하게 작업한다. `16 고3학평 변형`

3   I had several months of _____ after my knee surgery.
나는 무릎 수술 후에 몇 개월의 재활 시간을 보냈다.

4   The doll had rings on her fingers and held a tiny key, which _____ the box.
그 인형은 손가락에 고리를 가지고 있었고 상자를 열수 있는 작은 열쇠를 갖고 있었다. `2009 수능`

5   Sam usually jogs along the _____ every morning.
Sam은 매일 아침에 종종 오솔길을 따라 조깅한다.

6   A famous _____ was leading a symposium on the methods of getting patients to open up about themselves.
한 유명한 정신과 의사는 환자가 그들 스스로에게 개방적이 될 수 있는 방법에 대한 심포지엄을 이끌었다. `11 고3평가원 변형`

7   You need to be _____ to be selected as a national soccer player.
당신은 국가대표 축구선수로 발탁되기 위해 튼튼해야 한다.

8   The meteor leaves a circular _____ in the ground known as an impact crater.
그 유성은 충돌 분화구라고 알려져 있는 땅 위의 둥근 구멍을 남긴다.

9   Every great move Jane has made in life has been _____ and opposed by her friends.
Jane이 인생에서 만든 위대한 업적은 자신의 친구들에 의해 조롱 받고 반대를 당했다. `09 고3학평 변형`

10 The ancient Greek and Roman costume is essentially _____, and presents a traditional stability and permanence.
고대 그리스인과 로마인들의 의상은 기본적으로 주름을 잡아 걸쳐지며 전통적인 안정성과 영구성을 보여준다. `13 고3평가원`

A 우리말에 맞게 빈 칸에 알맞은 단어를 쓰시오.

1 _____ in our society 우리 사회에 만연한

2 enjoy _____ exercise 격렬한 운동을 즐기다

3 walk down into the _____ 지하실로 걸어 내려가다

4 the support of _____ 함대의 지원

5 be _____ from an apartment 아파트에서 쫓겨나다

6 _____ a project 프로젝트를 감독하다

7 a peace _____ 평화 집회

8 _____ gene 열성 유전자

9 _____ youngsters 혈기 왕성한 청년들

10 hold her sister up to _____ 그녀의 동생을 조롱거리로 삼다

B 영어에 맞게 빈 칸에 알맞은 우리말을 쓰시오.

1 attack with a spear _____으로 공격하다

2 a reel on a fishing rod 낚싯대에 걸린 _____

3 her vivacious expression 그녀의 _____ 표정

4 soluble in water 물에서 _____

5 a binocular telescope _____안경

6 a naughty child _____ 아이

7 get entangled in the trap 덫에 _____

8 unlock a safe 금고를 _____

9 stake a claim _____를 주장하다

10 sugar cane farm 사탕_____ 농장

C 다음 영어 풀이에 알맞은 어휘를 〈보기〉에서 고르시오.

> 보기   evict   robust   acclaim   disperse   aviation

1 _____ : to praise someone publicly or openly; strong praise or approval for a person

2 _____ : to force or drive people to leave

3 _____ : to (cause) to move or spread in different directions

4 _____ : the production or operation of aircraft or related businesses

5 _____ : strong, healthy, and energetic; impressive and powerful

D 문맥에 맞게 다음 문장을 완성하시오.

1 Because her behavior was lawful,   •   • a couldn't backtrack home.

2 The boys got lost in the forest and   •   • b she could escape punishment.

3 The researcher studied the deviant   •   • c and basically meek.

4 Frank published five books and   •   • d these are highly acclaimed.

5 The bus driver was thin   •   • e behavior of teenagers.

E 문장을 읽고 문맥에 적절한 단어를 고르시오.

1 The night view of Paris from the Eiffel Tower was (splendid/soluble).

2 Supporters of the football team (rallied/shrugged) around the players to cheer them up.

3 The old tree in the front garden (disperses/conjures) up memories of my grandfather.

4 The survival of the animals on the island is at (reel/stake).

5 In this school exam report, the letter "P" (denotes/entangles) "Passed".

F 문장의 빈칸에 알맞은 단어를 〈보기〉에서 찾아 쓰시오. (필요하면 형태를 고치시오.)

| 보기 | utilitarian | assimilate | oversee | sabotage | acclaim |

1 In contrast to project managers, functional managers _____ many functional areas, each with its own specialists.
프로젝트 관리자에 비교해서 직능 관리자는 여러 직능 분야를 자신의 고유한 전문성으로 감독한다. 16 고3평가원 변형

2 Policymaking is seen to be more objective when _____ rationality is the dominant value that guides policy.
정책 결정은 실용적인 합리성이 정책을 이끄는 지배적인 가치일 때 더욱 객관적으로 보인다. 2014 수능 변형

3 Unlike their parents, younger people tend to be _____ into another culture more quickly.
부모들과는 다르게 젊은이들은 다른 문화에 더 빨리 동화되는 경향이 있다.

4 The actor also gained worldwide _____ as a travel writer.
그 영화배우는 여행작가로서도 세계적인 찬사를 받았다.

5 Anxiety also _____ academic performance of all kinds.
걱정은 모든 종류의 학업 수행을 방해한다. 2013 수능

G 다음 〈보기〉 중 두 문장에 공통으로 사용할 수 있는 어휘를 고르시오.

1 From the _____ of health, eating late at night is a bad practice. `10 고3 평가원 변형`

The issue should not be dealt with from a political _____.

① accountant ② aviation ③ testimony ④ standpoint ⑤ shovel

2 The dead bodies of organisms in the forest are turned into soil and _____(e)s other organisms. `2004 수능 변형`

The new curriculum will give students more opportunities to discover and _____ their talents.

① pronounce ② nourish ③ ridicule ④ acclaim ⑤ scramble

3 Digitized images often _____ subtle information about your face. `2016 수능 변형`

He felt _____(e)d when his achievements were attributed to fortune.

① unlock ② evict ③ flick ④ roam ⑤ degrade

Study More

혼동하기 쉬운 단어 perpetual vs. perceptual

- [perpetual] 형 끊임없이 계속되는, 영원한
  the **perpetual** pain in back 등의 계속되는 고통
  mystery of **perpetual** existence 영원한 존재의 미스터리

- [perceptual] 형 지각의
  perceptual ability 지각적 능력   your **perceptual** reality 당신의 지각하는 현실

781 outlast
[àutlǽst]
동 ~보다 오래 가다, ~보다 오래 살다   유 outlive ~보다 오래살다(지속되다)
outlast other products 다른 상품보다 오래 가다

782 intricate
[íntrəkit]
형 복잡한, 뒤얽힌, 난해한   유 complex 복잡한, 뒤얽힌
solve an intricate problem 복잡한 문제를 해결하다

783 bountiful
[báuntəfəl]
형 많은, 풍부한   명 bounty 너그러움, 풍부함
a bountiful supply of water 풍부한 물 공급

784 barrel
[bǽrəl]
명 (대형) 통. 배럴
scoop water out of a barrel 통에서 물을 퍼내다

785 ethologist
[iθálədʒist]
명 생태학자, 동물 행동 학자   형 ethological (동물) 행동학의
study to become an ethologist 생태학자가 되기 위해 공부하다

786 determinant
[ditə́ːrmənənt]
명 결정 요인   형 결정하는, 한정적인   *determination 명 투지, 결정, 결단(력)
a prime determinant 주요한 결정 요인

787 rigorous
[rígərəs]
형 철저한, 엄격한   반 lax (일이나 규정에 대해) 느슨한, 해이한
meet rigorous criteria 철저한 기준을 충족시키다

788 rage
[reidʒ]
명 격렬한 분노, 격노, 폭력사태   동 격노하다, 격노하게 하다
shake with rage 격렬한 분노로 몸을 떨다

789 impede
[impíːd]
동 지체시키다, 방해하다   명 impediment 장애(물)
impeded the traffic 교통을 지체시키다

790 cruise
[kruːz]
명 유람선 여행   동 순항하다
a cruise along the Pacific ocean 태평양을 따라서 가는 유람선 여행

791 criterion
[kraití(ː)əriən]
명 기준   복 criteria
examine a criterion 기준을 검사하다

792 overturn
[óuvərtə̀ːrn]
동 뒤엎다, 전복시키다, 번복하다   명 전복, 붕괴, 와해
overturn a conviction 판결을 뒤엎다

793 sensuous
[sénʃuəs]
형 감각적인, 관능적인
sensuous expression 감각적인 표현

794 plight
[plait]
명 역경, (나쁜)상태, 곤경, 궁지   유 predicament 곤경, 궁지
lay in plight 역경에 빠지다   a hopeless plight 절망적인 상태

795 adhesive
[ædhíːsiv]
명 접착제   형 점착성의, 끈끈한, 잘 들러붙는   유 sticky 끈적거리는, 달라붙는
buy a strong adhesive 강력한 접착제를 구입하다

Daily Test

A 우리말에 맞게 빈 칸에 알맞은 단어를 쓰세요.

1   The cocklebur was a plant comprised of an _____ combination of tiny seeds with thin strands.
    우엉은 가는 가닥과 작은 씨앗의 복잡한 혼합으로 이루어진 식물이었다.

2   An important _____ of what is considered a hobby is how easy it is to make a living at the activity.
    무엇을 취미로 간주할 수 있는지를 결정하는 요인은 그 활동으로 얼마나 생계를 유지하는 것이 얼마나 쉬운가라는 점이다.
    06 고3학평

3   The most _____ attempt to create an absolute likeness is ultimately selective.
    절대적 유사성을 만들기 위한 가장 철저한 시도는 궁극적으로 선택적이다.   13 고3평가원

4   Last night, the avalanche _____ traffic.
    지난 밤, 산사태가 교통을 방해했다.

5   The _____ ship sailed along at a latitude of 51 degrees, north of London.
    유람선은 런던에서 북쪽, 위도 51도를 따라 항해했다.

6   The milk met all my _____ for a healthy drink.
    그 우유는 건강 음료로써 내 기준을 충족했다.

7   Some EU member countries like Italy want to _____ the GMO ban.
    EU에 속한 이탈리아와 같은 몇몇 나라들은 GMO 금지 법안을 번복하고 싶어한다.

8   The poet's language is more _____ than ordinary language.
    그 시인의 언어는 보통의 언어보다 감각적이다.   09 고3학평

9   Witnessing the _____ of an injured animal was certainly not an unusual experience for Sylvia.
    부상당한 동물의 상태를 목격한 것은 Sylvia에게는 분명히 보기드문 경험이 아니었다.

10 The central compound of Silver's _____ was an acrylate.
    은 접착제의 중심 혼합물은 아크릴레이트이다.

Day 27

🎧 MP3

796 ☐	**denounce** [dináuns]	동 비난하다, 비판하다, 고발하다 유 condemn 규탄하다, 비난하다 denounce openly 공개적으로 비난하다

| 797 ☐ | **crumble**
[krʌ́mbl] | 동 부서지다, 바스러지다, 허물어지다
crumble into dust 산산이 부서지다 |

| 798 ☐ | **surmise**
[səːrmáiz] | 동 추측(추정) 하다   명 추측, 예측
his surmise of the weather 날씨에 대한 그의 예측 |

| 799 ☐ | **stingy**
[stíndʒi] | 형 인색한, 금전을 아끼는, 부족한   유 miserly 인색한, 욕심많은
stingy about money 돈에 인색한 |

| 800 ☐ | **vertebrate**
[və́ːrtəbrèit] | 명 척추동물   반 invertebrate 무척추동물
a vertebrate with two arms 두 개의 팔이 있는 척추동물 |

| 801 ☐ | **unpack**
[ʌnpǽk] | 동 짐을 풀다, 내용물을 꺼내다, 분석하다
unpack a package 꾸러미를 풀다 |

| 802 ☐ | **rodent**
[róudənt] | 명 (쥐, 토끼 등의) 설치류   형 설치류의
study about the habits of rodents 설치류의 습성에 대해 연구하다 |

| 803 ☐ | **stride**
[straid] | 동 성큼성큼 걷다   명 성큼성큼 걸음, 진전
stride across the street 거리를 가로질러 성큼성큼 걸어가다 |

| 804 ☐ | **analogous**
[ənǽləgəs] | 형 유사한, 닮은 (~to)   유 comparable (~to) 비슷한, 필적하는
analogous to a rabbit 토끼와 유사한 |

| 805 ☐ | **pitfall**
[pítfɔ̀ːl] | 명 위험, 함정   유 peril 위험, 위태
avoid a hidden pitfall 숨어있는 함정을 피하다 |

| 806 ☐ | **armistice**
[άːrmistis] | 명 휴전 (협정)   유 ceasefire 휴전, 정전
break an armistice agreement 휴전 협정을 어기다 |

| 807 ☐ | **unfold**
[ʌnfóuld] | 동 (접혀 있는 것을) 펼치다, 전개되다
unfold a newspaper 신문을 펼치다 |

| 808 ☐ | **debase**
[dibéis] | 동 (가치, 품위를) 떨어뜨리다   유 degrade 비하하다, (질적으로) 저하시키다
debase the quality of the car 자동차의 가치를 떨어뜨리다 |

| 809 ☐ | **symposium**
[simpóuziəm] | 명 심포지엄, 학술 토론회
attend the international symposium 국제 학술 토론회에 참석하다 |

| 810 ☐ | **questionable**
[kwéstʃənəbl] | 형 의심스러운, 미심쩍은, 확실치 않은
his questionable behavior 그의 의심스러운 행동 |

Daily Test

A 우리말에 맞게 빈 칸에 알맞은 단어를 쓰세요.

1   Within seconds, the entire city was shaking violently as streets
    _____ and bridges collapsed.
    몇 초 동안, 도시 전체는 도로가 부서지고 다리가 무너지면서 격렬하게 흔들렸다.

2   All mammals, birds and most reptiles are in the _____ category.
    모든 포유동물, 새, 파충류는 척추동물 과이다.

3   As I _____ my homework after school, I heard my mom calling me
    downstairs.
    학교가 끝난 뒤 내 숙제를 꺼냈을 때, 나는 아래층에서 엄마가 부르는 소리를 들었다.   04 고I학평

4   Snow leopards primarily prey on mountain sheep, goats, _____
    birds and deer.
    눈 표범은 주로 산양, 염소, 설치류, 조류 그리고 사슴을 잡아먹는다.   10 고3학평

5   Most people are more productive in the morning, but there are those who
    differ and hit their _____ later in the day.
    대부분의 사람들은 아침에 더 생산적이지만 그들과 다르게 하루의 끝에 진전이 있는 사람도 있다.   12 고3평가원 변형

6   I thought two questions were _____.
    나는 두 질문이 비슷하다고 생각했다.

7   Scientific and professional policy design does not necessarily escape the
    _____ of degenerative politics.
    과학적이고 전문적인 정책 구상은 퇴행적인 정책의 위험을 꼭 피하는 것은 아니다.   2014 수능

8   Someone shouted, "It's the _____. The war is over."
    누군가가 "휴전이에요! 전쟁은 끝났어요!" 라고 소리쳤다.   14 고3학평 변형

9   Early drafts are not discarded or considered mistakes, but are viewed as the
    initial steps in _____ an idea.
    초고는 실수처럼 버려지는 것이 아닌 생각을 구체화시키는 첫 번째 단계로써 간주된다.   07 고3평가원

10 We spent the best part of our lives earning money in order to enjoy a
    _____ liberty during the least valuable part.
    우리는 가치가 적은 기간 동안의 확실치 않은 자유를 누리기 위해 인생의 제일 좋은 부분을 돈을 벌면서 보낸다.

Day 28

🎧 MP3

811 ☐	**redundant** [ridʌ́ndənt]	혱 여분의, 불필요한, (일시) 해고되는 윤 superfluous 여분의, 남는, 과잉의 delete redundant details 불필요한 세부사항을 삭제하다
812 ☐	**slender** [sléndər]	혱 날씬한, 가느다란, 호리호리한, (희망 등이) 희박한 Ann's slender figure Ann의 날씬한 몸매
813 ☐	**adept** [ədépt]	혱 능숙한, 숙달된, 정통한 반 inapt 서투른, 적성에 맞지 않는 adept at teaching students 아이들을 가르치는데 능숙한
814 ☐	**forefront** [fɔ́:rfrʌ̀nt]	명 맨 앞, 선두, 가장 중요한 위치 at the forefront of his field 그의 분야의 선두에서
815 ☐	**perspire** [pərspáiər]	동 땀을 흘리다, 땀이 나다 perspire heavily 땀을 많이 흘리다
816 ☐	**guideline** [gáidlàin]	명 지침, 지표, 가이드라인 the guideline for buying a cellular phone 휴대폰 구입을 위한 지침
817 ☐	**incessant** [insésənt]	혱 끊임없는, 쉼새없는 윤 ceaseless 끊임없는, 부단한 incessant snow 끝없이 내리는 눈
818 ☐	**indubitable** [indjú:bitəbl]	혱 의심할 여지 없는 반 dubitable 의심스러운, 명확치 않은 indubitable fact 의심할 여지 없는 사실
819 ☐	**temper** [témpər]	명 기질, 화 his quick temper 그의 성급한 기질 in a temper 화가 나서
820 ☐	**overt** [ouvə́:rt]	혱 공공연한, 명백한, 외현적인 반 covert 눈에 띄지 않는, 은밀한 overt symptoms 외현적인 증상
821 ☐	**misfortune** [misfɔ́:rtʃən]	명 불운, 불행 윤 adversity 역경, 불행, 불운 against misfortune 불행에 대비하여
822 ☐	**erroneous** [iróuniəs]	혱 잘못된, 틀린 윤 inaccurate 부정확한, 오류가 있는 an erroneous diagnosis 오진
823 ☐	**pension** [penʃn]	명 연금, 생활 보조금, 수당 live on a retirement pension 퇴직 연금으로 살아가다
824 ☐	**mow** [mau]	동 (잔디를) 깎다, (풀 등을) 베다 +mower 명 잔디깎는 기계 mow the lawn three times a month 한 달에 세 번 잔디를 깎다
825 ☐	**regress** [rí:gres]	동 퇴보하다, 역행하다 명 퇴보, 후행, 역행 regress to old, bad habits 예전의 안 좋은 버릇으로 돌아가다

Daily Test

A 우리말에 맞게 빈 칸에 알맞은 단어를 쓰세요.

1 The bottle had a _____ neck but a fat, round bottom, like a genie bottle.
그 병은 날씬한 병목과 지니의 병 같은 두툼하고 둥근 바닥을 가졌다.

2 Mitchell rocketed to the _____ of American astronomy when she spotted a comet through her telescope.
Mitchell이 자신의 망원경을 통해 혜성을 발견했을 때 미국 천문학의 선두로 급부상했다. 16 고3학평

3 As time goes by, the body _____ less to prevent dehydration.
시간이 지남에 따라, 몸은 탈수를 막기 위해 땀을 덜 흘린다. 09 고3학평

4 First, you make _____ for collecting measurable data in experiments.
우선, 당신은 실험에서 측정 가능한 정보를 모으는 지침을 만드세요. 09 고3평가원 변형

5 I was really tired because of _____ meetings.
나는 끝없는 회의 때문에 아주 지쳤다.

6 There is _____ proof related to the crime.
그 범죄에 관해 의심할 여지가 없는 증거가 있다.

7 John was as famous for his tennis skills as he was for his fits of _____ on the court.
John은 그의 테니스 실력만큼이나 코트에서 화를 내기로 유명했다. 11 고3평가원

8 Minsu used to give a lot of money to the homeless, feeling sorry for their _____.
민수는 노숙자들의 불행에 유감을 느끼며 많은 돈을 그들에게 주곤 했다.

9 Gamblers on losing streaks _____ believe they are due for a win and keep gambling.
계속해서 지는 도박꾼들은 그들이 승리가 예정되어 있다고 잘못 믿고 있고 계속해서 도박을 한다. 13 고3학평

10 Millions of workers who retired with _____ during the 1970s found that inflation pushed up costs beyond their expected expenses.
1970년대에 연금을 받고 은퇴한 수백만의 노동자들은 인플레이션이 자신들이 예상한 지출비용 이상으로 물가를 올렸다는 것을 알았다. 16 고3평가원

Day 28

🎧 MP3

826
☐ **disposition**
[dìspəzíʃən]

몡 (타고난) 성격, 성향
have a cheerful disposition 성격이 쾌활하다

827
☐ **sparse**
[spɑːrs]

혱 드문드문 난, (밀도가) 희박한　　　뷘 sparsely 드문드문, 성가시게
his sparse beard 그의 드문드문 난 턱수염

828
☐ **overpass**
[óuvərpæ̀s]

몡 고가 도로　　동 ~을 건너다, 횡단하다　　밴 underpass (다리, 도로 등의)
remove the overpass 고가 도로를 철거하다　　　　　　　아래쪽 도로

829
☐ **transcript**
[trǽnskript]

몡 (글로 옮긴) 기록, 성적 증명서
a transcript of the interview 인터뷰 필기록

830
☐ **obligatory**
[əblígətɔ̀ːri]

혱 의무적인, 필수의　　　　　　　　 ㈜ compulsory 강제적인, 의무의, 필수의
The task is obligatory. 그 업무는 의무적이다.

831
☐ **unveil**
[ʌnvéil]

동 ~의 베일을 벗기다, 밝히다, (새로운 것을) 발표하다
unveil herself 그녀의 정체를 드러내다

832
☐ **franchise**
[frǽntʃaiz]

몡 독점 판매권, 선거권
a rail franchise 철도 독점 사업권　　　adult franchise 성인 선거권

833
☐ **apathy**
[ǽpəθi]

몡 무관심　　　　　　　　　　　㈜ indifference 무관심, 무심
apathy toward democracy 민주주의에 대한 무관심

834
☐ **subsidize**
[sʌ́bsidàiz]

동 보조금(장려금)을 주다　　　　몡 subsidy (국가, 기관의) 보조금, 장려금
be subsidized by the government 정부에 의해 보조금을 받다

835
☐ **casualty**
[kǽʒjuəlti]

몡 사상자, 피해자
check the number of casualties 사상자 수를 확인하다

836
☐ **susceptible**
[səséptəbl]

혱 영향을 받기 쉬운, 허용하는, ~에 예민한 (~to)　㈜ sensitive (~ to) ~에 세심한,
susceptible to cold weather 추운 날씨에 영향을 잘 받는　　　　　　예민한

837
☐ **quantitative**
[kwántitèitiv]

혱 양적인, 양에 관한　　　　　　 밴 qualitative 성질상의, 질적인
a quantitative difference 양적 차이

838
☐ **nonexistent**
[nànigzístənt]

혱 존재하지 않는, 실재하지 않는
imagine nonexistent creatures 존재하지 않는 생명체를 상상하다

839
☐ **meticulous**
[mətíkjələs]

혱 세심한, 꼼꼼한　　　　　　　　 뷘 meticulously 꼼꼼하게, 세심하게
with meticulous care 세심하게 신경을 써서

840
☐ **rhetorical**
[ritɔ́(ː)rikəl]

혱 수사적인, 미사여구의　　　　　몡 rhetoric 수사법, 미사여구
a rhetorical device 수사적 기교

Daily Test

A 우리말에 맞게 빈 칸에 알맞은 단어를 쓰세요.

1 The villagers claimed that Kate showed a _____ towards violence.
마을 사람들은 Kate가 폭력적인 성향을 보였다고 주장했다.

2 A giant truck got stuck under an _____.
커다란 트럭이 고가도로 아래에 끼었다. `06 고3평가원`

3 It is _____ for all employees to wear a suit.
모든 근로자들은 의무적으로 정장을 입어야 합니다.

4 In January of 2002, a dozen countries in Europe got together to _____ something extraordinary.
2002년 1월, 유럽에 십여 개의 나라가 무언가 놀라운 일을 발표하려고 모였다.

5 They doubled the number of _____ from thirteen to twenty-six, and made 300 dollars in one day!
만약 그들이 독점 판매권을 13에서 26으로 2배 가량 늘렸다면, 그들은 하루에 300달러를 벌었을 거야! `15 고1학평`

6 Contentment is not supposed to be the same thing as _____.
만족은 무관심과 같은 것으로 여겨지지 않는다.

7 People who go outside on cold days without wearing a hat are _____ to catching a cold.
추운 날에 모자를 쓰지 않고 밖에 나가는 사람들은 감기에 걸리기 쉽다.

8 When I was a boy, I didn't know dragons are _____ creatures.
내가 소년이었을 때, 나는 용이 존재하지 않는 생물임을 몰랐다.

9 Her mother was stern and _____ about house cleaning.
그녀의 엄마는 집 청소에 대해 엄중하고 꼼꼼했다. `13 고3평가원`

10 The scientist reverses his drive toward mathematical exactness in favor of _____ vagueness and metaphor.
과학자는 모호함과 비유에 우호적이 되어 수학적 엄밀성에 대한 자신의 욕구를 뒤집는다. `2014 수능`

A 우리말에 맞게 빈 칸에 알맞은 단어를 쓰시오.

1 _____ other products 다른 상품보다 오래 가다

2 a prime _____ 주요한 결정 요인

3 _____ expression 감각적인 표현

4 avoid a hidden _____ 숨어있는 함정을 피하다

5 break an _____ agreement 휴전 협정을 어기다

6 at the _____ of his field 그의 분야의 선두에서

7 _____ heavily 땀을 많이 흘리다

8 in a _____ 화가 나서

9 _____ herself 그녀의 정체를 드러내다

10 check the number of _____ 사상자 수를 확인하다

B 영어에 맞게 빈 칸에 알맞은 우리말을 쓰시오.

1 shake with rage _____로 몸을 떨다

2 examine a criterion _____을 검사하다

3 a hopeless plight 절망적인 _____

4 stingy about money 돈에 _____

5 analogous to a rabbit 토끼와 _____

6 incessant snow _____ 내리는 눈

7 an erroneous diagnosis _____

8 have a cheerful disposition _____이 쾌활하다

9 apathy toward democracy 민주주의에 대한 _____

10 a quantitative difference _____ 차이

C 다음 영어 풀이에 알맞은 어휘를 〈보기〉에서 고르시오.

보기	bountiful	overt	susceptible	sparse	intricate

1 _____ : easily influenced, affected, or impressed by something

2 _____ : exist or appear in small numbers or amounts

3 _____ : easily seen or open; not hidden

4 _____ : complex and not easy; having many parts or fine details

5 _____ : generous; more than enough; large in quantity or amount

D 문맥에 맞게 다음 문장을 완성하시오.

1 Last night, the avalanche •   • a related to the crime.

2 Some EU member countries like Italy •   • b want to overturn the GMO ban.

3 Some pesticides are used •   • c under an overpass.

4 There is indubitable proof •   • d as rodent poisons.

5 A giant truck got stuck •   • e impeded traffic.

E 문장을 읽고 문맥에 적절한 단어를 고르시오.

1   Debra (unpacked/outlasted) her luggage and took out her clothes.

2   There seem to be people who are (adept/mowed) at both music and painting.

3   Due to (adhesive/sparse) rainfall, there are only a few plants left in this region.

4   The river provides a (bountiful/rhetorical) supply of water for crops in the region.

5   He (surmised/inquired) that his son must have already arrived at the airport.

F 문장의 빈칸에 알맞은 단어를 〈보기〉에서 찾아 쓰시오. (필요하면 형태를 고치시오.)

보기	debase	overt	transcript	redundant	barrel

1   Around them were lots of wooden _____ and boards.
그들 주변에서는 나무로 된 통들과 널빤지들이 많이 있었다.

2   Some people use, without noticing, _____ expressions such as 'actual facts'.
어떤 사람들은 '실제 사실'처럼 중복적인 표현을 인식하지 못한 채 사용한다.

3   The doctor examined the patient but found no _____ symptoms of illness.
의사는 환자를 진찰했지만 명백한 질병의 증세를 찾지 못했다.

4   The high inflation rate _____ the value of money and affected consumer prices.
높은 물가 상승률이 화폐의 가치를 떨어뜨렸고 소비자 가격에 영향을 미쳤다.

5   Applicants should bring a copy of the official _____ from their high schools.
지원자들은 자신들의 고등학교에서 발행된 공식 성적 증명서를 가져와야 합니다.

다음 〈보기〉 중 두 문장에 공통으로 사용할 수 있는 어휘를 고르시오.

1 Even the most _____ attempt to create an absolute likeness is ultimately selective. `13 고3 평가원`
The theory was proven to be plausible after a series of _____ experiments.

① rigorous ② nonexistent ③ meek ④ soluble ⑤ numb

2 Since this plant is _____ to cold weather, it should be grown indoors.
The poet's poems are vague and _____ to various interpretations.

① amoral ② susceptible ③ spiral ④ pedagogical ⑤ sullen

3 Attendance at the weekly meeting is _____ for all project members.
In this school, every student must learn French. It is an _____ subject.

① incessant ② quantitative ③ obligatory ④ stingy ⑤ moist

Study More

혼동하기 쉬운 단어 adopt vs. **adept**

- [adopt] 통 입양하다, 채택하다
  adopt a new bill 새로운 법안을 채택하다   have a plan to **adopt** a baby 아기를 입양할 계획이 있다

- [adept] 형 능숙한, 숙달된
  Billy is **adept** at playing the instrument. Billy는 악기를 연주하는 것에 능숙하다.
  Lisa was an **adept** mechanic. Lisa는 숙달된 기계공이었다.

Day 29

🎧 MP3

841 ☐	**reconfirm** [rìːkənfə́ːrm]	동 재확인하다 reconfirm the flight schedule 비행 시간을 재확인하다
842 ☐	**ranch** [ræntʃ]	명 (대규모) 목장, 농장 run a cattle ranch 소 목장을 운영하다
843 ☐	**maternal** [mətə́ːrnəl]	형 모성의, 모계의, 어머니다운 　 반 paternal 아버지의, 부계의 read a poem about maternal love 모성애에 관한 시를 읽다
844 ☐	**accentuate** [ækséntʃuèit]	동 ~을 강조하다, 두드러지게 하다 　 명 accentuation 강조, 역설, 중점 accentuate the regular exercise 규칙적인 운동을 강조하다
845 ☐	**disapprove** [dìsəprúːv]	동 탐탁찮아하다, 못 마땅해 하다, 승인하지 않다 disapprove of the social change 사회적 변화를 탐탁치 않게 생각하다
846 ☐	**conquest** [kánkwest]	명 정복, 점령지 　 동 정복하다, 점령하다 the conquest of disease 질병의 정복
847 ☐	**ambush** [ǽmbuʃ]	명 매복, 잠복 　 동 매복하다, 매복하여 습격하다 lie in ambush 잠복하다
848 ☐	**gravel** [grǽvəl]	명 자갈, 잔돌 walk along the gravel path 자갈길을 따라서 걷다
849 ☐	**turbulent** [tə́ːrbjələnt]	형 격변의, 요동치는, 난기류의 　 명 turbulence 격동, 격변, 난기류 meet an atmospheric turbulent flow 대기 난류를 만나다
850 ☐	**implicit** [implísit]	형 내포된, 암묵적인 　 반 explicit 명시적인, 분명한, 솔직한 an implicit message in his speech 그의 연설 속 내포된 메시지
851 ☐	**surmount** [sərmáunt]	동 극복하다, 넘다 　 유 overcome 극복하다, 이겨내다 surmount the obstacle 장애물을 극복하다
852 ☐	**shorthand** [ʃɔ́ːrthæ̀nd]	명 속기, 약칭 take the speech down in shorthand 연설을 속기로 적다
853 ☐	**grievance** [gríːvəns]	명 불만, 불평, 고충 have a grievance with the policy 정책에 대해 불만을 갖다
854 ☐	**ruthless** [rúːθlis]	형 무자비한, 가차없는, 냉혹한 　 부 ruthlessly 무자비하게, 잔인하게 a ruthless leader 무자비한 지도자
855 ☐	**mythology** [miθálədʒi]	명 신화 　 형 mythical 신화 속에 나오는, 상상의 be interested in Greek mythology 그리스 신화에 흥미가 있다

Daily Test

A 우리말에 맞게 빈 칸에 알맞은 단어를 쓰세요.

1 New _____ were not administered, just economically exploited.
새로운 점령지는 관리 되는 것이 아니라 단지 경제적으로 부당히 이용 당했다. 07 고3 평가원

2 Sun Pin's troops _____ and destroyed Wei's army.
Sun Pin의 부대는 매복해서 Wei의 군대를 모두 죽였다. 10 고3학평변형

3 Mountain ranges and _____ plains characterize most deserts.
산맥과 자갈 평지가 대부분의 사막을 특징짓는다.

4 _____ waves and high tides washed lots of poor sea creatures ashore.
요동치는 파도와 높은 조수가 해안가에 많은 가엾은 바다 생물들을 휩쓸었다. 13 고2학평

5 Your culture maintains an _____ "schedule" for the right time to do many important things.
당신의 문화는 여러 중요한 것들을 할 적절한 때에 대한 암묵적인 일정표를 지키고 있다. 13 고3평가원

6 I'd like to _____ my hotel reservation.
제 호텔 예약을 다시 확인하고 싶습니다.

7 The secretary took the notes in _____.
비서는 속기로 메모를 했다.

8 Why do they _____ of the new traffic policy?
왜 그들은 새로운 교통 정책을 반대하는 걸까요?

9 Depressed, _____ bosses create toxic organizations filled with negative underachievers.
우울하고, 무자비한 상사들은 부정적인 목표 미달성자로 가득한 독성이 있는 조직을 만든다. 13 고1학평

10 In truth, Greek _____ was created to help explain how the world worked.
사실, 그리스 신화는 어떻게 세계가 운영되는지 설명하는 것을 돕기 위해 만들어졌다.

Day 29

MP3

856 catastrophe
[kətǽstrəfi]
명 참사, 재앙　　　　　형 catastrophic 큰 재앙의, 비극적인
a global catastrophe 전 세계적인 참사

857 rejoice
[ridʒɔ́is]
동 (대단히) 기뻐하다, 환호하다
rejoice in her daughter's recovery 그녀의 딸의 회복을 기뻐하다

858 drowsy
[dráuzi]
형 졸리는, 나른한　　　　　동 drowse (꾸벅꾸벅) 졸다
feel drowsy 졸립다　　a drowsy afternoon 나른한 오후

859 languish
[lǽŋgwiʃ]
동 시들다, 활기가 없어지다, (어려운 일이나 상황에) 머물다
languish in the extreme drought 극심한 가뭄으로 시들다

860 covert
[kʌ́vərt]
형 비밀의, 은밀한　　　　　반 overt 공공연한, 명백한, 외현적인
covert operations 비밀 공작

861 deficit
[défisit]
명 적자, 결손, 부족(액)　　　　　반 surplus 흑자, 과잉, 잉여(액)
a trade deficit 무역 적자　　reduce the budget deficit 예산 적자를 줄이다

862 presume
[prizjúːm]
동 추정하다, 가정하다　　　　　명 presumption 추정, 가정
presume Peter is innocent Peter가 무죄라고 추정하다

863 slovenly
[slʌ́vənli]
형 (외모, 행실이) 지저분한, 단정치 못한, 게으른
a slovenly manner 부주의한 태도

864 deceit
[disíːt]
명 속임수, 기만　　　　　동 deceive 속이다, 기만하다
detect his deceit 그의 속임수를 감지하다　　self deceit 자기 기만

865 unpredictable
[ʌ́npridiktəbl]
형 예측 할 수 없는, 예상하기 힘든
unpredictable weather conditions 예측 할 수 없는 기상 상태

866 smash
[smæʃ]
동 부수다, 박살나다, ~에 세게 부딪히다, 힘껏 치다
smash the fence 울타리를 부수다

867 bulge
[bʌldʒ]
명 볼록함, 불룩한 것, 부풀어 오름　동 부풀어 오르다, ~으로 불룩하다
a bulge in the floor 바닥에 부풀어진 부분

868 intrigue
[intríːg]
명 계략, 흥미나 호기심을 자극하는 것　동 호기심을 자극하다, 흥미를 돋우다
be intrigued by his suggestion 그의 제안에 흥미를 느끼다

869 equate
[ikwéit]
동 동일시하다, ~과 일치하다　　　　　명 equation (수학) 방정식, 동일시
equate money with success 돈과 성공을 동일시하다

870 solemn
[sáləm]
형 장엄한, 엄숙한, 침통한　　　　　명 solemnity 근엄함, 엄숙함, 침통함
his solemn expression 그의 근엄한 표정

Daily Test

A 우리말에 맞게 빈 칸에 알맞은 단어를 쓰세요.

1   The last flood in Pakistan was a _____, but no one mentioned it.
    지난번 파키스탄의 홍수는 재앙이었지만, 아무도 그것을 언급하지 않았다. `11 고2학평 변형`

2   Many innovations _____ in labs for years until being matched with a product.
    많은 획기적인 것들이 하나의 상품과 조화를 이룰 때까지 수년 간 연구실에서 시들었다. `15 고3평가원`

3   A _____ plan was taking shape to build a new city.
    신도시를 건설하기 위한 은밀한 계획이 구체화되고 있었다.

4   Darwin's theories of evolution _____ that individuals should act to preserve their own interests.
    Darwin의 진화론은 개인이 자신들의 이익을 지키기 위해 행동한다고 가정한다. `12 고3평가원 변형`

5   We didn't want to win by _____. We played fair and square.
    우리는 속임수를 써서 이기지 않았어요. 우리는 정정당당하게 싸웠습니다.

6   The fact is that life is _____.
    인생이 예측 불가능이라는 것은 사실이다. `10 고3평가원 변형`

7   Mark trembled with rage and started to _____ the desk with his fist.
    Mark는 분노에 떨었고 그의 책상을 주먹으로 치기 시작했다.

8   Martin is _____ by Alan's new business proposal.
    Martin은 Alan의 새로운 사업 제안에 흥미를 느꼈다.

9   Remember that beauty doesn't _____ to goodness.
    아름다움은 선과 동등하지 않음을 기억하세요.

10 Those _____ but sweet organ notes had set up a revolution in him.
    장엄하면서도 감미로운 그 오르간 곡들은 그의 마음에 대변혁을 일으켰다. `11 고3평가원`

🎧 MP3

871 subside
[səbsáid]
동 가라앉다, 진정되다, 침전되다
wait for the pain to subside 고통이 가라앉기를 기다리다

872 lick
[lik]
동 핥다, 파도가 철썩 거리다, 매질하다
lick the ice cream 아이스크림을 핥아 먹다

873 solitude
[sάːlətuːd]
명 고독, 외로움, 한적한곳　형 solitary 혼자하는, 혼자 잘 지내는, 홀로 있는
in solitude 홀로, 외롭게　enjoy solitude 고독을 즐기다

874 hereditary
[həréd333itèri]
형 유전적인, 세습되는, 상속에 관한　명 heredity 유전, 상속, 계승
suffer from a hereditary disease 유전병으로 고통받다

875 gauge
[geidʒ]
동 판단하다, 측정하다　명 계측기, 치수, 기준　유 measure 측정하다, 평가하다
gauge the diameter of the moon 달의 지름을 측정하다

876 enact
[inækt]
동 (법을) 제정하다, 일어나다, 벌어지다
enact a law related to air pollution 대기 오염과 관련된 법을 제정하다

877 preacher
[príːtʃər]
명 전도사, 설교자　동 preach 설교하다, 설파하다
a famous Korean preacher 유명한 한국인 전도사

878 ripple
[rípl]
명 잔물결, 파문　동 잔물결을 이루다, 파문을 만들다
a ripple of applause 박수 소리의 물결

879 ethnologist
[èθnάːlədʒist]
명 민족학자　*ethnology 명 민족학, 민속학
invite a famous ethnologist 유명한 민족학자를 초청하다

880 prosecute
[prάːsəkjùːt]
동 기소하다, 고소하다　명 prosecutor 검사, 기소자
prosecute him for theft 그를 절도죄로 고소하다

881 vocational
[voukéiʃənəl]
형 직업의, 직무상의, 직업교육의
take a vocational aptitude test 직업 적성 검사를 하다

882 causality
[kɔːzǽləti]
명 인과 관계, 인과성, 원인　유 causation 인과 관계, 야기, 원인(작용)
prove the causality 인과 관계를 입증하다

883 receptive
[riséptiv]
형 받아들이는, 수용적인 (~to)
receptive to new ideas 새로운 생각을 받아들이는

884 coincide
[kòuinsáid]
동 동시에 일어나다, 일치하다 (~with)　명 coincidence 우연의 일치, 동시발생
The accident coincides with the storm. 사고가 태풍과 동시에 일어나다.

885 transcend
[trænsénd]
동 초월하다, 능가하다　유 surpass 능가하다, 뛰어넘다
transcend her physical limit 그녀의 신체적 한계를 초월하다

Daily Test

A 우리말에 맞게 빈 칸에 알맞은 단어를 쓰세요.

1 Jude stood in front of the elevator, the wave of darkness _____ at him like a physical force.
   Jude는 엘리베이터 앞에 서 있었고 어둠의 물결이 물리적인 힘처럼 그를 향해 파도처럼 철썩이고 있었다. `16 고3평가원`

2 I was used to big skies, wild water, snakes and horses, and _____.
   나는 넓은 하늘, 급류, 뱀과 말, 그리고 고독에 익숙했다. `12 고3평가원`

3 Shyness is a trait that seems to be partially _____.
   부끄러움은 부분적으로 유전적인 것처럼 보이는 기질이다. `15 고3학평 변형`

4 A man bought a donkey from a _____.
   한 남자가 전도사로부터 당나귀 한 마리를 샀다. `04 고1학평`

5 The bottle was floating on the ocean while tiny waves swept forward in _____.
   그 병은 잔잔한 파도가 잔물결을 이루며 앞으로 휩쓸려 오는 가운데 바다에 떠 있었다. `14 고3학평 변형`

6 In the 1940s Lorenz, an Austrian _____, looked into the science of cuteness.
   1940년대에 오스트리아 민족학자인 Lorenz는 귀여움의 과학에 대해 조사했다. `11 고3학평`

7 I sometimes doubt whether the job has great _____ value or not.
   나는 때때로 그 일이 훌륭한 직업적 가치를 갖고 있는지 아닌지를 의심합니다.

8 The modern society tends to pursue _____.
   현대 사회는 인과성을 추구하는 경향이 있다.

9 The customer tends to be _____ to the messages from an organization.
   고객은 기관으로부터 온 메시지에 수용적인 경향을 보인다. `15 고3학평`

10 Flowering in trees _____ with a peak in amino acid concentrations in the sap that the insects feed on.
   나무에서 꽃을 피우는 것은 곤충이 먹는 수액 속 아미노산 농도가 정점에 달았을 때와 일치한다. `2015 수능`

🎧 MP3

886 ☐	**polygon** [páligàn]	몡 다각형, 다변형 draw a regular polygon 정다각형을 그리다
887 ☐	**hover** [hʌ́vər]	동 (허공을) 맴돌다, 배회하다, 주저하다 유 drift (물, 공기 등이) 떠가다, 표류하다 hover above the mountain 산 위를 맴돌다
888 ☐	**deplore** [diplɔ́ːr]	동 한탄하다, 개탄하다 유 condemn 비난하다, 책망하다 deplore his death 그의 죽음을 한탄하다
889 ☐	**nonprofitable** [nánpráfit]	혱 수익이 나지 않는, 비영리적인 set up a nonprofitable organization 비영리단체를 세우다
890 ☐	**thigh** [θai]	몡 넓적다리, 허벅지 tore a muscle in my right thigh 내 오른쪽 허벅지의 근육이 찢어지다
891 ☐	**shuffle** [ʃʌ́fl]	동 발을 끌며 걷다, 카드를 섞다, (위치, 순서를) 이리저리 바꾸다 shuffle across the road 발을 끌며 거리를 가로지르다
892 ☐	**dreary** [drí(ː)əri]	혱 음울한, 지루한 유 bleak 음산한, 암울한, 삭막한 cold and dreary season 춥고 음울한 계절
893 ☐	**archaic** [ɑːrkéiik]	혱 낡은, 구식의 유 ancient 고대의, 먼 옛날의 archaic language 고어
894 ☐	**sluggish** [slʌ́giʃ]	혱 느릿느릿 움직이는, 부진한 sluggish animals 느릿느릿한 동물들
895 ☐	**influx** [ínflʌks]	몡 유입, 쇄도 반 outflow 유출, 분출, 범람 an influx of refugees 난민의 유입
896 ☐	**assort** [əsɔ́ːrt]	동 분류하다, 구분하다 혱 assorted 분류된, 여러가지의 assort books in alphabetical order 알파벳 순으로 책을 분류하다
897 ☐	**despise** [dispáiz]	동 경멸하다, 혐오하다, 멸시하다 despise a violent attitude 폭력적 태도를 경멸하다
898 ☐	**prudent** [prúːdənt]	혱 신중한, 분별 있는, 현명한 반 imprudent 분별없는, 무모한, 경솔한 make a prudent decision 신중한 결정을 내리다
899 ☐	**agitate** [ǽdʒitèit]	동 주장하다, 선동하다, (마음을) 동요하게 하다 몡 agitation 불안, 동요, 시위 agitate for equal opportunities 동등한 기회를 주장하다
900 ☐	**abort** [əbɔ́ːrt]	동 유산하다, 중단하다 몡 abortion 유산, (계획 등의) 중단 abort the experiment 실험을 중단하다

A 우리말에 맞게 빈 칸에 알맞은 단어를 쓰세요.

1 The box consists of two triangles and two _____ which look like the letter "L".
그 상자는 두 개의 삼각형과 "L"처럼 보이는 두 개의 다각형으로 구성된다. `10 고3학평`

2 Helicopters could _____ over the trees and fire at enemy soldiers hiding in the foliage.
헬리콥터는 나무 위를 맴돌며 무성한 잎 뒤에 숨어있는 적군의 병사들을 향해 발포할 수도 있다.

3 The potential market for the new drugs is small and _____.
신약에 대한 잠재적 시장은 작고 수익이 나지 않는다. `10 고1학평 변형`

4 Cheetahs have a very light frame, long back legs and powerful _____ muscles.
치타는 가벼운 골격, 긴 뒷다리, 그리고 강력한 허벅지 근육을 갖고 있다.

5 I _____ the cards and then dealt 5 to each player.
나는 카드를 섞었고 각 참가자별로 5장씩 나누어 주었다.

6 The woman looked at the _____ landscape and began to cry.
그 여인은 음울한 풍경을 바라 보았고 울기 시작했다.

7 Some universities have set up new departments to deal with the _____ of students.
몇몇 대학들은 학생들의 유입을 다루기 위해 새로운 학과를 만들었다.

8 I think Harry should be more _____ about what he does.
나는 Harry가 그가 하는 일에 대해서 신중해야 한다고 생각한다.

9 The tiny corner shop used to sell _____ sweets.
그 작은 구멍가게는 여러가지 사탕들을 팔곤 했었다.

10 Click the exit button to _____ the program.
프로그램을 종료하려면 Exit 버튼을 누르세요.

A 우리말에 맞게 빈 칸에 알맞은 단어를 쓰시오.

1 read a poem about _____ love 모성애에 관한 시를 읽다

2 the _____ of disease 질병의 정복

3 an _____ message in his speech 그의 연설 속 내포된 메시지

4 a trade _____ 무역 적자

5 _____ weather conditions 예측 할 수 없는 기상 상태

6 suffer from a_____ disease 유전병으로 고통받다

7 a _____ of applause 박수 소리의 물결

8 _____ him for theft 그를 절도죄로 고소하다

9 prove the _____ 인과 관계를 입증하다

10 cold and _____ season 춥고 음울한 계절

B 영어에 맞게 빈 칸에 알맞은 우리말을 쓰시오.

1 lie in ambush _____ 하다

2 a ruthless leader _____ 지도자

3 a global catastrophe 전 세계적인 _____

4 detect his deceit 그의 _____를 감지하다

5 a bulge in the floor 바닥에 _____ 부분

6 lick the ice cream 아이스크림을 _____

7 take a vocational aptitude test _____ 적성 검사를 하다

8 receptive to new ideas 새로운 생각을 _____

9 assort books in alphabetical order 알파벳 순으로 책을 _____

10 abort the experiment 실험을 _____

다음 영어 풀이에 알맞은 어휘를 〈보기〉에서 고르시오.

보기	drowsy	assort	covert	gauge	vocational

1 _____ : not easily seen; hidden or secret

2 _____ : tired and very sleepy

3 _____ : to measure; a measuring instrument

4 _____ : of or relating to a particular job or occupation

5 _____ : to arrange or classify by categories or in groups

D 문맥에 맞게 다음 문장을 완성하시오.

1 I'd like to reconfirm   ·   · a   shape to build a new city.

2 Why do they disapprove of   ·   · b   my hotel reservation.

3 A covert plan was taking   ·   · c   the new traffic policy?

4 Martin is intrigued by   ·   · d   dealt 5 to each player.

5 I shuffled the cards and then   ·   · e   Alan's new business proposal.

E 문장을 읽고 문맥에 적절한 단어를 고르시오.

1 Recently, more and more people (deplore/assort) the lack of communication in families.

2 Most of the farmers (ambushed/agitated) for change in agricultural policies.

3 The long hours of study last night made her (vocational/drowsy) throughout the morning.

4 The man's arrogant remarks were (despised/shuffled) by many people.

5 The new law has been (enacted/hovered) by the congress and will be effective immediately.

F 문장의 빈칸에 알맞은 단어를 〈보기〉에서 찾아 쓰시오. (필요하면 형태를 고치시오.)

보기	archaic	rejoice	sluggish	ranch	accentuate

1 Again the _____ is on the market and they've shipped out the last of the horses.
다시 농장은 시장에 내 놓아졌고, 마지막으로 남은 말도 팔려 나갔다. 07 고3학평

2 The absence of any sign of life _____ the solitary scene of the forest.
어떠한 생명체의 흔적도 없는 것이 그 숲의 외로운 정경을 두드러지게 했다. 2016 수능 변형

3 The wall paintings of the cave reveal some aspects of the art in the _____ period.
그 동굴의 벽화들은 고대 시기 예술의 몇몇 단면을 드러낸다.

4 There aren't many outgoing tourists due to a _____ economy.
부진한 경제로 인해 출국하는 관광객이 많지 않다.

5 In the instability of American democracy, the people _____ in Whitman's poetry on democracy.
미국 민주주의의 불안정 속에서 사람들은 민주주의에 대한 Whitman의 시에 환호했다. 2016 수능 변형

G 다음 〈보기〉 중 두 문장에 공통으로 사용할 수 있는 어휘를 고르시오.

1 When the applause _____(e)d, the violinist played another classical piece. `12 고3 평가원 변형`

   The demand for the product is _____(e)ing rapidly.

   ① presume   ② coincide   ③ subside   ④ smash   ⑤ bulge

2 I like walking in the woods because it gives me _____ and relaxation. `2007 수능 변형`

   As much as any other kind of thinking, reflection requires _____. `12 고3 평가원`

   ① deceit   ② solitude   ③ casualty   ④ deficit   ⑤ ranch

3 We can _____ the barrier to science by associating science with mathematics. `2014 수능 변형`

   High achievers prefer to _____ obstacles instead of ignoring them. `14 고3 평가원 변형`

   ① abort   ② prosecute   ③ intrigue   ④ surmount   ⑤ reconfirm

---

Study More

혼동하기 쉬운 단어 vocation vs. vacation

- [vocation] 몡 천직, 소명
  I was really happy because Andy found his true **vocation**.
  나는 Andy가 그에게 정말 잘 맞는 직업을 찾아서 행복했다.

- [vacation] 몡 휴가
  Minsu and Youngjin are on **vacation** in LA. 민수와 영진은 LA에서 휴가를 보내고 있다.
  She's like a workaholic. She should take a **vacation**. 그녀는 일 중독자 같아. 휴가를 떠날 필요가 있어.

Plus 350 | 수능 대비 추가 어휘 001-080

001	basin	명 대야, 큰강의 유역, 분지	021	resistant	형 저항하는, ~에 잘 견디는
002	cowardly	형 겁이 많은, 비겁한	022	starchy	형 전분질의, 녹말의
003	doomed	형 운이 다한, 불운한	023	retinal	형 망막의
004	goodies	명 좋은 것, 갖고 싶은 것	024	paycheck	명 급료, 급료 지불 수표
005	interdependence	명 상호 의존(성)	025	petal	명 꽃잎
006	rip	동 (갑자기,거칠게) 찢다(찢어지다)	026	onstage	형 무대 위의 부 무대 위에서
007	unmanned	형 무인의, 사람이 없는	027	nibble	동 야금 야금 먹다
008	vanguard	명 선봉, 선두, 선도자	028	ligament	명 인대
009	rooftop	명 옥상 형 옥상에 있는	029	mobilize	동 (사람,물자를) 동원하다
010	woeful	형 비참한, 비통한, 서글픈	030	luxuriant	형 (식물, 머리카락 등이) 풍부한, 무성한
011	unroll	동 펼치다, 전개되다	031	legislation	명 법률의 제정
012	unparalleled	형 비할 바 없는, 전대 미문의	032	lifeguard	명 인명 구조원
013	underprivileged	형 권리가 적은, 혜택을 못 받은	033	kinship	명 친족 관계
014	unaware	형 눈치 못채는, 알지 못하는	034	lactose	명 유당, 락토오스
015	unanimously	부 만장일치로	035	introspectively	부 내성적으로
016	specialty	명 전문, 전공, 특산물	036	inflame	동 격앙시키다, 자극하다
017	sociable	형 사교성 있는, 어울리기 좋아하는	037	inland	명 내륙 부 내륙으로, 국내로
018	slum	명 빈민가, 슬럼	038	hardwired	형 내장된, 내재된
019	snapshot	명 속사, 순간촬영	039	foreseeable	형 예측할 수 있는, 예견 가능한
020	scrub	동 문질러 씻다, 취소하다	040	enclosure	명 담으로 둘러 쌓인 곳, 동봉한 것

041 ☐	downpour	명 폭우	061 ☐	utility	명 유용성, (전기,수도 등의) 공공시설
042 ☐	downturn	명 감소, 하락, 침체	062 ☐	instigate	동 실시하게 하다, 부추기다
043 ☐	disengage	동 (연결된 것을) 풀다(끄르다), 놓아주다	063 ☐	offering	명 제공,증정물, 봉납물
044 ☐	chamber	명 회의실, 의회, (특정용도의) 방	064 ☐	cosmic	형 우주의, 보편적인, 무한의
045 ☐	charisma	명 카리스마, 매력	065 ☐	nostalgia	명 향수, 그리움
046 ☐	charitable	형 자선의, 관대한, 너그러운	066 ☐	selective	형 선택적인, 선별적인, 엄선된
047 ☐	carefree	형 근심이나 걱정이 없는	067 ☐	squint	동 눈을 가늘게 뜨고 보다
048 ☐	vicissitudes	명 (주로 복수형으로) 우여곡절,	068 ☐	trapdoor	명 (바닥,천장의) 두껍문, 작은 문
049 ☐	underlie	동 기초가 되다, ～의 토대를 이루다	069 ☐	allergic	형 알레르기가 있는
050 ☐	saddle	명 말안장	070 ☐	shaggy	형 (머리털 등이) 덥수룩한, 털이 많은
051 ☐	potent	형 강력한, 승복시키는, 효력이 있는	071 ☐	armed	형 무장한
052 ☐	metric	명 측정기준 형 측량의	072 ☐	brazen	형 놋쇠로 만든, 뻔뻔한
053 ☐	horticultural	형 원예의, 원예학의	073 ☐	discernible	형 분간할 수 있는, 인식할 수 있는
054 ☐	gear	명 도구, 장치, 장비	074 ☐	cavern	명 동굴
055 ☐	virtuoso	명 대가, 거장	075 ☐	chatterbox	명 수다쟁이
056 ☐	dribble	동 (공 등을) 드리블하다, (액체 등을) 흘리다	076 ☐	puberty	명 사춘기
057 ☐	dash	동 급히 달려가다 명 질주	077 ☐	hack	동 해킹하다, (거칠게) 자르다(베다)
058 ☐	consignment	명 배송물, 위탁화물	078 ☐	heartfelt	형 진심 어린
059 ☐	awry	형 (계획 등이) 빗나간 부 벗어나서	079 ☐	isle	명 작은 섬
060 ☐	scrutiny	명 정밀조사, 면밀한 검토	080 ☐	microscopic	형 아주 미세한, 미시적인

081	perishable	형 잘 상하는, 소멸하기 쉬운
082	stockholder	명 주식 소유자, 주주
083	rattle	동 달가락 거리다, 덜컹 거리며 가다
084	pushy	형 억지가가 센, 강요적인
085	outperform	동 능가하다
086	vista	명 경치, 풍경, 전망
087	underway	형 진행 중인
088	streamline	동 간소화 하다
089	studiously	부 열심히, 신중하게
090	stumbling block	명 걸림돌, 장애물
091	spectrum	명 스펙트럼. 범위, 영역
092	snorkeling	명 스토클링, 스토클 잠수
093	sling	명 팔걸이 붕대, 투석기
094	silhouette	명 그림자 윤곽, 외형
095	silkworm	명 누에
096	safeguard	동 보호하다 명 보호수단
097	ridge	명 산등성이, 산마루, 융기
098	resultant	형 ~의 결과로 생기는
099	retouch	동 수정하다
100	rework	동 다시 작업하다, 뜯어 고치다

101	rebellious	형 반항적인, 다루기 힘든
102	rebound	동 (공 등이) 되튀다, (역경에서) 다시 일어서다
103	reclaim	동 되찾다, 돌려 달라고 하다
104	plankton	명 플랑크톤, 부유생물
105	picturesque	형 그림같은, 생생한,고풍스러운
106	forerunner	명 선구자, 전신, 선조
107	peek	동 훔쳐보다, 엿보다
108	overshadow	동 그늘을 드리우다, 무색하게 하다
109	strait	명 해협, 궁핍, 곤경
110	fig	명 무화과, 무화과 나무
111	cliche	명 상투적인 표현
112	exhortation	명 권고, 장려, 훈계
113	infestation	명 침략, 만연
114	satiation	명 포만감
115	index	명 색인, 지표 동 색인을 만들다
116	outlawed	형 불법화된, 무효의
117	opening	명 구멍, 틈, 개막식
118	numeracy	명 수리 능력
119	mussel	명 홍합
120	neigh	동 (말이) 울다

121	muscular	형 근육의, 근육질의
122	managerial	형 경영자의, 관리자의, 경영이나 관리의
123	mannerism	명 매너리즘, 타성
124	ingenuity	명 독창력, 창의력
125	inscribe	동 쓰다, 새기다
126	inexcusable	형 용서할 수 없는, 용납할 수 없는
127	indiscretion	명 분별없는 행동, 경솔한 행동
128	hysterical	형 히스테리 상태의, 이성을 잃은
129	honored	형 명예로운
130	homely	형 아늑한, 평안한, 흔한
131	heartland	명 심장부, 중심지
132	handcuff	동 수갑을 채우다 명 수갑
133	hailstorm	명 우박을 동반한 폭풍
134	pep talk	명 격려의 말
135	hallway	명 복도, 현관
136	grindstone	명 숫돌, 맷돌
137	graffiti	명 (벽 등에 하는) 낙서, 그래피티
138	gateway	명 입구, 관문, 통로
139	gem	명 보석, 귀중품
140	floral	형 꽃의, 꽃무늬의, 꽃으로 된

141	formality	명 형식상의 절차, 격식
142	exodus	명 (집단적인) 탈출(이주)
143	downgrade	동 (등급,수준을) 떨어뜨리다 명 내리막,악화
144	critique	명 평론 동 논평하다
145	creak	동 삐걱거리다 명 삐걱거리는 소리
146	consequential	형 ~의 결과로 생기는, ~에 따른
147	civilized	형 문면화된, 개화된, 고상한
148	caravan	명 이동식 주택, 포장마차
149	biped	형 두 발의 명 두발 동물
150	checkbook	명 수표책
151	clipboard	명 (종이 집게가 있는) 서판, 화판
152	coffin	명 관, 널 동 관에 넣다
153	clutter	명 잡동사니 동 흩뜨리다
154	blistering	형 (행동이) 맹렬한, 지독히 더운
155	befriend	동 친구가 되어 주다
156	befall	동 (안 좋은 일이) 생기다, 닥치다
157	belittle	동 얕보다, 과소평가하다
158	bay	명 (바다의) 만, (건물의) 특정 구역
159	authoritarian	형 권위주의의, 독재적인
160	aura	명 독특한 분위기, 기운

161 □ antisocial	형 반사회적인, 비사교적인	181 □ repay	동 (돈이나 은혜를) 갚다
162 □ arcade	명 아케이드 상가, 회랑	182 □ provenance	명 기원, 출처
163 □ airborne	형 비행 중인, 공중수송의	183 □ quagmire	명 수렁, 진창
164 □ algorithm	명 알고리즘, 연산법	184 □ outgrow	동 ~보다 빨리 성장하다
165 □ adamant	형 단호한, 확고한	185 □ node	명 마디, 접합점, 교점
166 □ administrative	형 관리상의, 행정상의	186 □ leukemia	명 백혈병
167 □ wrongheaded	형 생각이 틀린, 완고한	187 □ instigation	명 선동, 자극, 부추김
168 □ unbeatable	형 이길 수 없는, 무적의	188 □ exploitation	명 착취, 부당한 이용
169 □ whip	명 채찍 동 채찍질하다	189 □ falter	동 비틀거리다, 말을 더듬다
170 □ vein	명 정맥, 기질, (일시적 기분)	190 □ equanimity	명 침착, 평정
171 □ unencumbered	형 방해물이 없는, 방해받지 않는	191 □ elliptical	형 (문장에서 단어가) 생략된, 타원형의
172 □ tubercle	명 결절, 작은 혹	192 □ distortion	명 왜곡, 찌그러진 상태
173 □ ultrasonic	형 초음파의	193 □ broth	명 (걸쭉한) 수프, 죽
174 □ transcendence	명 초월, 탁월, 초월성	194 □ avail	동 도움이 되다, 소용에 닿다
175 □ thaw	동 (얼음, 눈 등이) 녹다	195 □ bastion	명 요새, 성채
176 □ systematic	형 체계적인, 규칙적인	196 □ sedentary	형 앉아 있는, 앉아서 일하는
177 □ slaughter	명 (가축의) 도축, 대량 학살	197 □ rim	명 (둥근 물건의) 가장자리, 테두리
178 □ slush	명 녹기 시작한 눈, 잔 얼음덩이	198 □ natal	형 출생의
179 □ gluttony	명 폭식, 폭음	199 □ mole	명 두더지
180 □ relinquish	동 (소유, 권리 등을) 버리다, 포기하다	200 □ fulfilling	형 성취감을 주는

201	fin	명 (물고기의) 지느러미
202	factual	형 사실의, 사실에 기반을 둔
203	domesticated	형 (동물이) 길든, (사람이) 가정적인
204	dictum	명 격언, 금언
205	bottleneck	명 좁은 도로, 병목 지역
206	esteem	명 (대단한) 존경 동 존경하다
207	frequency	명 빈도, 자주 일어남
208	shred	동 조각조각으로 찢다 명 조각, 파편
209	self-serving	형 자기 잇속만 차리는
210	stalk	명 (식물의) 줄기, 대
211	yolk	명 (달걀 등의) 노른자
212	yelp	동 (개, 늑대 등이) 날카롭게 짖어대다
213	wilt	동 (화초 등이) 시들다, 시들게 하다
214	whisker	명 (고양이, 쥐 등의) 수염
215	wig	명 가발
216	villain	명 악당, 악한
217	understatement	명 절제된 표현
218	twig	명 (나무의) 잔가지
219	trudge	동 (지쳐서) 터덜터덜 걷다
220	transfusion	명 옮겨붓기, 주입

221	toil	동 힘들게 일하다
222	tiptoe	동 발끝으로 살금살금 걷다
223	totalitarian	형 전체주의의
224	thump	동 (주먹으로 세게) 치다, 두드리다
225	tinker	명 땜장이
226	theft	명 절도, 도둑질
227	terminally	부 종말에, 말단에
228	teeter	동 (넘어질 듯이) 불안정하게 서다, 움직이다
229	tendril	명 (식물의) 덩굴손
230	swirl	동 빙빙돌다, 소용돌이치다
231	tactful	형 요령(눈치) 있는
232	tactile	명 촉감의, 촉각의
233	swine	명 돼지, 골칫거리
234	suffocation	명 질식
235	subtropical	형 아열대의
236	stretcher	명 (부상자를 싣는) 들것
237	straddle	동 다리를 벌리고 올라앉다(서다)
238	strangle	동 교살하다, 목 졸라 죽이다
239	stab	동 (칼같이 뾰족한 것으로) 찌르다
240	splendor	명 훌륭함, 화려함

241	smuggler	몡 밀수범, 밀수업자
242	snip	통 (가위로 싹둑) 자르다
243	slab	몡 석판, 판
244	slacken	통 완화되다, 늦춰지다
245	slick	톙 매끈매끈한, 번드르르한
246	showcase	몡 공개 행사, 진열장
247	shabby	톙 다 낡은, 허름한
248	roundabout	톙 빙 돌아가는 몡 에움길
249	reprehensible	톙 (도덕적으로) 부끄러운, 비난받을 만한
250	rash	몡 발진
251	protrude	통 튀어나오다, 돌출되다
252	pudgy	톙 땅딸막한, 통통한
253	postscript	몡 추신, 후기
254	plaster	몡 회(석고)반죽
255	patronage	몡 (예술가 등에 대한) 후원, 보호
256	pelagic	톙 원양의
257	overreact	통 과잉반응을 보이다
258	outcry	몡 부르짖음, 비명
259	utter	톙 전적인, 완전한
260	tug	통 (세게) 잡아당기다

261	seep	통 스미다, 배다
262	presumption	몡 추정, 가정
263	precedent	몡 선례, 판례
264	pounce	통 갑자기 달려들다, 덮치다
265	pigment	몡 색소, 그림물감
266	ombudsman	몡 행정감찰관, 옴부즈맨
267	shipwreck	몡 난파, 조난 사고
268	occupant	몡 (주택, 건물 등의) 사용자, 입주자
269	obtrusive	톙 (보기 싫게) 눈에 띄는, 두드러지는
270	inculcate	통 주입하다, 심어주다
271	nestling	몡 (아직 둥지를 떠날 때가 안 된) 어린 새
272	narcissism	몡 나르시시즘, 자기 도취증
273	mural	몡 벽화 톙 벽의
274	muttering	몡 투덜거림, 불평
275	mystical	톙 신비적인
276	mammoth	몡 매머드
277	woolly	톙 털이 뒤덮인, 털복숭이의
278	limp	톙 기운이 없는 통 다리를 절다
279	laborious	톙 (많은 시간과 노력을 요하는) 힘든
280	juggle	통 저글링하다, 곡예하듯 하다

281	cramp	명 (근육의) 경련, 쥐
282	sash	명 장식 띠, 끈
283	intermingle	동 (사람, 생각, 색깔 등을) 섞다, 혼합하다
284	infuse	동 (특정한 특성을) 불어넣다, 스미게 하다
285	inquisitive	형 연구를 좋아하는, 탐구적인
286	inaugural	형 취임식의, 개회의
287	incubate	동 알을 품다, (세균 등을) 배양하다
288	icicle	명 고드름
289	hummingbird	명 벌새
290	hurl	동 (거칠게) 던지다
291	hydrated	형 수분이 공급되는
292	hound	명 사냥개
293	hazy	형 안개가 낀, 흐릿한
294	granular	형 알맹이가 든, 알갱이 모양의
295	grease	명 (끈적끈적한) 기름
296	grievously	부 슬프도록, 지독히
297	grappling	명 갈퀴를 쓰기, 맞잡고 싸우기
298	exhilarate	동 아주 기쁘게 만들다
299	exhaustive	형 철저한, 남김없는
300	esthetic	형 미학의, 미적인

301	enthuse	동 열변을 토하다, 열중하다
302	dirigible	형 조종할 수 있는
303	dehydrated	형 탈수증세를 보이는
304	delinquency	명 (청소년의) 비행, 범죄
305	delicacy	명 미묘함, 연약함, (지역) 진미
306	cylindrical	형 원통의
307	culture	동 (세균을) 배양하다, 재배하다
308	crevice	명 (바위나 담에 생긴) 틈
309	croaking	형 깍깍 우는
310	crest	명 (닭 따위의) 벼슬, 산마루
311	coronation	명 (새 왕의) 대관식
312	constellation	명 별자리, 성좌
313	concave	형 오목한
314	compassionate	형 연민 어린, 동정하는
315	clan	명 (스코틀랜드 고지인 등의) 씨족, 집단
316	chill	명 냉기, 한기
317	chapped	형 살갗이 튼, 피부가 갈라진
318	calligraphy	명 달필, 서예
319	boo	형 근사한 동 비웃다, 야유하다
320	boarding	명 널빤지, 승선

Plus 350 | 수능 대비 추가 어휘 321-350

321	bloodstream	몡 혈류, 혈액 순환
322	blaze	동 활활 타다 몡 (대형) 화재
323	hypnosis	몡 최면 (상태)
324	brochure	몡 (안내, 광고용) 책자
325	tempting	형 유혹하는, 부추기는
326	premium	몡 보험료 형 고급의
327	automate	동 (일을) 자동화하다
328	saliva	몡 침, 타액
329	handout	몡 지원금, 인쇄물
330	paramedic	몡 준의료 활동 종사자, 긴급 의료원
331	security check	보안 검사
332	conscientious	형 양심적인, 성실한
333	status quo	몡 현재의 상황, 현상
334	symbiotic	형 공생의, 공생하는
335	regiment	몡 (군대의) 연대
336	deflect	동 방향을 바꾸다, 비끼다
337	lousy	형 형편없는, 이가 들끓는
338	topography	몡 지형, 지형학
339	germinal	형 새싹의, 배종의
340	circumference	몡 원주, (구의) 둘레

341	spire	몡 (교회의) 첨탑, 뾰족탑
342	bandwidth	몡 (주파수의) 대역폭
343	molten	형 (금속, 암석, 유리가) 녹은
344	algae	몡 말, 조류
345	hull	몡 겉껍질, 껍데기
346	funnel	몡 깔때기, 굴뚝
347	confederate	몡 공범, 공모자 형 연맹에 속한
348	quadruplets	몡 4개 한 벌, 네 쌍둥이
349	gill	몡 아가미
350	reflex	형 반사작용의 몡 반사작용

Index

A

abbreviate 146
aboriginal 34
abort 182
abrasion 146
abusive 80
accentuate 176
acclaim 156
accommodate 24
accountant 152
accumulate 22
acquaint 72
acquisition 34
acrobat 130
acute 80
adapt 12
addictive 74
additive 82
adept 168
adhesive 164
adjacent 60
adjoin 146
admirable 82
adversary 110
affectionate 82
affiliate 82
affluent 50
affordable 20
afloat 60
aftermath 142
agenda 144
agent 12
aggravate 108
agile 128
agitate 182
algebra 106
alienation 50
align 56
altruism 84
altruistic 122

amber 14
ambient 86
ambitious 38
ambivalent 98
ambush 176
amenity 142
amid 48
amoral 130
amphibian 62
amplify 116
analogous 166
analogue 144
anatomy 86
anguish 60
antecedent 86
anthropology 36
antiseptic 82
apathy 170
appall 140
apparatus 60
apparel 48
archaic 182
archival 74
arena 84
armistice 166
arrange 8
array 38
aspire 84
assault 82
assess 20
assimilate 152
assort 182
assurance 48
astounding 62
astray 120
asymmetry 118
attentive 14
auditory 12
authentic 62
authenticate 128
automatically 8

automotive 84
autonomy 84
averse 86
aviation 158
awe 20

B

backbone 84
backfire 84
backtrack 152
banquet 60
barrel 164
barter 86
bearable 84
belongings 12
benevolent 140
bereaved 108
besiege 122
binocular 154
bizarre 84
bland 86
blight 82
blindfold 84
blunt 142
botanic 60
bothersome 34
bountiful 164
brink 32
brutal 60
brute 122
buildup 60
bulge 178
bulk 128
bump into 132
burrow 26
burst 12
bypass 110

C

camouflage 32
candid 86
cane 158
capital 10
captivate 110
cardiovascular 32
caregiver 60
carnivorous 84
casualty 170
catastrophe 178
catchy 86
causality 180
cavity 158
celestial 48
cellar 152
censor 122
centralize 152
checkered 34
chronological 84
chubby 26
circumstantial 132
cite 116
civilian 84
climax 118
clingy 92
clinic 24
clumsy 34
coherent 36
coincide 180
colony 12
come across 12
commission 144
commonality 146
communal 60
compact 38
companion 24
comparative 84
complement 38
complicit 84

compound	48	cruise	164	disapprove	176	employment	8
compress	82	crumble	166	discharge	36	enact	180
compulsion	86	cue	20	discomfort	24	encompass	104
compute	134	currently	8	discontent	132	encrust	144
conceive	80	curse	92	discord	86	endorse	68
concerning	22	customary	38	discrepancy	92	endow	82
concise	86	customization	130	disparity	58	engrave	80
concur	94			disperse	156	enrage	36
conducive	60			displace	80	ensue	108
configuration	62	**D**		disposition	170	entangle	156
confine	32			dissent	92	entirely	8
conjure	156	dangle	146	distasteful	26	entity	134
conquest	176	dazzling	128	divert	132	entreaty	146
conscience	60	deadlock	144	dock	156	entrepreneur	58
consensus	36	debase	166	dodge	72	entrust	152
consequently	10	deceit	178	dominance	34	envious	34
consistent	10	deceptive	62	dormant	62	ephemeral	92
consolidate	106	decompose	108	downfall	154	epoch	108
conspicuous	48	deem	62	downplay	92	equate	178
constitute	56	deference	140	downshift	118	erroneous	168
constrain	22	deficient	58	downside	70	escalate	106
constrict	106	deficit	178	drag	14	essence	10
contempt	128	degenerative	108	drape	158	ethnologist	180
contemptuous	134	degrade	154	drawback	94	ethologist	164
contestant	60	demolition	106	dreadful	46	euphemism	70
contingent	92	denote	154	dreary	182	evict	154
contradictory	92	denounce	166	drowsy	178	excavation	94
converge	92	deplore	182	dubious	70	execution	144
coordinate	48	depressed	8	dysfunctional	140	exemplify	122
copious	142	deprive	94			exhortation	116
coral	36	descendant	92			expenditure	86
corporate	34	descent	86	**E**		exquisite	134
correspondent	122	desolate	60			extend	12
corrupt	22	despise	182	easygoing	68	extinguish	34
courageous	94	detergent	22	ebb	130	extracurricular	36
coursework	132	deterioration	58	eject	158	extrinsic	36
courteous	92	determinant	164	electoral	128	extrovert	24
covert	178	detract	128	elegant	12	
coveted	94	deviant	154	eloquent	68	
cram	146	deviate	120	elusive	128	**F**
crispy	118	devour	94	embed	104	
criterion	164	diarrhea	94	embody	92	faint	20
		diffusion	22	empirical	38	fallacy	32

faulty	70	gravitate	98	illiterate	32	instill	140
fearsome	132	gravy	154	imbalance	48	institute	10
festive	86	grid	96	immerse	94	insure	96
fictitious	110	grievance	176	immobilize	80	insurmountable	96
finalize	92	grin	62	immunize	50	integral	62
finding	8	gross	38	impact	8	intensify	48
fingertip	44	groundless	98	impartial	96	intensive	34
finite	36	guideline	168	impede	164	interior	22
firsthand	24	guilt	12	impel	106	intermediary	98
fixate	34	gymnastics	50	impending	94	internalize	120
flatten	82			imperative	108	internship	26
fleet	154			implicit	176	interpersonal	14
flick	146	**H**		impoverished	70	interplay	130
fluctuate	130			imprecise	118	interpretation	10
footstep	142	habitual	68	imprint	68	intricate	164
forefront	168	hallmark	62	imprison	116	intrigue	178
formidable	86	hamper	152	improvise	70	intriguing	50
formula	24	harsh	14	imprudent	94	intrinsic	22
formulate	154	headquarters	36	incentive	22	introspective	68
franchise	170	heartbeat	68	incessant	168	intruder	50
frantic	94	herd	20	incompatible	50	invalid	96
fraught	94	hereditary	180	inconsiderate	118	invaluable	20
frenzy	92	heredity	68	inconvenient	94	invertebrate	98
fungus	68	hideous	134	incremental	98	irregular	96
fuss	50	hindrance	56	incur	122	irrelevant	20
fuzzy	48	hiss	130	indispensable	36	irresistible	68
		hobble	132	indubitable	168	itinerary	48
		hold on to	32	inertia	38		
G		honorary	98	inevitable	14		
		horrific	96	infection	10	**J**	
gain	8	hospitable	134	inference	50		
gauge	180	hover	182	inflammation	70	juvenile	96
geographic	62	hue	20	influx	182		
germinate	96	humane	118	informant	108		
gist	96	hypothesis	14	infrastructure	48	**K**	
gleam	44			inhabitant	48		
glide	98			inhibit	98	kinesthetic	96
glossy	96	**I**		injustice	50		
gobble	96			inscription	70	**L**	
gourmet	96	iconic	116	insightful	12		
grasshopper	50	ideological	134	inspiration	14	lag	20
gratify	146	ideology	120	instantaneous	96	languish	178
gravel	176	ignorant	22			lavish	144
		illegible	98			lawful	152

legible	132	multimedia	32
liable	68	multinational	48
lick	180	multitude	68
lukewarm	98	mundane	106
		municipal	14
		mute	130
M		mutter	130
		mythology	176
mainstream	20		
makeshift	118		
maladaptive	142	**N**	
maladjusted	146		
malicious	140	naughty	156
mandate	106	near-sighted	34
maneuver	32	nectar	38
manpower	120	negation	128
margin	14	negligible	104
martial	36	neural	68
marvel	94	neutralize	130
mash	142	nocturnal	130
maternal	176	nomadic	38
mediation	46	nonexistent	170
meek	156	nonprofitable	182
membrane	38	nourish	156
merge	70	nuance	120
metabolism	98	nuisance	70
metaphorical	134	numb	154
meticulous	170	numerical	44
mineral	36		
miscellaneous	154		
mischief	106	**O**	
miser	110		
misfortune	168	obligation	62
moan	104	obligatory	170
moderation	36	obscure	58
moist	156	offensive	68
momentum	48	on board	132
monetary	20	ordinal	144
monopoly	58	orient	146
monumental	46	outage	46
mortal	110	outdated	46
moss	56	outlandish	144
mow	168	outlast	164
		outlet	20

outline	38	petition	72
outnumber	130	physique	72
outright	142	pierce	92
outward	26	pinpoint	130
outweigh	44	pitfall	166
ovation	58	plague	104
overboard	118	plateau	36
overheat	70	plight	164
overlap	104	plumber	58
overpass	170	pollination	44
oversee	156	polygon	182
overshoot	134	populous	122
overt	168	pore	62
overturn	164	portfolio	74
		poultry	58
P		preacher	180
		predecessor	122
pail	128	predetermined	44
painstaking	144	predicament	118
paradigm	22	predominant	104
paradoxical	68	preferable	72
paramount	106	preliminary	108
paraphrase	108	premonition	144
parasitic	56	preoccupied	56
parliament	44	preparatory	104
partake	140	presence	8
passerby	156	presume	178
password	20	presuppose	104
pathway	158	prevail	70
pave	14	prevalent	34
peculiar	14	probable	74
pedagogical	156	problematic	74
pediatric	46	productivity	12
peninsula	26	prolific	56
pension	168	prolong	26
perception	8	prone	56
perceptive	106	pronounce	140
periodic	44	propagate	134
peripheral	44	propensity	104
perpetual	154	proponent	110
perspire	168	prosecute	180
pervasive	152	prospect	32

protective 10
proximal 120
prudent 182
psychiatrist 158
punctual 72
pupil 44
pursuit 26

Q

quantitative 170
quest 56
questionable 166
questionnaire 24

R

radar 56
radiant 134
rag 72
rage 164
raid 74
rally 156
ramification 108
ranch 176
ration 104
rational 10
rationale 140
reactivate 120
real estate 14
reap 106
rearing 72
reasoning 10
receptive 180
recessive 156
recipient 72
reconciliation 156
reconfirm 176
recurrent 98
redeem 116
redundant 168
reef 74

reel 152
regional 22
regress 168
rehabilitation 158
rehearsal 14
rejoice 178
relocate 74
remainder 116
remnant 120
repel 50
replenish 142
replica 104
repress 134
reproduction 32
resentment 26
residual 140
resilient 74
resort 12
respiratory 120
restrain 34
retention 26
retrospect 142
reunion 56
revelation 72
revise 58
revisit 132
revolt 146
rewind 120
rhetorical 170
ridicule 158
rigid 24
rigorous 164
rinse 74
ripple 180
roam 132
robust 158
rodent 166
rotate 26
rotten 70
run into 32
runway 50
ruthless 176

S

sabotage 152
sage 134
salient 46
salute 110
sanctuary 142
sanitation 46
sanitize 98
sarcastic 120
savage 44
scenic 26
scope 46
scramble 146
scrap 140
screech 106
scribble 62
secluded 108
secondhand 74
secure 10
senator 140
sensational 142
sensorimotor 154
sensuous 164
sentence 122
sentiment 110
serial 130
setback 72
shameless 134
sharpen 38
shortage 22
shortcoming 122
shorthand 176
shovel 158
shriek 104
shrub 98
shrug 118
shuffle 182
simulate 26
single out 118
situate 46
sizable 146

skim 74
slam 14
slap 62
slate 110
slender 168
slightly 8
slovenly 178
sluggish 182
smash 178
snatch 118
sob 80
solemn 178
solidarity 122
solitude 180
soluble 154
solvent 26
sparse 170
spatial 72
spear 152
specimen 32
speck 128
spiral 144
splendid 152
spotlight 46
sprint 72
spur 142
stagger 116
stain 26
stake 158
stale 122
stammer 116
standpoint 158
stark 110
steadfast 108
stem 12
stem from 104
stereotype 134
sterilized 132
stern 72
stingy 166
stink 38
strap 44

strenuous	152	thrifty	74	unstable	144	withhold	82
stride	166	thrilling	46	unveil	170	witness	34
striking	10	tide	44	upbringing	128	wobble	74
strive	24	tissue	32	uphold	56	wrestle	132
stunning	70	torment	128	uplift	106	
sturdy	46	tranquil	116	upload	24	
subconscious	24	transcend	180	upright	24	

Y

yearn 50

submission	56	transcript	170	utensil	60
subside	180	transparent	108	utilitarian	154
subsidiary	116	traumatic	46	utterly	80
subsidize	170	treadmill	24	
substandard	116	tremendous	8	
sue	12	tricky	80	

V

sullen	140	trifle	120	vaccination	142
summon	118	triple	56	vanity	108
supervision	24	turbulence	58	variable	32
supremacy	116	turbulent	176	velocity	82
surge	58	turmoil	80	venture	22
surmise	166		verdict	132
surmount	176		verify	82

U

surroundings	8		vertebrate	166
susceptible	170	ultimately	10	vicious	80
suspension	72	unavoidable	44	vie	140
symposium	166	unbearable	44	vigorously	122
synonymously	142	unclear	80	virtuous	146
		uncommon	38	visualize	46
		underestimate	116	vitamin	10
		undermine	80	vivacious	152

T

		underneath	22	vocational	180
tackle	58	unfold	166	volatile	80
take for granted	10	unfounded	56	
tangible	104	unjust	58	
tedious	74	unleash	110	

W

telegram	144	unload	58	wade	120
temper	168	unlock	158	warehouse	80
temperament	128	unpack	166	warranty	20
tendency	8	unprecedented	130	watchdog	132
terse	110	unpredictable	178	weary	82
testimony	158	unrecognized	110	whirl	106
theorem	128	unreliable	50	wholehearted	118
theoretically	122	unrestricted	140	wholesale	82
thermal	70	unseen	144	wither	110
thigh	182		

Answer Key

정답 및 해설

Answer Key

Day 01

Daily Test 1
P. 09

A

1 gained
2 slightly
3 tendency
4 automatically
5 Employment
6 perceptions
7 depressed
8 presence
9 currently
10 tremendous

Daily Test 2
P. 11

A

1 rational
2 Ultimately
3 essence
4 interpretations
5 infection
6 secure
7 institute
8 protective
9 consistent
10 capital

Day 02

Daily Test 1
P. 13

A

1 adapted
2 extended
3 productivity
4 burst
5 auditory

6 elegant
7 insightful
8 colony
9 resorted
10 come across

Daily Test 2
P. 15

A

1 harsh
2 inevitable
3 inspiration
4 dragged
5 rehearsal
6 pave
7 real estate
8 hypothesis
9 peculiar
10 attentive

Review Test 01

Day 01 + Day 02
P. 16

A

1 slightly
2 employment
3 currently
4 ultimately
5 protective
6 agent
7 burst
8 stem
9 inspiration
10 attentive

B

1 경향
2 존재

3 결과적으로
4 감염
5 추론
6 넓히다
7 죄책감
8 대인관계
9 포장하다
10 부동산

C

1 inevitable
2 attentive
3 come across
4 essence
5 municipal

D

1 c
2 a
3 e
4 b
5 d

E

1 peculiar
2 granted
3 came
4 slammed
5 striking

해석

1. Curtis는 이상한 습관을 갖고 있다. 그는 책을 읽기 전에 손을 씻는다.
2. 아빠는 항상 체스에서 나를 이기는 것을 당연하게 여긴다.
3. 나는 체육관에서 우연히 초등학교 선생님과 마주쳤다.
4. 아버지와 열띤 토론 후에, Edwin은 문을 쾅 닫고 나갔다.
5. 한국어와 중국어 문법 사이에는 눈에 띄는 차이들이 있다.

F

1 perception
2 depressed
3 inevitable
4 consistent
5 harsh

G

1 ② impact
2 ① findings
3 ④ arrange

해석

1. 과학의 산물은 이 세상의 모든 인간에게 심오한 영향을 준다.
   색의 영향은 수 십 년간 연구되어 왔다.
2. 그 실험의 결과는 우리의 조사의 결과와는 달랐다.
   우리는 웹사이트를 업그레이드 하기 위해 고객 설문조사 결과를 사용했다.
3. 그 그림을 수정한 후에, 화가는 두 번째 시사회를 마련했다.
   엄마는 이번 주 토요일에 이모가 와서 함께 요리하는 것을 주선했다.

Day 03

Daily Test 1   P. 21

A

1 monetary
2 affordable
3 lagged
4 invaluable
5 warranty
6 cue
7 herd
8 faint
9 outlet
10 password

Daily Test 2   P. 23

A

1 intrinsic
2 ventured
3 ignorant
4 incentives
5 constrained
6 accumulated
7 corrupt
8 diffusion
9 interior
10 regional

Day 04

Daily Test 1   P. 25

A

1 discomfort
2 companions
3 subconscious
4 extrovert
5 upload
6 rigid
7 supervision
8 formula
9 upright
10 treadmill

Daily Test 2   P. 27

A

1 chubby
2 simulate
3 peninsula
4 prolong
5 burrow
6 rotate
7 pursuit
8 outward
9 resentment
10 distasteful

Review Test 02

Day 03 + Day 04   P. 28

A

1 hues
2 cues
3 faint
4 underneath
5 paradigm
6 companion
7 questionnaire
8 formula
9 rotate
10 internship

B

1 떼
2 주류
3 비밀번호
4 무릅쓰고
5 세제
6 감독
7 반도
8 굴을 파다
9 얼룩을 지게 하다
10 분노

C

1 accumulate
2 rigid
3 companion
4 extrovert
5 assess

D

1 c
2 a
3 d
4 e
5 b

E

1 affordable
2 concerning
3 accumulated
4 constrained
5 irrelevant

해석

1. 그 휴대용 컴퓨터는 너무 비싸요.
   가격을 감당할 수 없을 것 같아요.
2. 새로운 코치 임명에 관한 회의가 있었다.
3. 그 상인은 싼 컴퓨터를 팔아서 부를
   쌓았다.
4. 새로운 소프트웨어의 개발은 자금의
   부족으로 제약을 받았다.
5. 걱정 말아요. 당신의 실수는 이 문제와
   관련이 없어요.

F

1 invaluable
2 prolonged
3 intrinsic
4 incentive
5 Diffusion

G

1 ⑤ shortage
2 ② strive
3 ⑤ accommodate

해석

1. 공업용 다이아몬드는 너무 중요해서
   그것의 부족은 금속 공업에 붕괴를 야기
   할 수 있다.
   최근의 보고서는 팬더들이 음식의
   부족으로 고통 받고 있다고 경고했다.
2. 그들은 한국에서 야생식물들을
   보존하기 위해 고군분투했다.
   그녀는 발표를 완벽하게 하기 위해
   고군분투했다.
3. 그 주차장은 100대 까지의 차를 수용
   할 만큼 충분히 크다.
   Greg은 개방적인 사람이고 흔쾌히
   새로운 생각을 수용하려고 한다.

Day 05

Daily Test 1   P. 33

A

1 specimens
2 variables
3 illiterate
4 prospect
5 brink
6 multimedia
7 Camouflage
8 ran into
9 tissue
10 reproduction

Daily Test 2   P. 35

A

1 clumsy
2 aboriginal
3 acquisition
4 envious
5 prevalent
6 near-sighted
7 dominance
8 witnessed
9 bothersome
10 Corporate

Day 06

Daily Test 1   P. 37

A

1 extracurricular
2 anthropology
3 indispensable
4 coherent
5 headquarters
6 discharges

7 coral
8 extrinsic
9 mineral
10 martial

Daily Test 2   P. 39

A

1 nomadic
2 membrane
3 ambitious
4 nectar
5 customary
6 empirical
7 array
8 uncommon
9 sharpens
10 outline

Review Test 03

Day 05 + Day 06   P. 40

A

1 fallacy
2 illiterate
3 camouflage
4 envious
5 acquisition
6 anthropology
7 discharged
8 minerals
9 gross
10 stinks

B

1 한정하다
2 조직
3 끄다
4 널리 퍼진
5 우세
6 과외

7 격분한
8 산호
9 과즙
10 관성

C

1 empirical
2 martial
3 prevalent
4 extinguish
5 clumsy

D

1 a
2 e
3 c
4 d
5 b

E

1 indispensable
2 uncommon
3 empirical
4 brink
5 ambitious

해석
1. 명상은 그의 아침 일과 중 필수적인 것이다.
2. 요즘, 은퇴 후에 사람들이 일하는 것을 보는 것은 드물지 않다.
3. 우리는 이론에 의존하는 것을 멈추었고 실증적인 정보를 수집하기 시작했다.
4. 일부 동물의 종들은 오염과 사냥 때문에 멸종위기에 처해있다.
5. Pedro는 야망이 있는 학생이다. 그는 노벨 과학상을 수상하길 원한다.

F

1 clumsy
2 fixated
3 cardiovascular
4 complement
5 extrinsic

G

1 ③ intensive
2 ② nomadic
3 ③ restrain

해석
1. 두 명의 최종 우주인 후보는 집중적인 훈련을 하고 있다.
   그는 프랑스에서 공부하기 위해 심화 프랑스어 과정을 등록했다.
2. 즐거움을 위한 캠핑은 유목 문화에서 직접적으로 유래한 것은 아니다.
   유목민들은 자주 이곳 저곳으로 이동해야 하기 때문에 소유물이 별로 없다.
3. 자신을 향한 부당한 비판을 들었을 때, 그는 스스로를 억누를 수 없었다.
   나는 개 주인에게 그의 강아지를 저지해 달라고 부탁했지만 그는 거절했다.

Day 07

Daily Test 1
P. 45

A

1 Tides
2 numerical
3 fingertips
4 pupil
5 pollination
6 straps
7 predetermined
8 periodic
9 unbearable
10 unavoidable

Daily Test 2
P. 47

A

1 spotlight
2 sanitation
3 outdated
4 salient
5 traumatic

6 sturdy
7 outage
8 mediation
9 dreadful
10 monumental

Day 08

Daily Test 1
P. 49

A

1 conspicuous
2 apparel
3 coordinated
4 fuzzy
5 assurance
6 inhabitants
7 infrastructures
8 celestial
9 intensify
10 imbalance

Daily Test 2
P. 51

A

1 immunize
2 intruder
3 incompatible
4 Inferences
5 affluent
6 intriguing
7 alienation
8 injustice
9 runway
10 repel

Review Test 04

Day 07 + Day 08   P. 52

A

1 savage
2 fingertip
3 strap
4 sanitation
5 traumatic
6 apparel
7 inhabitant
8 celestial
9 incompatible
10 alienation

B

1 어슴푸레 빛나다
2 지엽적인
3 소아 신경외과
4 튼튼
5 정전
6 둘러싸여
7 여행일정
8 추리
9 메뚜기
10 호들갑

C

1 scope
2 celestial
3 amid
4 apparel
5 peripheral

D

1 b
2 c
3 a
4 e
5 d

E

1 intriguing
2 itinerary
3 unreliable
4 unavoidable
5 incompatible

해석

1. Lucy의 생각은 아주 흥미로워서 우리는 당장 정보를 수집하기 시작했다.
2. 너는 우리의 하와이 여행에 필요한 일정표를 구했니?
3. 우리는 그 정보가 믿을 수 없는 출처에서 왔기 때문에 조심해야 한다.
4. 그 제국의 붕괴는 침략자에 맞서 반복되는 패배 때문에 불가피했다.
5. 그의 제안은 우리의 계획과 양립할 수 없는 것처럼 보인다.

F

1 outdated
2 affluent
3 outweigh
4 coordinate
5 Mediation

G

1 ② visualize
2 ② situated
3 ⑤ thrilling

해석

1. 많은 코치들은 운동 선수들이 미리 실제 경주나 시합을 마음속에 그려보도록 격려한다.
   의사들은 초음파를 내부 장기의 크기와 구조를 시각화 하는데 사용한다.
2. 해발고도 1350m에 위치한, kathmandu의 도시는 찬란한 히말라야를 바라보고 있다.
   Neuschwanstein 성은 독일 Bavaria의 Emerald 산에 위치해 있다.
3. 당신은 동물들에게 음식을 주는 것이 흥미로운 경험이라고 할 지 모르지만, 동물들에게는 해로울 수 있다.

Gordon의 아마존 강 여행은 스릴 넘치는 모험으로 가득했다.

Day 09

Daily Test 1   P. 57

A

1 triple
2 Radar
3 prone
4 preoccupied
5 reunion
6 align
7 moss
8 uphold
9 prolific
10 constituted

Daily Test 2   P. 59

A

1 monopoly
2 disparity
3 obscure
4 poultry
5 entrepreneur
6 Turbulence
7 unjust
8 deterioration
9 deficient
10 unloading

Day 10

Daily Test 1   P. 61

A

1 banquet
2 brutal
3 caregivers

4 communal
5 buildup
6 adjacent
7 conducive
8 apparatus
9 contestant
10 desolate

Daily Test 2 P. 63

A

1 amphibians
2 authentic
3 slapped
4 deceptive
5 scribbles
6 pores
7 grin
8 hallmark
9 obligation
10 integral

Review Test 05

Day 09 + Day 10 P. 64

A

1 triple
2 align
3 moss
4 ovation
5 plumber
6 utensils
7 brutal
8 adjacent
9 configuration
10 grin

B

1 탐사
2 구성하다
3 부당한

4 밀려들다
5 악화
6 공동체
7 장치
8 양서류
9 낙서하다
10 특징들

C

1 prolific
2 adjacent
3 authentic
4 dormant
5 brutal

D

1 e
2 a
3 b
4 d
5 c

E

1 tackle
2 unloading
3 unfounded
4 conscience
5 botanic

해석
1. 우리는 지금 당장 이 문제와 씨름해야 한다.
2. 군인들은 트럭에서 무거운 짐들을 내리는 중이다.
3. 그런 근거 없고 무책임한 주장을 믿는 사람은 아무도 없다.
4. Adrian의 양심은 그가 선생님께 거짓말 하는 것을 허락하지 않았다.
5. Max는 열대 식물을 보여주기 위해 자신의 아이들을 식물원에 데려갔다.

F

1 prolific
2 dormant
3 conducive
4 deceptive
5 preoccupied

G

1 ① revise
2 ① tackle
3 ③ deem

해석
1. 너는 다시 돌아가 쓴 글을 수정하고 다듬을 수 있다.
   그 작가는 자신의 베스트셀러의 개정판을 출판하기를 원했다.
2. 많은 일을 처리하는 컴퓨터들의 속도는 점점 빨라지고 있다.
   Allan은 그러한 복잡한 수학 문제들을 충분히 다룰 만큼 똑똑하다.
3. 연구자들은 그들이 가치 있는 결과라고 여기는 것을 추구할 때 행복하다.
   우리는 이 연구에 추가 실험이 필요하다고 생각한다.

Day 11

Daily Test 1 P. 69

A

1 habitual
2 irresistible
3 paradoxical
4 offensive
5 neural
6 easygoing
7 eloquent
8 multitude
9 imprinted
10 heartbeat

A

1   downside
2   dubious
3   impoverished
4   Inflammation
5   overheating
6   euphemism
7   prevails
8   stunning
9   rotten
10 Thermal

Day 12

Daily Test 1   P. 73

A

1   sprint
2   setbacks
3   spatial
4   physique
5   recipient
6   preferable
7   suspension
8   dodge
9   petition
10 rearing

Daily Test 2   P. 75

A

1   rinse
2   thrifty
3   skim
4   tedious
5   resilient
6   problematic
7   secondhand
8   probable
9   addictive
10 relocated

Review Test 06

Day 11 + Day 12   P. 76

A

1   habitual
2   introspective
3   heredity
4   nuisance
5   prevail
6   sprint
7   revelations
8   rag
9   raid
10 portfolio

B

1   불가항력
2   다수
3   자국
4   비문
5   화력
6   수령인
7   숙지하다
8   지루한
9   간접
10 이전하다

C

1   dubious
2   merge
3   wobble
4   rinse
5   rotten

D

1   e
2   a
3   b
4   d
5   c

E

1   dubious
2   faulty
3   overheated
4   wobbles
5   merged

해석

1. 나는 내가 그 대학을 지원해야 하는지에 대해 미심쩍었다.
2. 만약 당신이 우리에게 하자가 있는 상품을 샀다면, 환불을 요구할 수 있습니다.
3. 높은 상금 때문에, 그 대회는 점점 과열되고 있다.
4. 바닥이 평평하지 않기 때문에, 탁자가 흔들린다.
5. 마을의 두 작은 학교들은 더 큰 학교로 합병되었다.

F

1   eloquent
2   stunning
3   fungi
4   downside
5   improvise

G

1   ② endorse
2   ③ punctual
3   ① stern

해석

1. 여전히, Liu는 덜 자고 후에 이를 보충하는 습관을 지지할 준비가 되지 않았다. 그 합의는 전문가들로 구성된 특별 위원회에서 지지를 받아야 한다.
2. 지하철이 인기 있는 이유 중 하나는 그것이 시간을 엄수하기 때문이다. 그는 정말 시간을 잘 지켜서 나는 그가 회의에 늦는 것을 본 적이 없다.
3. 그 대학은 강의 동안에 스마트폰을 사용하는 학생들에게 엄중한 경고를 주었다. Anna의 엄마는 집안 청소에 대해 엄격하고 꼼꼼했다.

Day 13

Daily Test 1   P. 81

A

1 displaced
2 engraved
3 unclear
4 abusive
5 immobilized
6 conceived
7 turmoil
8 volatile
9 warehouse
10 sob

Daily Test 2   P. 83

A

1 wholesale
2 additive
3 flattened
4 withhold
5 weary
6 velocity
7 admirable
8 assault
9 affiliated
10 compressed

Day 14

Daily Test 1   P. 85

A

1 carnivorous
2 bizarre
3 comparative
4 chronological
5 backbone
6 Altruism
7 blindfold

8 backfires
9 bearable
10 automotive

Daily Test 2   P. 87

A

1 ambient
2 Bartering
3 anatomy
4 candid
5 bland
6 compulsions
7 formidable
8 discord
9 descent
10 expenditures

Review Test 07

Day 13 + Day 14   P. 88

A

1 engrave
2 immobilize
3 velocity
4 blight
5 compressed
6 bizarre
7 blindfold
8 barter
9 descent
10 expenditure

B

1 생각하다
2 창고
3 감탄할 만한
4 다정한
5 소득
6 민간인

7 이타성
8 역효과를 낳다
9 해부학
10 단조로운

C

1 vicious
2 tricky
3 assault
4 carnivorous
5 antecedent

D

1 c
2 b
3 e
4 d
5 a

E

1 verify
2 aspires
3 candid
4 concise
5 autonomy

해석

1. 그는 자신의 이론을 입증하기 위해 끝없는 실험을 했다.
2. 그녀는 더 유명해지기를 열망한다.
3. 우리는 모두 그의 인생에 관한 솔직한 이야기에 감동했다.
4. Terry의 에세이는 간결했고 불필요한 표현들을 포함하지 않았다.
5. 그 두 도시는 세금과 교육에 자치성을 얻기 위해 노력했다.

F

1 vicious
2 averse
3 formidable
4 tricky
5 utterly

G

1 ④ acute
2 ① endow
3 ② undermine

해석

1. 갑자기, 그는 위에 극심한 고통을 느꼈고
   한 발자국도 움직일 수 없었다.
   개들과 고양이는 예리한 후각을 갖고 있다.
2. 당신은 특별한 재능을 지니고 있는
   것처럼 보인다.
   그 백만장자는 그의 고향의 의학 대학에
   신관 건물을 기부했다.
3. 사실상, 소리는 영화의 움직임을
   약화시킨다.
   우리는 의학계에서의 그의 명성을 약화
   시키면 안 된다.

Day 15

Daily Test 1 　　　　　　 P. 93

A

1 contingent
2 Curse
3 clingy
4 frenzy
5 embody
6 courteous
7 finalized
8 discrepancy
9 pierced
10 downplayed

Daily Test 2 　　　　　　 P. 95

A

1 deprived
2 diarrhea
3 excavation
4 frantic
5 devour
6 immersed

7 inconvenient
8 courageous
9 marveling
10 imprudent

Day 16

Daily Test 1 　　　　　　 P. 97

A

1 gourmet
2 juvenile
3 kinesthetic
4 irregular
5 insurmountable
6 gobble
7 invalid
8 horrific
9 instantaneous
10 impartial

Daily Test 2 　　　　　　 P. 99

A

1 Honorary
2 Illegible
3 groundless
4 metabolism
5 lukewarm
6 gravitate
7 recurrent
8 shrubs
9 ambivalent
10 glides

Review Test 08

Day 15 + Day 16 　　　　 P. 100

A

1 ephemeral

2 curse
3 courteous
4 imprudent
5 marvels
6 glossy
7 kinesthetic
8 gobble
9 invertebrate
10 incremental

B

1 자손
2 광란
3 마무리 짓다
4 설사
5 광란
6 보험에 가입하다
7 청소년
8 미온적인
9 관목
10 미끄러지듯 움직이다

C

1 impending
2 inhibit
3 courageous
4 ambivalent
5 converge

D

1 a
2 e
3 d
4 c
5 b

E

1 converge
2 gist
3 irregular

4 illegible

5 fraught

1. 이 도시에서, 다른 문화는 모이고 평화롭게 공존한다.

2. 나는 그 영화의 요지를 파악했음에도 불구하고, 그 영화를 완전히 이해하지 못했다.

3. John의 불규칙적인 수면 습관은 그를 낮 동안 피곤하게 만들었다.

4. Dale의 필체는 너무 작고 지저분해서 거의 알아볼 수 없었다.

5. 걸어 다니는 로봇의 개발은 예상치 못한 어려움으로 가득했다.

F

1 clingy

2 insurmountable

3 impending

4 Dissent

5 pierced

G

1 ① concur

2 ② drawback

3 ③ courageous

1. 건강 전문가들은 균형 잡힌 식사의 중요성에 동의했다.
   그 마을의 거주자들은 더 많은 신호등 설치에 동의했다.

2. 일부 결점에도 불구하고, 그 자동차는 젊은 사람들 사이에서 매우 인기가 있었다.
   일일 계획표의 다른 문제점은 융통성의 부족이다.

3. 용감한 소년이기에, 그는 일말의 두려움 없이 진실을 말했다.
   그 용감한 안전요원은 물로 뛰어들어 아이를 구했다.

Day 17

Daily Test 1   P. 105

A

1 plague

2 negligible

3 ration

4 overlap

5 replica

6 embedded

7 stem from

8 preparatory

9 tangible

10 shrieked

Daily Test 2   P. 107

A

1 perceptive

2 impelled

3 whirled

4 algebra

5 screeched

6 constricts

7 uplifted

8 escalated

9 consolidated

10 demolition

Day 18

Daily Test 1   P. 109

A

1 aggravated

2 epochs

3 transparent

4 steadfast

5 vanity

6 degenerative

7 bereaved

8 imperative

9 preliminary

10 informants

Daily Test 2   P. 111

A

1 tersely

2 captivated

3 unrecognized

4 stark

5 sentiments

6 slate

7 mortal

8 wither

9 proponent

10 miser

Review Test 09

Day 17 + Day 18   P. 112

A

1 plague

2 overlap

3 presuppose

4 shriek

5 screech

6 degenerative

7 steadfast

8 preliminary

9 unrecognized

10 fictitious

B

1 무시 할 정도

2 끼워 넣다

3 통찰력 있는

4 장난기

5 악화되다

6   악화 시키다
7   정보 제공자
8   극명한
9   죽을 운명의
10 지지자

C

1   epoch
2   secluded
3   mortal
4   replica
5   overlap

D

1   c
2   d
3   a
4   b
5   e

E

1   moaning
2   mundane
3   bypass
4   stemmed
5   paraphrase

해석
1. 부상당한 군인들이 병원 병실에서 고통에 신음하고 있었다.
2. Joe는 재미 없는 같은 일을 하는 것에 지쳤고 무언가 새로운 일을 하고 싶어 한다.
3. 우리는 호텔에 제시간에 도착하기 위해 복잡한 도로를 우회할 필요가 있다.
4. 그의 성공은 그의 창의력과 꾸준한 노력에서 기인했다.
5. 이 이야기는 어린이들에게 다소 어려워 보여요. 그들을 다른 말로 바꿔 줄 수 있나요?

F

1   predominant
2   paramount
3   ramifications
4   reaped
5   saluting

G

1   ⑤ predominant
2   ③ mandate
3   ② propensity

해석
1. 채소는 이 지역의 주된 농작물이다.
   이 영화의 두드러지는 주제는 가족 유대의 재건이다.
2. 시 교육부는 모든 학생들에게 예방접종을 지시했다.
   올해부터, 안전 벨트는 모든 스쿨 버스들에게 요구된다.
3. 그 나라는 여름에 높은 홍수가 일어나는 경향이 있다.
   그는 단순한 호기심으로 사치품을 사는 경향이 있다.

Day 19

Daily Test 1   P. 117

A

1   stammer
2   redeemed
3   staggered
4   exhortation
5   substandard
6   spokesperson
7   remainder
8   supremacy
9   imprison
10 cite

Daily Test 2   P. 119

A

1   inconsiderate
2   crispy
3   climax
4   shrugged
5   makeshift
6   single out
7   wholehearted
8   predicament
9   snatched
10 humane

Day 20

Daily Test 1   P. 121

A

1   remnant
2   ideology
3   respiratory
4   internalize
5   nuance
6   rewind
7   manpower
8   momentary
9   reactivate
10 sarcastic

Daily Test 2   P. 123

A

1   populous
2   stale
3   incurred
4   shortcoming
5   brute
6   vigorously
7   theoretically
8   sentenced
9   altruistic
10 correspondent

Review Test 10

Day 19 + Day 20 P. 124

A
1 stammer
2 stagger
3 remainder
4 overboard
5 single out
6 remnants
7 respiratory
8 rewind
9 brute
10 censor

B
1 우상적
2 권고의 말
3 감옥에 넣다
4 으쓱하고
5 임시 변통의
6 이념
7 사소한 일
8 결점
9 힘차게
10 전임자

C
1 populous
2 trifle
3 tranquil
4 remnant
5 nuance

D
1 c
2 b
3 a
4 e
5 d

E
1 exemplifies
2 astray
3 sentenced
4 tranquil
5 altruistic

해석
1. 그 영화는 그 감독의 행복에 대한 관점을 명확하게 보여준다.
2. 만약 당신이 숲에서 길을 잃고 싶지 않다면 이 지도를 가져가라.
3. 그 도둑은 5주의 사회봉사 명령을 받았다.
4. Matt는 조용한 마을에 정착했고 자신만의 고요한 생활을 즐겼다.
5. 그 배려심 많은 여행객은 그의 많은 돈을 그 마을에 배고픈 사람에게 나눠주었다.

F
1 deviate
2 subsidiaries
3 waded
4 downshifted
5 correspondent

G
1 ② underestimate
2 ① summon
3 ④ besiege

해석
1. 우리는 Joe를 과소평가하면 안 되요. 그는 여전히 우리에게 가장 힘든 상대에요.
   우리가 외식을 할 때, 우리는 우리가 소비하는 칼로리의 수를 과소평가하는 경향이 있다.
2. 그는 법원에 소환되었고 그 사건에 대해 심문 받았다.
   그 소년은 그의 마음속에서 실제로 일어나는 것이 무엇인지 묻기 위해 어렵게 용기를 냈다.
3. 무장한 군인들이 요새를 포위했고 지휘관의 명령을 기다렸다.
   당신이 가게에 걸어 들어가면, 당신은 정보에 의해 포위당한다.

Day 21

Daily Test 1 P. 129

A
1 upbringing
2 contempt
3 speck
4 temperament
5 authenticate
6 dazzling
7 detract
8 theorem
9 pail
10 elusive

Daily Test 2 P. 131

A
1 acrobats
2 mute
3 amoral
4 unprecedented
5 neutralize
6 interplay
7 ebb
8 outnumbered
9 serial
10 hissing

Day 22

Daily Test 1 P. 133

A
1 wrestle
2 fearsome
3 circumstantial
4 revisit
5 hobbled
6 coursework

7 diverting
8 verdict
9 roamed
10 discontent

Daily Test 2 P. 135

A
1 exquisite
2 radiant
3 stereotype
4 metaphorical
5 ideological
6 hideous
7 repress
8 hospitable
9 sage
10 shameless

Review Test 11

Day 21 + Day 22 P. 136

A
1 speck
2 electoral
3 serial
4 nocturnal
5 mutter
6 fearsome
7 hobble
8 verdict
9 stereotype
10 compute

B
1 고통
2 정리
3 무언의
4 도덕적 관념이 없는
5 쇠퇴

6 싣다
7 흐름을 바꾸다
8 빛나는
9 흉측한
10 넘어가다

C
1 fluctuate
2 compute
3 entity
4 torment
5 mute

D
1 a
2 e
3 b
4 d
5 c

E
1 bumped
2 dazzling
3 bulk
4 legible
5 propagated

해석
1. Joan은 거리에서 그녀의 어린 시절 친구를 우연히 마주쳤다.
2. 태양이 너무 눈부셔서 나는 선글라스를 쓰지 않고서는 운전을 할 수 없었다.
3. Ralph의 가족은 돈을 절약하기 위해 대량으로 생필품을 산다.
4. 고대 벽에 새겨진 사람들의 몇몇 이름은 여전히 알아볼 수 있다.
5. 그들은 인터넷의 힘에 관한 잘못된 생각을 전파했다.

F
1 agile
2 fluctuating
3 contemptuous

4 customization
5 sterilized

G
1 ⑤ elusive
2 ① repress
3 ② pinpoint

해석
1. 좋은 작가는 정의하기 어렵거나 모호한 생각을 축약된 언어로 쓸 것으로 기대된다.
   Tom의 질문이 추상적이고 규정하기 어려웠기 때문에, 나는 그에게 바로 대답하지 않았다.
2. 프로이트는 우리의 억눌린 욕망들이 우리의 꿈을 통해 나타난다고 생각했다.
   그 독재자는 권력을 잡았고 발언과 표현의 자유를 억압했다.
3. Aldenderfer의 연구팀은 DNA 분석이 고립된 지역 주민들의 기원을 정확히 찾아주기를 희망했다.
   회의가 시작된 지 몇 분 안에 그 상담가는 그 문제의 근원을 정확히 알아냈다.

Day 23

Daily Test 1 P. 141

A
1 pronounced
2 benevolent
3 instilled
4 sullen
5 appalled
6 rationale
7 deference
8 residual
9 Unrestricted
10 dysfunctional

Daily Test 2 P. 143

A
1 blunt
2 mash
3 outright
4 replenish
5 aftermath
6 spurred
7 retrospect
8 copious
9 sensational
10 footsteps

Day 24

Daily Test 1   P. 145

A
1 premonition
2 unseen
3 Analogue
4 unstable
5 ordinal
6 commission
7 outlandish
8 painstaking
9 spiral
10 agenda

Daily Test 2   P. 147

A
1 scrambled
2 maladjusted
3 entreaties
4 cram
5 revolt
6 gratified
7 abbreviated
8 sizable
9 oriented
10 commonalities

Review Test 12

Day 23 + Day 24   P. 148

A
1 pronounce
2 sullen
3 rationale
4 blunt
5 spur
6 deadlock
7 ordinal
8 encrust
9 revolt
10 sizable

B
1 부산물
2 상원의원
3 후유증
4 예방접종
5 돌이켜 생각해보면
6 보이지 않는
7 실행
8 나선
9 찰과상
10 줄여 쓰다

C
1 lavish
2 copious
3 replenish
4 abbreviate
5 adjoin

D
1 d
2 b
3 c
4 e
5 a

E
1 amenities
2 partake
3 telegram
4 adjoins
5 flicked

해석

1. 그 호텔은 피트니스 시설, TV. 그리고 무료 주차와 같은 편의 시설을 제공한다.
2. 1000명 이상의 사람들이 마라톤 경주에 참여하기 위해 등록했다.
3. Roy는 해외로 급한 전보를 보내기 위해 우체국에 갔다.
4. Nicole의 집은 아름다운 호수와 인접해있다.
5. 내 남동생은 그의 손가락으로 나를 향해 물을 튀겼다.

F
1 sanctuaries
2 Malicious
3 virtuous
4 copious
5 premonition

G
1 ④ instill
2 ⑤ commonality
3 ② lavish

해석

1. 상황은 점점 나빠지고 있다. 나는 내 동료들에게 헛된 희망을 주입시키길 원치 않는다.
   나는 담임선생님이 내게 자신감을 주입시켜준 것에 대해 감사하다.
2. 나는 음악과 언어 사이에 어떤 공통성이 있다고 생각한다.
   Brian의 말은 주민들 사이에서 어떤 공통성의 느낌을 주었다.
3. 그들은 호화로운 옷과 보석에 아낌없이 많은 돈을 썼다.
   Roger는 금광으로 돈을 벌었고 호화로운 삶을 살았다.

Day 25

Daily Test 1 P. 153

A
1 accountant
2 pervasive
3 spears
4 lawful
5 entrusted
6 strenuous
7 centralized
8 vivacious
9 Hampered
10 backtrack

Daily Test 2 P. 155

A
1 miscellaneous
2 perpetual
3 evicted
4 soluble
5 numb
6 gravy
7 deviant
8 downfall
9 binoculars
10 formulate

Day 26

Daily Test 1 P. 157

A
1 pedagogical
2 naughty
3 entangled
4 recessive
5 acclaimed
6 disperse
7 meek
8 docks
9 reconciliation
10 moist

Daily Test 2 P. 159

A
1 aviation
2 testimony
3 rehabilitation
4 unlocked
5 pathway
6 psychiatrist
7 robust
8 cavity
9 ridiculed
10 draped

Review Test 13

Day 25 + Day 26 P. 160

A
1 pervasive
2 strenuous
3 cellar
4 fleets
5 evicted
6 oversee
7 rally
8 recessive
9 robust
10 ridicule

B
1 창
2 얼레
3 활발한
4 녹는
5 쌍
6 버릇 없는
7 얽히게 만들다
8 열다
9 권리
10 수수

C
1 acclaim
2 evict
3 disperse
4 aviation
5 robust

D
1 b
2 a
3 e
4 d
5 c

E
1 splendid
2 rallied
3 conjures
4 stake
5 denotes

해석
1. 에펠탑에서 보는 파리의 야경은 "정말 멋졌다.
2. 그 미식축구팀의 서포터들은 선수들을 응원하기 위해 결집했다.
3. 앞쪽 정원의 그 오래된 나무는 내 할아버지의 기억을 떠올리게 한다.
4. 그 섬에서의 동물들의 생존은 위태롭다.
5. 학교 시험 보고서에서, 문자 "P"는 "Passed"를 나타낸다.

F
1 oversee
2 utilitarian
3 assimilated

4 acclaim

5 sabotages

G

1 ④ standpoint

2 ② nourish

3 ⑤ degrade

1. 건강의 관점에서, 밤 늦게 먹는 것은
   나쁜 습관이다.
   그 이슈는 정치적인 관점에서 다뤄져서
   는 안 된다.

2. 숲 속 생물들의 시체는 흙으로 바뀌고
   다른 생물들의 영양분이 된다.
   새로운 교육과정은 학생들에게 그들의
   재능을 발견하고 키울 수 있는 더 많은
   기회를 제공할 것이다.

3. 디지털화된 이미지는 종종 당신의
   얼굴에 대한 미묘한 정보의 품질을 떨어
   뜨린다.
   그는 그의 성취가 행운 때문이라고
   여겨졌을 때 비하당하는 느낌이 들었다.

Day 27

Daily Test 1 P. 165

A

1 intricate

2 determinant

3 rigorous

4 impeded

5 cruise

6 criterion

7 overturn

8 sensuous

9 plight

10 adhesive

Daily Test 2 P. 167

A

1 crumbled

---

2 vertebrate

3 unpacked

4 rodents

5 stride

6 analogous

7 pitfalls

8 armistice

9 unfolding

10 questionable

Day 28

Daily Test 1 P. 169

A

1 slender

2 forefront

3 perspires

4 guidelines

5 incessant

6 indubitable

7 temper

8 misfortune

9 erroneously

10 pensions

Daily Test 2 P. 171

A

1 disposition

2 overpass

3 obligatory

4 unveil

5 franchises

6 apathy

7 susceptible

8 nonexistent

9 meticulous

10 rhetorical

Review Test 14

Day 27 + Day 28 P. 172

A

1 outlast

2 determinant

3 sensuous

4 pitfall

5 armistice

6 forefront

7 perspire

8 temper

9 unveil

10 casualties

B

1 격렬한 분노

2 기준

3 상태

4 인색한

5 유사한

6 끝없이

7 오진

8 성격

9 무관심

10 양적

C

1 susceptible

2 sparse

3 overt

4 intricate

5 bountiful

D

1 e

2 b

3 d

4 a

5 c

E

1 unpacked
2 adept
3 sparse
4 bountiful
5 surmised

해석

1. Debra는 그녀의 짐을 풀어서 옷을 꺼냈다.
2. 음악과 그림 모두 능숙한 사람들이 있는 것 같다.
3. 부족한 비 때문에, 이 지역에서는 오직 몇몇 식물만이 남아 있다.
4. 그 강은 그 지역의 농작물에 풍부한 물 공급을 제공한다.
5. 그는 아들이 이미 공항에 도착했을 것이라고 추측했다.

F

1 barrels
2 redundant
3 overt
4 debased
5 transcript

G

1 ① rigorous
2 ② susceptible
3 ③ obligatory

해석

1. 완전히 유사한 것을 만들기 위한 가장 엄격한 시도도 궁극적으로는 선택적이다. 그 이론은 일련의 엄격한 실험 끝에 타당한 것으로 판명 되었다.
2. 이 식물이 추운 날씨에 민감하기 때문에, 실내에서 자라야 한다. 그 시인의 시는 모호하고 다양한 해석을 허용한다.
3. 주간 회의에 참석하는 것은 모든 프로젝트 일원들에게 의무적이다. 이 학교에서, 모든 학생들은 프랑스어를 배워야 한다. 이는 의무 과목이다.

Day 29

Daily Test 1　　　　P. 177

A

1 conquests
2 ambushed
3 gravel
4 Turbulent
5 implicit
6 reconfirm
7 shorthand
8 disapprove
9 ruthless
10 mythology

Daily Test 2　　　　P. 179

A

1 catastrophe
2 languished
3 covert
4 presume
5 deceit
6 unpredictable
7 smash
8 intrigued
9 equate
10 solemn

Day 30

Daily Test 1　　　　P. 181

A

1 licking
2 solitude
3 hereditary
4 preacher
5 ripples
6 ethnologist

7 vocational
8 causality
9 receptive
10 coincides

Daily Test 2　　　　P. 183

A

1 polygons
2 hover
3 nonprofitable
4 thigh
5 shuffled
6 dreary
7 influx
8 prudent
9 assorted
10 abort

Review Test 15

Day 29 + Day 30　　　　P. 184

A

1 maternal
2 conquest
3 implicit
4 deficit
5 unpredictable
6 hereditary
7 ripple
8 prosecute
9 causality
10 dreary

B

1 잠복
2 무자비한
3 참사
4 속임수
5 부풀어진

6   핥아 먹다
7   직업
8   받아 들이는
9   분류하다
10 중단하다

C

1   covert
2   drowsy
3   gauge
4   vocational
5   assort

D

1   b
2   c
3   a
4   e
5   d

E

1   deplore
2   agitated
3   drowsy
4   despised
5   enacted

해석

1. 최근에, 점점 많은 사람들이 가족간의 의사소통 부족에 대해 한탄한다.
2. 대부분의 농부들이 농업 정책의 변화를 주장한다.
3. 지난 밤 장시간의 공부는 아침 내내 그녀를 나른하게 했다.
4. 그 남자의 오만한 발언은 많은 이들로부터 경멸 받았다.
5. 새로운 법은 의회에 의해 제정되었고 즉시 효력이 있을 것이다.

F

1   ranch
2   accentuated
3   archaic
4   sluggish
5   rejoiced

G

1   ③ subside
2   ② solitude
3   ④ surmount

해석

1. 박수갈채가 진정 가라앉았을 때, 바이올린 연주자는 다른 클래식 작품을 연주했다.
   그 상품에 대한 수요는 빠르게 가라앉는 중이다.
2. 나는 숲 속을 걷는 것이 내게 고독과 휴식을 주기 때문에 좋아한다.
   다른 종류의 생각과 마찬가지로, 심사숙고하는 것은 고독을 필요로 한다.
3. 우리는 과학을 수학과 연관 지음으로써 과학의 장벽을 극복할 수 있다.
   높은 수준의 성취자들은 장애물을 무시하는 대신에 그들을 극복하는 것을 선호한다.

WORD MAX 6
5300

WorldCom Edu

Day 01

| 월 일 |

영어 단어에 해당하는 한국어 뜻을 함께 적으세요.

영어	한국어	영어	한국어
impact	영향, 충격; 영향(충격)을 주다	impact	영향, 충격; 영향(충격)을 주다
finding	결과, 결론		
arrange	마련하다, 주선하다		
gain	이익, (부, 체중의) 증가		
slightly	약간, 조금		
tendency	성향, 기질		
automatically	자동적으로, 기계적으로		
employment	고용, 취업, (기술 등의) 사용		
perception	인식, 지각		
depressed	우울한, 암울한, 침체된		
presence	존재, 참석, 출현		
currently	현재, 지금		
entirely	완전히, 전적으로, 전부		
surroundings	환경		
tremendous	엄청난, 대단한		
consequently	결과적으로, 따라서, 그 결과		
rational	합리적인, 이상적인, 분별있는		
ultimately	궁극적으로, 결국		
take for granted	~을 당연시하다		
vitamin	비타민		
essence	본질, 정수, 잔액		
interpretation	해석, 이해		
infection	감염, 오염		
secure	안전한; 안전하게 하다		
institute	기관, 협회; 세우다		
striking	눈에 띄는, 두드러진, 빼어난		
protective	보호하는, 보호용의, 방어적인		
consistent	일관된, 한결같은, 거듭되는		
capital	자본, 자산; 자본의, 자산의		
reasoning	추론, 추리		

다음 단어에 해당하는 영어 단어 또는 우리말을 쓰세요.

영어	한국어
arrange	
automatically	
consequently	
consistent	
capital	
currently	
depressed	
employment	
entirely	
essence	
finding	
gain	
impact	
infection	
interpretation	
perception	
presence	
protective	
rational	
reasoning	
secure	
slightly	
striking	
surroundings	
take for granted	
tendency	
tremendous	
ultimately	
vitamin	
institute	

한국어	영어
~을 당연시하다	
몡 감염, 오염	
몡 결과, 결론	
몡 성향, 기질	
몡 고용, 취업, (기술 등의) 사용	
몡 기관, 협회 동 세우다	
몡 본질, 정수, 잔액	
몡 비타민	
몡 영향, 충격 동 영향(충격)을 주다	
몡 이익, (부, 체중의) 증가	
몡 인식, 지각	
몡 자본, 자산 형 자본의, 자산의	
몡 존재, 참석, 출현	
몡 추론, 추리	
몡 해석, 이해	
몡 환경	
형 눈에 띄는, 두드러진, 빼어난	
형 보호하는, 보호용의, 방어적인	
형 안전한 동 안전하게 하다	
형 엄청난, 대단한	
형 우울한, 암울한, 침체된	
형 일관된, 한결같은, 거듭되는	
형 합리적인, 이상적인, 분별있는	
부 결과적으로, 따라서, 그 결과	
부 궁극적으로, 결국	
부 약간, 조금	
부 완전히, 전적으로, 전부	
부 자동적으로, 기계적으로	
부 현재, 지금	
동 마련하다, 주선하다	

Day 02

| 월 일 |

영어 단어에 해당하는 한국어 뜻을 함께 적으세요.

agent	대리인, 중개인	agent	대리인, 중개인
adapt	적응하다, 조정하다, 개작하다		
extend	확장하다, 연장하다, 늘이다		
productivity	생산성, 생산력, 다산(성)		
burst	터지다, 터뜨리다, 파열하다		
come across	우연히 만나다, (우연히) 발견하다		
auditory	청각의		
elegant	우아한다, 품격있는, 고상한		
resort	의존하다한, ~에 호소하다		
insightful	통찰력 있는, 식견있는		
colony	식민지, (개미, 벌, 새 등의) 집단		
stem	줄기, 종족, 계통; 생겨나다		
sue	고소하다, 소송을 제기하다		
belongings	재산, 소유물		
guilt	죄책감, 유죄, 책임		
harsh	가혹한, 냉혹한, 혹독한		
inevitable	불가피한, 필연적인		
inspiration	영감, 고취, 격려, 자극		
interpersonal	대인관계에 관련된		
municial	지방 자치제의		
amber	호박(색), (교통신호의) 황색		
drag	끌다, 느릿느릿 지나가다; 견인		
rehearsal	시연, 예행연습		
pave	(도로, 정원 등을) 포장하다		
slam	쾅 닫다, 세게 밀다		
real estate	부동산		
hypothesis	가설, 추정, 추측		
peculiar	이상한, 특별한, ~에 특유한(고유한)		
attentive	주의를 기울이는, 세심한		
margin	여백, 수익, 차이, 주변부		

다음 단어에 해당하는 영어 단어 또는 우리말을 쓰세요.　　　　　　　　○ ＿＿ 개　✗ ＿＿ 개

영어	한국어
adapt	
agent	
amber	
attentive	
auditory	
belongings	
burst	
colony	
come across	
drag	
elegant	
extend	
guilt	
harsh	
hypothesis	
inevitable	
insightful	
inspiration	
interpersonal	
margin	
municial	
pave	
peculiar	
productivity	
real estate	
rehearsal	
resort	
slam	
stem	
sue	

한국어	영어
몡 가설, 추정, 추측	
몡 대리인, 중개인	
몡 부동산	
몡 생산성, 생산력, 다산(성)	
몡 시연, 예행연습	
몡 식민지, 　　(개미, 벌, 새 등의) 집단	
몡 여백, 수익, 차이, 주변부	
몡 영감, 고취, 격려, 자극	
몡 재산, 소유물	
몡 죄책감, 유죄, 책임	
몡 줄기, 종족, 계통 동 생겨나다	
몡 호박(색), (교통신호의) 황색	
혱 가혹한, 냉혹한, 혹독한	
혱 대인관계에 관련된	
혱 불가피한, 필연적인	
혱 우아한, 품격있는, 고상한	
혱 이상한, 특별한, ~에 특유한	
혱 주의를 기울이는, 세심한	
혱 지방 자치제의	
혱 청각의	
혱 통찰력 있는, 식견 있는	
동 (도로, 정원 등을) 포장하다	
동 고소하다, 소송을 제기하다	
동 끌다, 느릿느릿 지나가다 몡 견인	
동 의존하다, ~에 호소하다	
동 적응하다, 조정하다	
동 쾅 닫다, 세게 밀다	
동 터지다, 터뜨리다, 파열하다	
동 확장하다, 연장하다, 늘이다	
우연히 만나다, (우연히) 발견하다	

영어 단어에 해당하는 한국어 뜻을 함께 적으세요.

hue	색조, 빛깔	hue	색조, 빛깔
monetary	화폐의, 통화의, 금융상의		
affordable	(가격이) 알맞은, 감당할 수 있는		
assess	(특성, 자질 등을) 재다, 가늠하다		
lag	뒤에 처지다, 뒤떨어지다		
invaluable	귀중한, 매우 유용한		
warranty	품질 보증(서)		
cue	단서, 실마리, 신호		
awe	경외감; 경외감을 느끼다		
herd	(짐승의) 떼, 무리		
faint	(빛, 소리 등이) 희미한, 약한		
irrelevant	무관한, 상관없는		
mainstream	(사상, 견해 등의) 주류, 대세		
outlet	(감정, 에너지의) 발산(배출) 수단, 출구, 배출구		
password	비밀번호, 암호		
intrinsic	고유한, 내적인, 내재적인		
venture	모험적 시도; 위험을 무릅쓰고 가다		
ignorant	무지한, 무식한, 무지막지한		
incentive	자극, 장려책, 동기		
underneath	~의 아래에; 밑면, 하부		
shortage	부족, 결핍		
concerning	~에 관한, 관련된		
constrain	제한하다, 제약하다, 강요하다		
accumulate	모으다, 축적하다		
paradigm	전형적인 양식, 패러다임		
corrupt	부정한, 부패한		
diffusion	발산, 확산, 보급		
detergent	세제; 깨끗하게 하는, 세척성의		
interior	내부, 내륙, 실내; 내부의		
regional	지방(지역)의		

다음 단어에 해당하는 영어 단어 또는 우리말을 쓰세요.　　　　　　　　O＿＿개　✕＿＿개

영어	한국어
accumulate	
affordable	
assess	
awe	
concerning	
constrain	
corrupt	
cue	
detergent	
diffusion	
faint	
herd	
hue	
ignorant	
incentive	
interior	
intrinsic	
invaluable	
irrelevant	
lag	
mainstream	
monetary	
outlet	
paradigm	
password	
regional	
shortage	
underneath	
venture	
warranty	

한국어	영어
명 (감정, 에너지의) 발산(배출) 수단, 배출구	
명 (사상, 견해 등의) 주류, 대세	
명 (짐승의) 떼, 무리	
명 경외감 동 경외감을 느끼다	
명 내부, 내륙, 실내 형 내부의	
명 단서, 실마리, 신호	
명 모험적 시도 동 위험을 무릅쓰고 가다	
명 발산, 확산, 보급	
명 부족, 결핍	
명 비밀번호, 암호	
명 색조, 빛깔	
명 세제 형 깨끗하게 하는, 세척의	
명 자극, 장려책, 동기	
명 전형적인 양식, 패러다임	
명 품질 보증(서)	
형 (가격이) 알맞은, 감당할 수 있는	
형 고유한, 내적인, 내재적인	
형 귀중한, 매우 유용한	
형 무관한, 상관없는	
형 무지한, 무식한, 무지막지한	
형 부정한, 부패한	
형 지방(지역)의	
형 화폐의, 통화의, 금융(상)의	
형 (빛, 소리 등이) 희미한, 약한	
전 ~에 관한, 관련된	
전 ~의 아래에 명 밑면, 하부	
동 (특성, 자질 등을) 재다, 가늠하다	
동 뒤에 처지다, 뒤떨어지다	
동 모으다, 축적하다	
동 제한하다, 제약하다, 강요하다	

영어 단어에 해당하는 한국어 뜻을 함께 적으세요.

discomfort	불편, 가벼운 통증, 불쾌	discomfort	불편, 가벼운 통증, 불쾌
companion	동료, 친구		
subconscious	잠재의식의; 잠재의식		
accommodate	공간을 제공하다, 수용하다		
strive	분투하다, 애쓰다		
extrovert	외향적인 사람		
upload	(데이터, 프로그램 등을) 전송하다, 업로드하다		
questionnaire	설문지		
clinic	(전문분야) 병원, 진료소		
rigid	엄격한, 융통성이 없는, 뻣뻣한		
supervision	감독, 관리, 지휘, 감시		
formula	공식, 방식, 제조법, 정형화된 문구		
upright	(자세가) 똑바른, 곧추 선		
firsthand	직접(으로); 직접의, 직접 얻은		
treadmill	(반복되는) 지루한 일, 러닝머신		
solvent	지급 능력이 있는; 용제, 용매		
simulate	흉내내다, ~의 모의 실험(훈련)을 하다		
peninsula	반도		
retention	보유, 유지, 기억(력)		
prolong	연장하다, 장기화하다		
burrow	굴을 파다; 굴		
rotate	회전하다, 회전시키다		
pursuit	추구		
scenic	경치가 좋은, 생생한		
chubby	통통한, 토실토실한		
internship	실습 훈련 기간, 인턴사원 근무		
stain	얼룩지게 하다; 얼룩		
outward	표면상의, 외부의		
resentment	분노, 적의		
distasteful	싫은, 불쾌한, 마음에 들지 않는		

다음 단어에 해당하는 영어 단어 또는 우리말을 쓰세요.　　　　　　　　　　O＿＿개　X＿＿개

영어	한국어
accommodate	
burrow	
simulate	
chubby	
clinic	
companion	
discomfort	
distasteful	
extrovert	
firsthand	
formula	
internship	
outward	
peninsula	
prolong	
pursuit	
questionnaire	
resentment	
retention	
rigid	
rotate	
scenic	
solvent	
stain	
strive	
subconscious	
supervision	
treadmill	
upload	
upright	

한국어	영어
명 (반복되는) 지루한 일, 러닝머신	
명 감독, 관리, 지휘, 감시	
동 흉내내다, ~의 모의 실험(훈련)을 하다	
명 공식, 방식, 제조법, 정형화된 문구	
명 동료, 친구	
명 반도	
명 (전문분야) 병원, 진료소	
명 보유, 유지, 기억(력)	
명 분노, 적의	
명 불편, 가벼운 통증, 불쾌	
명 설문지	
명 실습 훈련 기간, 인턴사원 근무	
명 외향적인 사람	
명 추구	
형 (자세가) 똑바른, 곧추 선	
형 경치가 좋은, 생생한	
형 싫은, 불쾌한, 마음에 들지 않는	
형 엄격한, 융통성이 없는	
형 잠재의식의 명 잠재의식	
형 지급 능력이 있는 명 용제, 용매	
형 통통한, 토실토실한	
형 표면상의, 외부의	
부 직접(으로) 형 직접의, 직접 얻은	
동 (데이터, 프로그램 등을) 전송하다, 업로드하다	
동 공간을 제공하다, 수용하다	
동 굴을 파다 명 굴	
동 분투하다, 애쓰다	
동 얼룩지게 하다 명 얼룩	
동 연장하다, 장기화하다	
동 회전하다	

Day 05

| 월 | 일 |

영어 단어에 해당하는 한국어 뜻을 함께 적으세요.

fallacy	오류, 착오, 그릇된 생각	fallacy	오류, 착오, 그릇된 생각
specimen	견본, 표본, (의학 검사용) 시료		
cardiovascular	심혈관의		
confine	한정하다, 국한하다		
variable	변동이 심한, 변화하기 쉬운; 변수		
illiterate	글을 읽거나 쓸 줄 모르는, 문맹의		
prospect	전망, 예상, 가능성		
blink	직전, (벼랑, 강가 등의) 끝		
multimedia	다중 매체의		
camouflage	위장; 위장하다		
run into	~을(과) 우연히 만나다		
tissue	(세포) 조직, 화장지		
hold on to	계속 유지하다, 고수하다		
reproduction	번식, 재현		
maneuver	책략, 술책, (군대, 군함 등의) 기동		
clumsy	서투른, 어설픈, 볼품없는		
fixate	정착(고정) 시키다, 응시하다		
envious	부러워하는, 시기하는		
checkered	체크무늬의, 가지각색의		
intensive	집중적인, 철저한, 집약적인		
extinguish	(불을) 끄다, 없애다		
acquisition	습득, 획득, 인수, 매입		
aboriginal	원주민의, 토착의		
prevalent	널리 퍼진, 만연한		
near-sighted	근시의, 근시안적인		
witness	목격하다; 목격자		
restrain	제지하다, 억제하다		
bothersome	성가신, 귀찮은		
dominance	지배, 우세, (생물, 심리) 우성		
corporate	기업의, 회사의, 공동의		

다음 단어에 해당하는 영어 단어 또는 우리말을 쓰세요.　　　　　　　　　　　O＿＿개　✕＿＿개

영어	한국어
aboriginal	
acquisition	
blink	
bothersome	
camouflage	
cardiovascular	
checkered	
clumsy	
confine	
corporate	
dominance	
envious	
extinguish	
fallacy	
fixate	
hold on to	
illiterate	
intensive	
maneuver	
multimedia	
near-sighted	
prevalent	
prospect	
reproduction	
restrain	
run into	
specimen	
tissue	
variable	
witness	

한국어	영어
~을(과) 우연히 만나다	
명 견본, 표본, (의학 검사용) 시료	
명 번식, 재현	
명 습득, 획득, 인수, 매입	
명 오류, 착오, 그릇된 생각	
명 위장 동 위장하다	
명 전망, 예상, 가능성	
명 (세포) 조직, 화장지	
명 지배, 우세, (생물, 심리) 우성	
명 직전, (벼랑, 강가 등의) 끝	
명 책략, 술책, (군대, 군함 등의) 기동	
형 근시의, 근시안적인	
형 글을 읽거나 쓸 줄 모르는, 문맹의	
형 기업의, 회사의, 공동의	
형 널리 퍼진, 만연한	
형 다중 매체의	
형 변동이 심한, 변화하기 쉬운 명 변수	
형 부러워하는, 시기하는	
형 서투른, 어설픈, 볼품없는	
형 성가신, 귀찮은	
형 심혈관의	
형 원주민의, 토착의	
형 집중적인, 철저한, 집약적인	
형 체크무늬의, 가지각색의	
동 (불을) 끄다, 없애다	
동 목격하다 명 목격자	
동 정착(고정) 시키다, 응시하다	
동 제지하다, 억제하다	
동 한정하다, 국한하다	
계속 유지하다, 고수하다	

Day 06 | 월   일 |

영어 단어에 해당하는 한국어 뜻을 함께 적으세요.

moderation	적당함, 온건, 절제, 완화	moderation	적당함, 온건, 절제, 완화
extracurricular	과외의		
extrinsic	외적인, 외부의, 비본질적인		
anthropology	인류학		
finite	한정된, 유한한		
indispensable	없어서는 안 될, 필수적인		
coherent	일관성 있는, 논리정연한		
headquarters	본사, 본부		
discharge	방출하다, 해고하다; 방출, 배출		
consensus	의견 일치, 합의		
enrage	격분하게 만들다		
mineral	광물, 무기질; 광물성의, 무기질의		
martial	호전적인, 전쟁의, 군대의		
coral	산호, 산호층; 산호색의		
plateau	고원, 안정기, 정체기		
nomadic	유목의, 방랑의		
membrane	(인체, 피부 조직의) 막		
ambitious	야심 있는, 야심적인, 의욕적인		
nectar	꿀, 과즙		
customary	관례적인, 관습상의, 습관적인		
empirical	경험적인, 실증적인		
complement	보완하다, 보충하다; 보완물, 보충물		
gross	총체의; 총계, 총체		
stink	악취가 풍기다; 악취		
array	집합체, 다수 배열; 배열하다 배치하다		
inertia	관성, 타성		
compact	소형의, 조밀한		
uncommon	흔하지 않은, 드문		
sharpen	날카롭게 하다, 깎다		
outline	윤곽, 요약; 개요를 서술하다		

다음 단어에 해당하는 영어 단어 또는 우리말을 쓰세요.

영어	한국어
ambitious	
anthropology	
array	
coherent	
compact	
complement	
consensus	
coral	
customary	
discharge	
empirical	
enrage	
extracurricular	
extrinsic	
finite	
gross	
headquarters	
indispensable	
inertia	
martial	
membrane	
mineral	
moderation	
nectar	
nomadic	
outline	
plateau	
sharpen	
stink	
uncommon	

한국어	영어
몡 (인체, 피부 조직의) 막	
몡 고원, 안정기, 정체기	
몡 꿀, 과즙	
몡 관성, 타성	
몡 광물, 무기질 혱 광물성의, 무기질의	
몡 집합체, 다수 배열 동 배열하다, 배치하다	
몡 본사, 본부	
몡 산호, 산호충 혱 산호색의	
몡 윤곽, 요약 동 개요를 서술하다	
몡 의견 일치, 합의	
몡 인류학	
몡 적당함, 온건, 절제, 완화	
혱 경험적인, 실증적인	
혱 과외의	
혱 관례적인, 관습상의, 습관적인	
혱 소형의, 조밀한	
혱 야심 있는, 야심적인, 의욕적인	
혱 없어서는 안 될, 필수적인	
혱 외적인, 외부의, 비본질적인	
혱 유목의, 방랑의	
혱 일관성 있는, 논리정연한	
혱 총체의 몡 총계, 총체	
혱 한정된, 유한한	
혱 호전적인, 전쟁의, 군대의	
혱 흔하지 않은, 드문	
동 격분하게 만들다	
동 날카롭게 하다, 깎다	
동 방출하다, 해고하다 몡 방출, 배출	
동 보완하다, 보충하다 몡 보완물, 보충물	
동 악취가 풍기다 몡 악취	

영어 단어에 해당하는 한국어 뜻을 함께 적으세요.

savage	흉악한, 야생의, 몹시 성낸	savage	흉악한, 야생의, 몹시 성낸
tide	조수, 밀물과 썰물		
parliament	(주로 영국의) 국회, 의회		
numerical	수의, 수와 관련된, 숫자로 된		
fingertip	손가락 끝		
outweigh	~보다 더 크다, 능가하다, 중대하다		
pollination	수분(작용)		
pupil	학생, 제자, 눈동자, 동공		
strap	(가죽, 천 등으로 된) 끈, 줄		
gleam	어슴푸레하게 빛나다; 희미한 빛		
predetermined	미리 결정된, 예정된		
periodic	주기적인, 간헐적인		
unbearable	참을 수 없는, 견딜 수 없는		
peripheral	중요하지 않는, 지엽적인, 주변적인		
unavoidable	불가피한, 어쩔 수 없는		
situate	(어떤 위치에) 두다, 위치시키다		
spotlight	세간의 주목, 환한 조명		
sanitation	위생 시설, 공중 위생		
pediatric	소아과의		
outdated	구식의, 진부한		
visualize	상상하다, 시각화하다		
thrilling	황홀한, 흥분한, 아주 신나는		
salient	가장 중요한, 두드러진		
traumatic	충격적인, 정신적 충격이 큰		
sturdy	튼튼한, 견고한		
scope	범위, 영역, 여지		
outage	정전, 단수		
mediation	조정, 중개, 중재		
dreadful	무서운, 끔찍한		
monumental	기념비적인, 엄청난, 불후의		

다음 단어에 해당하는 영어 단어 또는 우리말을 쓰세요.　　　　　　　　　　　　　○＿＿개　✕＿＿개

영어	한국어
dreadful	
fingertip	
gleam	
mediation	
monumental	
numerical	
outage	
outdated	
outweigh	
parliament	
pediatric	
periodic	
peripheral	
pollination	
predetermined	
pupil	
salient	
sanitation	
savage	
scope	
situate	
spotlight	
strap	
sturdy	
thrilling	
tide	
traumatic	
unavoidable	
unbearable	
visualize	

한국어	영어
몡 (가죽, 천 등으로 된) 끈, 줄	
몡 (주로 영국의) 국회, 의회	
몡 범위, 영역, 여지	
몡 세간의 주목, 환한 조명	
몡 손가락 끝	
몡 수분(작용)	
몡 위생 시설, 공중 위생	
몡 정전, 단수	
몡 조수, 밀물과 썰물	
몡 조정, 중개, 중재	
몡 학생, 제자, 눈동자, 동공	
톙 가장 중요한, 두드러진	
톙 구식의, 진부한	
톙 기념비적인, 엄청난, 불후의	
톙 충격적인, 정신적 충격이 큰	
톙 무서운, 끔찍한	
톙 미리 결정된, 예정된	
톙 불가피한, 어쩔 수 없는	
톙 황홀한, 흥분한, 아주 신나는	
톙 소아과의	
톙 수의, 수와 관련된, 숫자로 된	
톙 주기적인, 간헐적인	
톙 중요하지 않은, 지엽적인, 주변적인	
톙 참을 수 없는, 견딜 수 없는	
톙 튼튼한, 견고한	
톙 흉악한, 야생의, 몹시 성낸	
통 (어떤 위치에) 두다, 위치시키다	
통 ~보다 더 크다, 능가하다, 중대하다	
통 상상하다, 시각화하다	
통 어슴푸레하게 빛나다 몡 희미한 빛	

영어	한국어		
conspicuous	눈에 잘 띄는, 두드러지는	conspicuous	눈에 잘 띄는, 두드러지는
momentum	탄력, 가속도, 운동량		
apparel	의류, 의복		
coordinate	조직화하다, 조정하다		
compound	복합체, 화합물 ; 합성의		
amid	~의 한복판에, ~에 둘러싸여		
fuzzy	흐린, 애매한, 불분명한		
assurance	확언, 확약, 보장		
inhabitant	주민		
infrastructure	사회 공공 기반 시설		
itinerary	여정, 여행 일정표		
multinational	다국적의		
celestial	하늘의, 천체의		
intensify	강화하다, ~을 격렬하게 하다		
imbalance	불균형, 불안정		
yearn	갈망하다, 동경하다		
immunize	면역력을 갖게하다		
intruder	침입자, 강도		
incompatible	화합이 안 되는, 상반되는		
inference	추론		
affluent	부유한, 유복한		
gymnastics	체조		
intriguing	흥미를 자아내는, 호기심을 자극하는		
alienation	소외, 멀리함, 이간		
injustice	불평등, 부정, 부당성		
grasshopper	메뚜기, 베짱이		
runway	활주로, 수로, (극장, 공연장의) 객석통로		
repel	격퇴하다, 물리치다 (자석따위가) 반발하다		
fuss	호들갑, 소란, 법석		
unreliable	믿을 수 없는, 신뢰할 수 없는		

다음 단어에 해당하는 영어 단어 또는 우리말을 쓰세요.   O____개   X____개

영어	한국어
affluent	
alienation	
amid	
apparel	
assurance	
celestial	
compound	
conspicuous	
coordinate	
fuss	
fuzzy	
grasshopper	
gymnastics	
imbalance	
immunize	
incompatible	
inference	
infrastructure	
inhabitant	
injustice	
intensify	
intriguing	
intruder	
itinerary	
momentum	
multinational	
repel	
runway	
unreliable	
yearn	

한국어	영어
명 메뚜기, 베짱이	
명 복합체, 화합물 형 합성의	
명 불균형, 불안정	
명 불평등, 부정, 부당성	
명 사회 공공 기반 시설	
명 소외, 멀리함, 이간	
명 여정, 여행 일정표	
명 의류, 의복	
명 주민	
명 체조	
명 추론	
명 침입자, 강도	
명 탄력, 가속도, 운동량	
명 호들갑, 소란, 법석	
명 확언, 확약, 보장	
명 활주로, 수로, (극장, 공연장의) 객석통로	
형 흐린, 애매한, 불분명한	
형 눈에 잘 띄는, 두드러지는	
형 다국적의	
형 믿을 수 없는, 신뢰할 수 없는	
형 부유한, 유복한	
형 하늘의, 천체의	
형 화합이 안 되는, 상반되는	
형 흥미를 자아내는, 호기심을 자극하는	
전 ~의 한복판에, ~에 둘러싸여	
동 갈망하다, 동경하다	
동 강화하다, ~을 격렬하게 하다	
동 격퇴하다, 물리치다 (자석따위가) 반발하다	
동 면역력을 갖게하다	
동 조직화하다, 조정하다	

영어 단어에 해당하는 한국어 뜻을 함께 적으세요.

parasitic	기생충에 의한, 기생하는	parasitic	기생충에 의한, 기생하는
triple	3배의, 3박자의		
radar	레이더, 전파 탐지기		
prone	~하기 쉬운, ~의 경향이 있는		
unfounded	근거 없는, 사실 무근의		
preoccupied	(생각, 걱정에) 사로잡힌, 집착하는		
reunion	모임, 동창회		
align	정렬하다, 한줄이 되다, 제휴하다		
submission	제출, 항복, 굴복		
hindrance	방해, 장애물		
quest	탐구, 탐색		
moss	이끼		
uphold	유지시키다, ~을 지지하다		
prolific	다작의, 다산의		
constitute	구성하다, 간주하다		
monopoly	독점, 전매, 독차지		
unjust	부당한, 불공평한		
ovation	열렬한 박수, 환영		
obscure	불분명한, 애매한, 잘 알려지지 않은		
plumber	배관공		
tackle	(힘든 문제 등과) 씨름하다		
poultry	(닭, 오리 등의) 가금류		
entrepreneur	기업가, 사업가		
turbulence	격동, 난기류		
surge	(재빨리) 밀려들다, 밀려오다		
revise	개정하다, 수정하다		
disparity	(불공평한) 차이, 격차, 불균형		
deterioration	악화		
deficient	부족한, 결함 있는		
unload	(자동차, 선박 등에서) 짐을 내리다		

다음 단어에 해당하는 영어 단어 또는 우리말을 쓰세요.　　　　　　　　Ｏ＿＿개　✕＿＿개

영어	한국어
align	
constitute	
deficient	
deterioration	
disparity	
entrepreneur	
hindrance	
monopoly	
moss	
obscure	
ovation	
parasitic	
plumber	
poultry	
preoccupied	
prolific	
prone	
quest	
radar	
reunion	
revise	
submission	
surge	
tackle	
triple	
turbulence	
unfounded	
unjust	
unload	
uphold	

한국어	영어
명 (닭, 오리 등의) 가금류	
명 (불공평한) 차이, 격차, 불균형	
명 격동, 난기류	
명 기업가, 사업가	
명 독점, 전매, 독차지	
명 레이더, 전파 탐지기	
명 모임, 동창회	
명 방해, 장애물	
명 배관공	
명 악화	
명 열렬한 박수, 환영	
명 이끼	
명 제출, 항복, 굴복	
명 탐구, 탐색	
형 (생각, 걱정에) 사로잡힌, 집착하는	
형 ~하기 쉬운, ~의 경향이 있는	
형 3배의, 3박자의	
형 근거 없는, 사실 무근의	
형 기생충에 의한, 기생하는	
형 다작의, 다산의	
형 부당한, 불공평한	
형 부족한, 결함 있는	
형 불분명한, 애매한, 잘 알려지지 않은	
동 (힘든 문제 등과) 씨름하다	
동 (자동차, 선박 등에서) 짐을 내리다	
동 (재빨리) 밀려들다, 밀려오다	
동 개정하다, 수정하다	
동 구성하다, 간주하다	
동 유지시키다, ~을 지지하다	
동 정렬하다, 한줄이 되다, 제휴하다	

Day 10

| 월 일 | 영어 단어에 해당하는 한국어 뜻을 함께 적으세요.

banquet	연회, 만찬, 성찬	banquet	연회, 만찬, 성찬
utensil	도구, 기구		
brutal	잔인한, 난폭한, 악랄한		
caregiver	(병자, 아이들을) 돌보는 사람		
communal	공동의, 공동 사회의		
conscience	양심, (양심의) 가책		
buildup	증강, 강화, 축적		
adjacent	인접한, 가까운		
botanic	식물의, 식물학의		
anguish	괴로움, 비통, 고뇌		
conducive	~에 도움이 되는, ~에 좋은		
apparatus	기구, 장치, (신체의) 기관		
afloat	(물, 공기 중에) 뜬, 해상의		
contestant	(대회, 시합 등의) 참가자, 경쟁자		
desolate	황량한, 쓸쓸한, 적막한		
amphibian	양서류 (동물)		
authentic	진짜의, 진품인, 진정한		
slap	(손바닥으로) 찰싹 때리다		
astound	경악스러운, 놀랄만한		
deceptive	남을 속이는, 현혹하는		
dormant	잠자는, 휴면기의		
configuration	구성, 배치, 배열		
deem	~로 생각하다, ~로 여기다		
scribble	휘갈겨 쓰다, 낙서하다, 흘려쓰다		
pore	(피부, 잎 등의) 작은 구멍		
grin	(소리없이) 활짝 웃다; 활짝 웃는 웃음		
geographic	지리학의, 지리적인		
hallmark	(전형적인) 특징, 특질		
obligation	(법적, 도의적) 의무		
integral	필수적인, 필수불가결한, 완전한		

다음 단어에 해당하는 영어 단어 또는 우리말을 쓰세요.　　　　　　　　　○___개　✕___개

영어	한국어
banquet	
adjacent	
afloat	
amphibian	
anguish	
apparatus	
astound	
authentic	
botanic	
brutal	
buildup	
caregiver	
communal	
conducive	
configuration	
conscience	
contestant	
deceptive	
deem	
desolate	
dormant	
geographic	
grin	
hallmark	
integral	
obligation	
pore	
scribble	
slap	
utensil	

한국어	영어
명 (대회, 시합 등의) 참가자	
명 (법적, 도의적) 의무	
명 (병자, 아이들을) 돌보는 사람	
명 (전형적인) 특징, 특질	
명 (피부, 잎 등의) 작은 구멍	
명 괴로움, 비통, 고뇌	
명 구성, 배치, 배열	
명 기구, 장치, (신체의) 기관	
명 도구, 기구	
명 양서류 (동물)	
명 양심, (양심의) 가책	
명 연회, 만찬, 성찬	
명 증강, 강화, 축적	
형 (물, 공기 중에) 뜬, 해상의	
형 경악스러운, 놀랄만한	
형 공동의, 공동 사회의	
형 남을 속이는, 현혹하는	
형 ~에 도움이 되는, ~에 좋은	
형 식물의, 식물학의	
형 인접한, 가까운	
형 잔인한, 난폭한, 악랄한	
형 잠자는, 휴면기의	
형 지리학의, 지리적인	
형 진짜의, 진품인, 진정한	
형 필수적인, 필수불가결한	
형 황량한, 쓸쓸한, 적막한	
동 (손바닥으로) 찰싹 때리다	
동 ~로 생각하다, ~로 여기다	
동 (소리없이) 활짝 웃다	
동 휘갈겨 쓰다, 낙서하다 흘려쓰다	

Day 11

| 월 일 | 영어 단어에 해당하는 한국어 뜻을 함께 적으세요.

habitual	습관적인, 상습적인	habitual	습관적인, 상습적인
irresistible	저항할 수 없는, 거부할 수 없는		
liable	법적 책임이 있는, ~해야 할 의무가 있는		
paradoxical	역설적인, 모순의		
introspective	자기 성찰적인, 자기 반성의		
offensive	모욕적인, 공격적인; (군사적) 공격		
neural	신경(계통)의		
easygoing	(성격이) 느긋한, 태평한		
heredity	유전, 세습		
eloquent	호소력 있는, 웅변의, 달변의		
endorse	(공개적으로) 지지하다, 보증하다		
fungi	균, 곰팡이류, 세균		
multitude	다수, 군중		
imprint	(각인된) 자국; 각인시키다		
heartbeat	심장 박동		
inscription	비문, 글귀		
nuisance	성가신 일, 골칫거리		
downside	단점, 불리한 면		
improvise	임시변통으로 마련하다, 즉석에서 연주를 하다		
dubious	의심스러운, 미심쩍은		
impoverished	빈곤한, 빈약한, 결핍된		
faulty	결점이 있는, 잘못된		
inflammation	(신체 부위의) 염증		
merge	합병하다, 통합하다		
overheat	과열하다, 과열되다		
euphemism	완곡 어법, 완곡한 표현		
prevail	만연하다, 승리하다		
stunning	굉장히 아름다운, 굉장히 멋진, 근사한		
rotten	썩은, 부패한, 형편없는		
thermal	열의, 온도의, 보온성이 좋은		

영어	한국어
downside	
dubious	
easygoing	
eloquent	
endorse	
euphemism	
faulty	
fungi	
habitual	
heartbeat	
heredity	
impoverished	
imprint	
improvise	
inflammation	
inscription	
introspective	
irresistible	
liable	
merge	
multitude	
neural	
nuisance	
offensive	
overheat	
paradoxical	
prevail	
rotten	
stunning	
thermal	

한국어	영어
명 (신체 부위의) 염증	
명 균, 곰팡이류, 세균	
명 다수, 군중	
명 단점, 불리한 면	
명 비문, 글귀	
명 성가신 일, 골칫거리	
명 심장 박동	
명 완곡 어법, 완곡한 표현	
명 유전, 세습	
명 (각인된) 자국 동 각인시키다	
형 (성격이) 느긋한, 태평한	
형 결점이 있는, 잘못된	
형 굉장히 아름다운, 굉장히 멋진, 근사한	
형 자기 성찰적인, 자기 반성의	
형 모욕적인, 공격적인 명 (군사적) 공격	
형 법적 책임이 있는, ~해야 할 의무가 있는	
형 빈곤한, 빈약한, 결핍된	
형 습관적인, 상습적인	
형 신경(계통)의	
형 썩은, 부패한, 형편없는	
형 역설적인, 모순의	
형 열의, 온도의, 보온성이 좋은	
형 의심스러운, 미심쩍은	
형 저항할 수 없는, 거부할 수 없는	
형 호소력 있는, 웅변의, 달변의	
동 과열하다, 과열되다	
동 만연하다, 승리하다	
동 임시변통으로 마련하다, 즉석에서 연주를 하다	
동 (공개적으로) 지지하다, 보충하다	
동 합병하다, 통합하다	

영어 단어에 해당하는 한국어 뜻을 함께 적으세요.

sprint	전력 질주하다; 단거리 경기	sprint	전력 질주하다; 단거리 경기
setback	방해, 차질, 역행		
spatial	공간의, 공간적인		
stern	엄중한, 근엄한, 심각한		
physique	체격, 몸매		
revelation	폭로, 뜻 밖의 사실, 계시		
recipient	수령인, 수취자		
acquaint	익히다, 숙지하다		
punctual	시간을 잘 지키는, 엄수하는		
preferable	선호되는, 더 나은		
rag	걸레, 누더기		
suspension	정지, 보류, 정학, 완충장치		
dodge	잽싸게 몸을 피하다, 회피하다		
petition	청원, 탄원(서); 진정하다, 탄원하다		
rearing	양육, 사육; (아이를) 기르다		
rinse	헹구다, 씻어내다; 물에 씻기		
probable	어떤 일이 있을 것 같은, 개연성 있는		
skim	걷어내다, 대충 훑어 보다		
tedious	지루한, 싫증나는		
resilient	회복력 있는, 탄력 있는		
raid	습격, 급습; 불시에 들이닥치다, 급습하다		
problematic	문제가 있는(많은)		
reef	암초, 모래톱		
portfolio	작품집, 포트폴리오, 서비스 목록		
secondhand	간접의(전해들은), 중고의; 중고로		
thrifty	절약하는, 검소한		
addictive	(약물 등의) 중독성의, 습관화된		
wobble	흔들다, 비틀거리다		
archival	기록의, 고문서의		
relocate	(기업, 근로자 등이) 이전하다, 재배치하다		

다음 단어에 해당하는 영어 단어 또는 우리말을 쓰세요.   O____개   X____개

영어	한국어
acquaint	
addictive	
archival	
dodge	
petition	
physique	
portfolio	
preferable	
probable	
problematic	
punctual	
rag	
raid	
rearing	
recipient	
reef	
relocate	
resilient	
revelation	
rinse	
secondhand	
setback	
skim	
spatial	
sprint	
stern	
suspension	
tedious	
thrifty	
wobble	

한국어	영어
명 걸레, 누더기	
명 방해, 차질, 역행	
명 수령인, 수취자	
명 습격, 급습 동 불시에 들이닥치다, 급습하다	
명 암초, 모래톱	
명 양육, 사육 동 (아이를) 기르다	
명 작품집, 포트폴리오, 서비스 목록	
명 정지, 보류, 정학, 완충장치	
명 청원, 탄원(서) 동 진정하다, 탄원하다	
명 체격, 몸매	
명 폭로, 뜻 밖의 사실, 계시	
형 (약물 등의) 중독성의, 습관화된	
형 간접의(전해들은), 중고의 부 중고로	
형 공간의, 공간적인	
형 기록의, 고문서의	
형 문제가 있는(많은)	
형 선호되는, 더 나은	
형 시간을 잘 지키는, 엄수하는	
형 어떤 일이 있을 것 같은, 개연성 있는	
형 엄중한, 근엄한, 심각한	
형 절약하는, 검소한	
형 지루한, 싫증나는	
형 회복력 있는, 탄력 있는	
동 걷어내다, 대충 훑어 보다	
동 (기업, 근로자 등이) 이전하다, 재배치하다	
동 익히다, 숙지하다	
동 잽싸게 몸을 피하다, 회피하다	
동 전력 질주하다 명 단거리 경기	
동 헹구다, 씻어내다 명 물에 씻기	
동 흔들다, 비틀거리다	

Day 13

| 월 | 일 |

영어 단어에 해당하는 한국어 뜻을 함께 적으세요.

vicious	잔인한, 악랄한, 포악한	vicious	잔인한, 악랄한, 포악한
displace	대체하다, 쫓아내다, 옮겨놓다		
undermine	약화 시키다		
utterly	완전히, 전적으로, 참으로		
engrave	새기다, 조각하다		
unclear	불명확한, 정확하지 않은		
abusive	모욕적인, 학대하는		
sob	흐느끼며 울다; 흐느낌		
immobilize	고정시키다, ~을 움직이지 못하게 하다		
conceive	생각하다, 상상하다, 이해하다		
turmoil	혼란, 소란		
volatile	휘발성의, 변덕스러운, 불안한		
warehouse	창고		
tricky	힘든, 까다로운		
acute	급성의, 극심한, (감각이) 예민한		
wholesale	도매의, 대량의; 도매, 대량판매		
additive	첨가물, 첨가제; 부가적인		
affectionate	다정한, 애정 어린		
flatten	납작해지다, 평평하게 하다		
withhold	보류하다, 억제하다		
verify	사실임을 증명(입증) 하다		
endow	(기금, 재산으로) 기부하다, (재능, 특징을) 부여하다		
weary	지친, 피곤한; 지치게하다		
velocity	(빠른) 속도		
admirable	감탄할 만한, 존경스러운		
blight	(곡식의) 병충해; 망치다, 엉망으로 만들다		
assault	폭행(죄), 공격; 폭행하다		
affiliate	제휴하다; 계열사		
compress	압축하다, 꾹 누르다		
antiseptic	소독이 되는, 소독된; 소독제, 방부제		

다음 단어에 해당하는 영어 단어 또는 우리말을 쓰세요.

영어	한국어
abusive	
acute	
additive	
admirable	
affectionate	
affiliate	
antiseptic	
assault	
blight	
compress	
conceive	
displace	
endow	
engrave	
flatten	
immobilize	
sob	
tricky	
turmoil	
unclear	
undermine	
utterly	
velocity	
verify	
vicious	
volatile	
warehouse	
weary	
wholesale	
withhold	

한국어	영어
명 (곡식의) 병충해 동 망치다, 엉망으로 만들다	
명 (빠른) 속도	
명 창고	
명 첨가물, 첨가제 형 부가적인	
명 폭행(죄), 공격 동 폭행하다	
명 혼란, 소란	
형 감탄할 만한, 존경스러운	
형 급성의, 극심한, (감각이) 예민한	
형 다정한, 애정 어린	
형 도매의, 대량의 명 도매, 대량판매	
형 모욕적인, 학대하는	
형 불명확한, 정확하지 않은	
형 소독이 되는, 소독된 명 소독제	
형 잔인한, 악랄한, 포악한	
형 지친, 피곤한 동 지치게하다	
형 휘발성의, 변덕스러운, 불안한	
형 힘든, 까다로운	
부 완전히, 전적으로, 참으로	
동 (기금, 재산으로) 기부하다, (재능, 특징을) 부여하다	
동 고정시키다, ~을 움직이지 못하게 하다	
동 납작해지다, 평평하게 하다	
동 대체하다, 쫓아내다, 옮겨놓다	
동 보류하다, 억제하다	
동 사실임을 증명(입증) 하다	
동 새기다, 조각하다	
동 생각하다, 상상하다, 이해하다	
동 압축하다, 꼭 누르다	
동 약화 시키다	
동 제휴하다 명 계열사	
동 흐느끼며 울다 명 흐느낌	

Day 14

| 월 일 |

영어 단어에 해당하는 한국어 뜻을 함께 적으세요.

영어	한국어	영어	한국어
carnivorous	육식성의	carnivorous	육식성의
bizarre	기이한, 특이한		
comparative	비교의, 상대적인		
aspire	열망(염원)하다		
chronological	연대순의, 연대기의		
arena	(원형) 경기장, 공연장		
backbone	등뼈, 척추		
civilian	(주로 군인과 대비해) 민간인; 민간의		
altruism	이타주의, 이타심		
complicit	(주로 안 좋은 일에) 연루된, 공모한		
blindfold	(눈가리개로) 눈을 가리다; 눈가리개		
backfire	역효과를 낳다; 역효과를 낳는 행위		
autonomy	자치권, 자립, 독립		
bearable	참을만한, 견딜만한		
automotive	자동차의, 자동추진의		
catchy	기억하기 쉬운, 외우기 쉬운		
antecedent	선례, 선행사건 ; 선행하는, 이전의		
ambient	주위의, 잔잔한		
concise	간결한, 축약된		
averse	몹시 싫어하는, 싫어하여		
barter	물물 교환하다		
anatomy	해부학, 해부학적 구조		
candid	솔직한, 자연스러운		
bland	단조로운, 온화한		
compulsion	강제, 강박(현상), 강요		
formidable	만만치 않은, 어마어마한		
discord	불일치, 불화		
descent	하강, 내리막		
expenditure	지출, 비용, 경비		
festive	축제의, 기념일의, 명절 기분의		

다음 단어에 해당하는 영어 단어 또는 우리말을 쓰세요.

영어	한국어
altruism	
ambient	
anatomy	
antecedent	
arena	
aspire	
automotive	
autonomy	
averse	
backbone	
backfire	
barter	
bearable	
bizarre	
bland	
blindfold	
candid	
carnivorous	
catchy	
chronological	
civilian	
comparative	
complicit	
compulsion	
concise	
descent	
discord	
expenditure	
festive	
formidable	

한국어	영어
명 (원형) 경기장, 공연장	
명 강제, 강박(현상), 강요	
명 등뼈, 척추	
명 (주로 군인과 대비해) 민간인 형 민간의	
명 불일치, 불화	
명 선례, 선행사건 형 선행하는, 이전의	
명 이타주의, 이타심	
명 자치권, 자립, 독립	
명 지출, 비용, 경비	
명 하강, 내리막	
명 해부학, 해부학적 구조	
형 간결한, 축약된	
형 기억하기 쉬운, 외우기 쉬운	
형 기이한, 특이한	
형 단조로운, 온화한	
형 만만치 않은, 어마어마한	
형 몹시 싫어하는, 싫어하여	
형 비교의, 상대적인	
형 솔직한, 자연스러운	
형 연대순의, 연대기의	
형 (주로 안 좋은 일에) 연루된, 공모한	
형 육식성의	
형 자동차의, 자동추진의	
형 주위의, 잔잔한	
형 참을만한, 견딜만한	
형 축제의, 기념일의, 명절기분의	
동 (눈가리개로) 눈을 가리다 명 눈가리개	
동 물물 교환하다	
동 역효과를 낳다 명 역효과를 낳는 행위	
동 열망(염원)하다	

Day 15

| 월 일 |

영어 단어에 해당하는 한국어 뜻을 함께 적으세요.

ephemeral	수명이 짧은, 단명하는	ephemeral	수명이 짧은, 단명하는
descendant	자손, 후예, (과거에서) 유래한 것		
embody	구체화하다, 구현하다		
curse	저주, 욕설; 욕(설)을 하다, 악담을 하다		
clingy	점착성의, 달라붙는		
converge	모여들다, 집중되다; 모여듬, 집중		
courteous	공손한, 정중한		
contradictory	모순되는, 상반된, 부정적인		
frenzy	광분, 격분, 격양, 광포		
dissent	의견차이, 반대; 의견이 다르다		
contingent	~의 여하에 달린; 대표단		
finalize	마무리 하다, 완결하다		
discrepancy	차이, 어긋남, 불일치		
pierce	뚫다, 관통하다, 찌르다		
downplay	경시하다, 대단치 않게 생각하다		
excavation	발굴, 발굴지, 땅파기		
concur	동의하다, (의견이) 일치하다, 동시에 일어나다		
deprive	빼앗다, 박탈하다		
fraught	(좋지 않은 것들로) 가득한, 걱정하는		
diarrhea	설사		
coveted	탐내는, 갈망하던, 부러움을 사는		
drawback	결점, 문제점, 방해, 철수		
frantic	광란적인, 정신없이 서두는		
devour	게걸스레 먹다, 집어 삼키다		
courageous	용감한, 용기있는, 담력있는, 배짱있는		
immerse	(액체 속에) 담그다, 몰두하다		
inconvenient	불편한, 곤란한, 부자유스러운		
imprudent	현명하지 못한, 경솔한, 무모한		
marvel	놀라다, 경이로워하다; 경이로움, 경이		
impending	곧 닥칠, 임박한		

다음 단어에 해당하는 영어 단어 또는 우리말을 쓰세요.

영어	한국어
clingy	
concur	
contingent	
contradictory	
converge	
courageous	
courteous	
coveted	
curse	
deprive	
descendant	
devour	
diarrhea	
discrepancy	
dissent	
downplay	
drawback	
embody	
ephemeral	
excavation	
finalize	
frantic	
fraught	
frenzy	
immerse	
impending	
imprudent	
inconvenient	
marvel	
pierce	

한국어	영어
명 결점, 문제점, 방해, 철수	
동 놀라다, 경이로워하다 명 경이로움, 경이	
명 광분, 격분, 격양, 광포	
형 ~의 여하에 달린 명 대표단	
명 발굴, 발굴지, 땅파기	
명 설사	
명 의견차이, 반대 동 의견이 다르다	
명 자손, 후예, (과거에서) 유래한 것	
명 저주, 욕설 동 욕(설)을 하다, 악담을 하다	
명 차이, 어긋남, 불일치	
형 (좋지 않은 일들로) 가득한, 걱정하는	
형 곧 닥칠, 임박한	
형 공손한, 정중한	
형 광란적인, 정신없이 서두는	
형 모순되는, 상반된, 부정적인	
형 불편한, 곤란한, 부자유스러운	
형 수명이 짧은, 단명하는	
형 용감한, 용기있는, 담력있는, 배짱있는	
형 점착성의, 달라붙는	
형 탐내는, 갈망하던, 부러움을 사는	
형 현명하지 못한, 경솔한, 무모한	
동 (액체 속에) 담그다, 몰두하다	
동 게걸스레 먹다, 집어삼키다	
동 경시하다, 대단치 않게 생각하다	
동 구체화하다, 구현하다	
동 뚫다, 관통하다, 찌르다	
동 마무리 하다, 완결하다	
동 모여들다, 집중되다 명 모여듬, 집중	
동 빼앗다, 박탈하다	
동 동의하다, (의견이) 일치하다, 동시에 일어나다	

Day 16

| 월 일 |

영어 단어에 해당하는 한국어 뜻을 함께 적으세요.

gourmet	미식가, 식도락가	gourmet	미식가, 식도락가
horrific	끔찍한, 무시무시한		
glossy	광택; 윤이 나는		
insure	보험에 가입하다, 보증하다		
juvenile	청소년의, 나이 어린; 청소년		
germinate	싹트다, 발아시키다, 시작되다		
gist	(대화, 글의) 요지, 요점, 골자		
kinesthetic	운동감각(성)의		
irregular	고르지 않은, 불규칙의		
insurmountable	(곤경, 문제 등이) 극복할 수 없는, 이겨내기 어려운		
gobble	게걸스럽게 먹다		
invalid	무효한, 타당하지 않은, 병약한		
grid	격자 무늬, 격자판, (가스, 전기 등의) 배관망		
instantaneous	즉각적인, 순간적인		
impartial	공정한, 편견이 없는		
honorary	명예의, 명예직의		
illegible	읽기 어려운, 판독하기 어려운		
intermediary	중재자, 중개인; 중간의, 중개의		
groundless	근거 없는, 사실 무근의		
lukewarm	미온적인, 미지근한		
metabolism	신진대사, 물질대사		
invertebrate	무척추동물		
incremental	점진적인, 증가의		
inhibit	억제하다, 금하다, 못하게 막다		
gravitate	인력에 끌리다, 가라앉다		
recurrent	되풀이되는, 재발하는		
shrub	관목		
ambivalent	상반된 감정이 존재하는, 애증이 엇갈리는		
glide	미끄러지다, 미끄러지듯 움직이다		
sanitize	(청소, 살균 등으로) ~을 깨끗하게 만들다		

다음 단어에 해당하는 영어 단어 또는 우리말을 쓰세요.

영어	한국어
ambivalent	
germinate	
gist	
glide	
glossy	
gobble	
gourmet	
gravitate	
grid	
groundless	
honorary	
horrific	
illegible	
impartial	
incremental	
inhibit	
instantaneous	
insure	
insurmountable	
intermediary	
invalid	
invertebrate	
irregular	
juvenile	
kinesthetic	
lukewarm	
metabolism	
recurrent	
sanitize	
shrub	

한국어	영어
명 (대화, 글의) 요지, 요점, 골자	
명 관목	
명 광택　형 윤이 나는	
명 미식가, 식도락가	
명 중재자, 중개인 형 중간의, 중개의	
형 격자 무늬, 격자판, (가스, 전기 등의) 배관망	
형 고르지 않은, 불규칙의	
형 공정한, 편견이 없는	
형 근거 없는, 사실 무근의	
형 끔찍한, 무시무시한	
형 (곤경, 문제 등이) 극복할 수 없는, 이겨내기 어려운	
형 되풀이되는, 재발하는	
형 명예의, 명예직의	
명 무척추동물	
형 무효한, 타당하지 않은, 병약한	
형 미온적인, 미지근한	
형 상반된 감정이 존재하는, 애증이 엇갈리는	
형 신진대사, 물질대사	
형 운동감각(성)의	
형 읽기 어려운, 판독하기 어려운	
형 점진적인, 증가의	
형 즉각적인, 순간적인	
형 청소년의, 나이 어린 명 청소년	
동 (청소, 살균 등으로) ～을 깨끗하게 만들다	
동 게걸스럽게 먹다	
동 미끄러지다, 미끄러지듯 움직이다	
동 보험에 가입하다, 보증하다	
동 싹트다, 발아시키다, 시작되다	
동 억제하다, 금하다, 못하게 막다	
동 인력에 끌리다, 가라앉다	

34 | Word Max 5300 ❻

Day 17

영어 단어에 해당하는 한국어 뜻을 함께 적으세요.

plague	전염병, 재앙, (동물, 곤충의) 무리, 떼	plague	전염병, 재앙, (동물, 곤충의) 무리, 떼
negligible	하찮은, 무시할만한		
ration	배급량; 배급하다, 소비를 제한하다		
overlap	포개지다, 중복되다; 포개짐, 중복됨		
replica	모형, 복제품		
embed	박아넣다, 끼워넣다		
predominant	두드러진, 주된, 우세한		
presuppose	예상하다, 전제하다, 추정하다		
stem from	~에서 생겨나다, 기인하다		
preparatory	준비를 위한, 준비의, 예비의		
propensity	경향, 성향		
tangible	유형의, 만져서 알 수 있는		
moan	(사람이) 신음하다, 칭얼대다		
shriek	(흥분, 고통으로)소리를 지르다, 비명을 지르다; 비명		
encompass	(많은 것을) 포함하다, 아우르다		
mundane	재미없는, 평범한, 세속적인		
reap	거두다, 수확하다, 이익을 얻다		
paramount	다른 무엇보다 중요한, 탁월한, 최고의		
mandate	권한, 위임 통치 (권); 지시하다		
perceptive	통찰력 있는, 지각의		
impel	~을 강요하다, 추진하다		
whirl	빙그르르 돌다, 휙 돌다; 빙빙돌기		
algebra	대수학		
screech	날카로운 소리를 내다, 끼익거리는 소리를 내다		
mischief	(악의 없는) 장난기, 피해		
constrict	수축하다, 위축시키다, 속박하다		
uplift	~을 들어올리다, 사기를 높이다; (사회적, 지적) 향상, 행복감		
escalate	확대하다, 악화시키다		
consolidate	굳히다, 통합하다, 강화하다		
demolition	파괴, 폭파, 해체		

다음 단어에 해당하는 영어 단어 또는 우리말을 쓰세요.　　　　　　　　O＿＿개　X＿＿개

영어	한국어
algebra	
consolidate	
constrict	
demolition	
embed	
encompass	
escalate	
impel	
mandate	
mischief	
moan	
mundane	
negligible	
overlap	
paramount	
perceptive	
plague	
predominant	
preparatory	
presuppose	
propensity	
ration	
reap	
replica	
screech	
shriek	
stem from	
tangible	
uplift	
whirl	

한국어	영어
~에서 생겨나다, 기인하다	
몡 경향, 성향	
몡 권한, 위임 통치(권) 동 지시하다	
몡 대수학	
몡 모형, 복제품	
몡 배급량 동 배급하다, 소비를 제한하다	
몡 전염병, 재앙, 　(동물, 곤충의) 무리, 떼	
몡 파괴, 폭파, 해체	
몡 (악의 없는) 장난기, 피해	
몡 다른 무엇보다 중요한, 탁월한, 　최고의	
혱 두드러진, 주된, 우세한	
혱 유형의, 만져서 알 수 있는	
혱 재미없는, 평범한, 세속적인	
혱 준비를 위한, 준비의, 예비의	
혱 통찰력 있는, 지각의	
혱 하찮은, 무시할만한	
동 (많은 것을) 포함하다, 아우르다	
동 (사람이) 신음하다, 칭얼대다	
동 ~을 강요하다, 추진하다	
동 ~을 들어올리다, 사기를 높이다 몡 (사회적, 지적) 향상, 행복감	
동 거두다, 수확하다, 이익을 얻다	
동 날카로운 소리를 내다, 　끼익거리는 소리를 내다	
동 박아넣다, 끼워넣다	
동 빙그르르 돌다, 휙 돌다 몡 빙빙돌기	
동 (흥분, 고통으로) 소리를 지르다, 　비명을 지르다 몡 비명	
동 수축하다, 위축시키다, 　속박하다	
동 확대하다, 악화시키다	
동 예상하다, 전제하다, 추정하다	
동 굳히다, 통합하다, 강화하다	
동 포개지다, 중복되다 몡 포개짐, 중복됨	

Day 18 | 월   일 |

영어 단어에 해당하는 한국어 뜻을 함께 적으세요.

영어	한국어	영어	한국어
degenerative	퇴행성의, 타락한	degenerative	퇴행성의, 타락한
aggravate	악화시키다, 가중시키다, 화나게하다		
epoch	(특정의) 시대, 시기		
ensue	계속되다, 잇달아 일어나다		
secluded	한적한, 외딴, 은둔한		
paraphrase	(알기 쉽게) 바꾸어 표현하다		
decompose	~을 분해하다, 부패시키다		
transparent	(물체가) 투명한, 명료한, 솔직한		
steadfast	확고한, 변함없는		
vanity	허영심, 자만심, 무의미		
ramification	(주로 복수형으로) (어떤 일의) 영향, 결과		
bereaved	사별을 당한		
imperative	필수의, 반드시 해야 하는		
preliminary	예비의, 준비의; 예비 행위, 사전준비		
informant	정보 제공자, 정보원		
terse	간결한, 간단 명료한		
adversary	상대방, 적수		
bypass	우회 도로; 우회하다		
miser	구두쇠		
captivate	~의 마음을 사로잡다		
unrecognized	의식되지 못하는, 인식되지 않는		
stark	(차이가) 극명한, 황량한		
sentiment	정서, 감정		
fictitious	허구의, 지어낸		
slate	슬레이트; 혹평하다, 계획하다		
mortal	죽을 운명의, 언젠가는 죽는, 치명적인		
wither	시들다, 말라죽다, 시들게하다		
proponent	지지자		
salute	(거수 경례를) 경례하다, 경의를 표현하다		
unleash	촉발시키다, 일으키다, 자유롭게 하다		

다음 단어에 해당하는 영어 단어 또는 우리말을 쓰세요.　　　　　　　　　O＿＿개　✕＿＿개

영어	한국어
adversary	
aggravate	
bereaved	
bypass	
captivate	
decompose	
degenerative	
ensue	
epoch	
fictitious	
imperative	
informant	
miser	
mortal	
paraphrase	
preliminary	
proponent	
ramification	
salute	
secluded	
sentiment	
slate	
stark	
steadfast	
terse	
transparent	
unleash	
unrecognized	
vanity	
wither	

한국어	영어
명 (주로 복수형으로) (어떤 일의) 영향, 결과	
명 (특정의) 시대, 시기	
명 구두쇠	
명 상대방, 적수	
명 슬레이트 동 혹평하다, 계획하다	
명 우회 도로 동 우회하다	
명 정보 제공자, 정보원	
명 정서, 감정	
명 지지자	
명 허영심, 자만심, 무의미	
형 (물체가) 투명한, 명료한, 솔직한	
형 간결한, 간단 명료한	
형 사별을 당한	
형 예비의, 준비의 명 예비행위, 사전준비	
형 의식되지 못하는, 인식되지 않은	
형 죽을 운명의, 언젠가는 죽는, 치명적인	
형 퇴행성의, 타락한	
형 필수의, 반드시 해야 하는	
형 한적한, 외딴, 은둔한	
형 허구의, 지어낸	
형 확고한, 변함없는	
형 (차이가) 극명한, 황량한	
동 ～을 분해하다, 부패시키다	
동 ～의 마음을 사로잡다	
동 (거수 경례를) 경례하다, 경의를 표현하다	
동 (알기 쉽게) 바꾸어 표현하다	
동 계속되다, 잇달아 일어나다	
동 시들다, 말라죽다, 시들게하다	
동 악화시키다, 가중시키다, 화나게하다	
동 촉발시키다, 일으키다, 자유롭게 하다	

Day 19

| 월 일 | 영어 단어에 해당하는 한국어 뜻을 함께 적으세요.

stammer	말을 더듬다; 말 더듬기	stammer	말을 더듬다; 말 더듬기
redeem	(결함 등을) 보완하다, (실수 등을) 만회하다		
underestimate	과소평가하다, 낮게 어림잡다		
subsidiary	자회사; 부수적인, 자회사의		
tranquil	고요한, 평화로운, 차분한		
stagger	비틀거리다, 깜짝놀라게 하다, 동요하다		
iconic	~의 상징이 되는, 우상의		
exhortation	권고, 장려의 말, 경고		
substandard	표준 이하의, 열악한, 불량의		
amplify	증폭시키다, 과장하다		
spokesperson	대변인		
remainder	나머지, 남아 있는 것, 잔여		
supremacy	패권, 우위, 지상주의		
imprison	투옥하다, 감금하다		
cite	인용하다, (예를) 들다; 인용(구)		
inconsiderate	사려 깊지 못한, 남을 배려하지 않은		
downshift	기어를 저속으로 바꾸다, 생활을 단순화하다		
crispy	바삭한, 아삭아삭한		
climax	(어떤 일의) 절정		
shrug	(어깨를) 으쓱하다; 어깨를 으쓱하기		
overboard	배 밖으로		
imprecise	부정확한, 애매한		
makeshift	임시 변통의; 미봉책		
asymmetry	불균형, 비대칭		
single out	선발하다, 발탁하다		
wholehearted	전폭적인, 전적인, 성의 있는		
predicament	곤경, 궁지		
snatch	낚아채다, 빼앗다		
summon	소환하다, 호출하다		
humane	인간적인, 자비로운		

다음 단어에 해당하는 영어 단어 또는 우리말을 쓰세요.　　　　　　　　　　　　　O＿＿개　X＿＿개

영어	한국어
amplify	
asymmetry	
cite	
climax	
crispy	
downshift	
exhortation	
humane	
iconic	
imprecise	
imprison	
inconsiderate	
makeshift	
overboard	
predicament	
redeem	
remainder	
shrug	
single out	
snatch	
spokesperson	
stagger	
stammer	
subsidiary	
substandard	
summon	
supremacy	
tranquil	
underestimate	
wholehearted	

한국어	영어
명 (어떤 일의) 절정	
명 곤경, 궁지	
명 권고, 장려의 말, 경고	
명 나머지, 남아 있는 것, 잔여	
명 대변인	
명 불균형, 비대칭	
명 패권, 우위, 지상주의	
명 자회사 형 부수적인, 자회사의	
형 고요한, 평화로운, 차분한	
형 바삭한, 아삭아삭한	
형 부정확한, 애매한	
형 사려 깊지 못한, 남을 배려하지 않은	
형 ~의 상징이 되는, 우상의	
형 인간적인, 자비로운	
형 임시 변통의 명 미봉책	
형 전폭적인, 전적인, 성의 있는	
형 표준 이하의, 열악한, 불량의	
부 배 밖으로	
동 (결함 등을) 보완하다, (실수 등을) 만회하다	
동 (어깨를) 으쓱하다 명 어깨를 으쓱하기	
동 과소평가하다, 낮게 어림잡다	
동 기어를 저속으로 바꾸다, 생활을 단순화하다	
동 낚아채다, 빼앗다	
동 말을 더듬다 명 말 더듬기	
동 비틀거리다, 깜짝놀라게 하다	
동 선발하다, 발탁하다	
동 소환하다, 호출하다	
동 인용하다, (예를) 들다 명 인용(구)	
동 증폭시키다, 과장하다	
동 투옥하다, 감금하다	

Day 20

| 월 일 | | 영어 단어에 해당하는 한국어 뜻을 함께 적으세요. |

wade	(물이나 진흙 속을) 헤치며 걷다	wade	(물이나 진흙 속을) 헤치며 걷다
remnant	(주로 복수로) 남은 부분, 나머지, 잔존물		
ideology	이념, 관념		
deviate	(예상 등을) 벗어나다, 빗나가다		
astray	길을 잃은, 옳은 길에서 벗어난		
respiratory	호흡의, 호흡기관의		
proximal	가장 가까운, 인접하는		
nuance	(의미, 소리, 감정 등의) 미묘한 차이, 뉘앙스		
rewind	(녹음 테이프 등을) 되감다		
manpower	인력, 인적자원		
internalize	(사상, 태도 등을) 내면화하다		
momentary	순간적인, 잠깐의		
trifle	사소한 일; 하찮게 다루다		
reactivate	(활동 등을) 재개하다, 재활성화하다		
sarcastic	빈정대는, 비꼬는		
populous	인구가 많은, 붐비는		
solidarity	연대, 결속, 일치, 단결		
correspondent	통신원, 기자, (편지 등으로) 소식을 주고 받는 사람		
stale	(음식이) 신선하지 않은, 딱딱해진, 오래된		
besiege	포위하다, 에워싸다, 엄습하다		
incur	(좋지 않은 상황을) 초래하다, (비용을) 발생시키다		
shortcoming	결점, 단점		
brute	짐승, 야수; 맹목적인, 폭력에만 의존하는		
vigorously	강력하게, 힘차게		
theoretically	이론상으로		
exemplify	전형적인 예가 된다, ~의 예가 된다		
censor	검열관; 검열하다		
sentence	(형을) 선고하다; 형벌		
altruistic	이타(주의)적인		
predecessor	전임자, 조상, 이전의 것		

다음 단어에 해당하는 영어 단어 또는 우리말을 쓰세요.   O___개   X___개

영어	한국어
altruistic	
astray	
besiege	
brute	
censor	
correspondent	
deviate	
exemplify	
ideology	
incur	
internalize	
manpower	
momentary	
nuance	
populous	
predecessor	
proximal	
reactivate	
remnant	
respiratory	
rewind	
sarcastic	
sentence	
shortcoming	
solidarity	
stale	
theoretically	
trifle	
vigorously	
wade	

한국어	영어
명 (의미, 소리, 감정 등의) 미묘한 차이, 뉘앙스	
명 검열관 동 검열하다	
명 결점, 단점	
명 (주로 복수로) 남은 부분, 나머지, 잔존물	
명 사소한 일 동 하찮게 다루다	
명 연대, 결속, 일치, 단결	
명 이념, 관념	
명 인력, 인적자원	
명 전임자, 조상, 이전의 것	
명 짐승, 야수 형 맹목적인, 폭력에만 의존하는	
명 통신원, 기자, (편지 등으로) 소식을 주고받는 사람	
형 (음식이) 신선하지 않은, 딱딱해진, 오래된	
형 가장 가까운, 인접하는	
형 강력하게, 힘차게	
형 빈정대는, 비꼬는	
형 순간적인, 잠깐의	
형 이타(주의)적인	
형 인구가 많은, 붐비는	
형 호흡의, 호흡기관의	
부 길을 잃은, 옳은 길에서 벗어난	
부 이론상으로	
동 (녹음 테이프 등을) 되감다	
동 (물이나 진흙 속을) 헤치며 걷다	
동 (사상, 태도 등을) 내면화하다	
동 (예상 등을) 벗어나다, 빗나가다	
동 (좋지 않은 상황을) 초래하다, (비용을) 발생시키다	
동 (형을) 선고하다 명 형벌	
동 (활동 등을) 재개하다, 재활성화하다	
동 전형적인 예가 된다, ~의 예가 된다	
동 포위하다, 에워싸다, 엄습하다	

Day 21

| 월 일 |

영어 단어에 해당하는 한국어 뜻을 함께 적으세요.

upbringing	양육, 훈육, 가정교육	upbringing	양육, 훈육, 가정교육
negation	반대, 부정		
bulk	대부분, 큰 규모의 양		
contempt	경멸, 멸시, 무시		
speck	작은 얼룩, 알갱이, 소량		
temperament	기질, 성미, 흥분하기 쉬운 기질		
authenticate	(진짜임을) 증명하다, 인증하다		
agile	날렵한, 민첩한		
dazzling	눈부신, 휘황찬란한		
electoral	선거의, 유권자의		
detract	(주의를) 딴 곳으로 돌리다, 빗나가게 하다		
torment	고통, 고뇌; 고통을 주다, 괴롭히다		
theorem	정리, 원리		
pail	들통, 버킷		
elusive	파악하기 어려운, 달성하기 힘든, 잡히지 않는		
acrobat	곡예사		
mute	말없는, 소리가 나지 않는; 소리를 줄이다		
amoral	도덕관념이 없는		
pinpoint	(위치, 이유 등을) 정확히 찾아내다		
unprecedented	전례 없는, 유례없는		
neutralize	무효화하다, 중화하다, 상쇄하다		
interplay	상호 작용		
ebb	썰물, 쇠퇴; 썰물이 되다, 서서히 줄다		
fluctuate	수시로 변하다, 요동하다, 동요하다		
outnumber	수적으로 우세하다, ~보다 더 많다		
serial	연재물, 연속극; 순차적인, 계속되는, 일련의		
nocturnal	야행성의, 밤의, 야간의		
hiss	쉬익하는 소리를 내다; 쉬익하는 소리		
mutter	투덜거리다, 불평하다; 중얼거림		
customize	주문제작		

다음 단어에 해당하는 영어 단어 또는 우리말을 쓰세요.　　　　　　　O＿＿개　X＿＿개

영어	한국어
acrobat	
agile	
amoral	
authenticate	
bulk	
contempt	
customize	
dazzling	
detract	
ebb	
electoral	
elusive	
fluctuate	
hiss	
interplay	
mute	
mutter	
negation	
neutralize	
nocturnal	
outnumber	
pail	
pinpoint	
serial	
speck	
temperament	
theorem	
torment	
unprecedented	
upbringing	

한국어	영어
명 경멸, 멸시, 무시	
명 고통, 고뇌 통 고통을 주다, 괴롭히다	
명 곡예사	
명 기질, 성미, 흥분하기 쉬운 기질	
명 대부분, 큰 규모의 양	
명 들통, 버킷	
명 상호 작용	
명 썰물, 쇠퇴 통 썰물이 되다, 서서히 죽다	
명 양육, 훈육, 가정교육	
명 연재물, 연속극 형 순차적인, 계속되는, 일련의	
명 작은 얼룩, 알갱이, 소량	
명 정리, 원리	
명 반대, 부정	
명 주문제작	
형 날렵한, 민첩한	
형 눈부신, 휘황찬란한	
형 도덕관념이 없는	
형 말없는, 소리가 나지 않는, 무음의 통 소리를 줄이다	
형 선거의, 유권자의	
형 야행성의, 밤의, 야간의	
형 전례 없는, 유례없는	
형 파악하기 어려운, 달성하기 힘든, 잡히지 않는	
통 (위치, 이유 등을) 정확히 찾아내다	
통 (주의를) 딴 곳으로 돌리다, 빗나가게 하다	
통 무효화하다, 중화하다, 상쇄하다	
통 수시로 변하다, 요동하다, 동요하다	
통 수적으로 우세하다, ~보다 더 많다	
통 쉬익하는 소리를 내다 명 쉬익하는 소리	
통 (진짜임을) 증명하다, 인증하다	
통 투덜거리다, 불평하다 명 중얼거림	

영어 단어에 해당하는 한국어 뜻을 함께 적으세요.

wrestle	몸싸움을 벌이다, 맞붙어 싸우다	wrestle	몸싸움을 벌이다, 맞붙어 싸우다
fearsome	무시무시한, 무서운		
circumstantial	정황적인, 상황의, 부수적인, 우연한		
on board	승선한, 탑승한		
bump into	(우연히) ~와 마주치다		
revisit	다시 방문하다, (어떤 문제를) 다시 고려하다		
hobble	다리를 절다, 절뚝거리다		
coursework	수업 활동, 교과 학습		
discontent	불만, 불만스러운 것; 불평(불만)이 있는		
divert	방향을 전환시키다, 우회시키다, (주의, 관심을) 딴 곳으로 돌리다		
verdict	판결, 평결, 의견		
watchdog	감시인, 감시 단체		
roam	(이리저리) 돌아다니다, 배회하다		
sterilized	살균한, 소독한		
legible	읽기 쉬운, 또렷한		
exquisite	매우 아름다운, 정교한		
radiant	빛나는, 환한		
stereotype	고정 관념, 정형화된 사고방식		
metaphorical	은유의, 비유적인		
sage	현명한, 슬기로운; 현인, 현자		
hospitable	환대하는, 친절한, (기후, 조건등이) 알맞은		
compute	계산하다, 산출하다, 추정하다		
hideous	흉측한, 끔찍한		
propagate	(사상, 신조를) 전파하다		
entity	본질, 실재, 독립체		
overshoot	(목표 지점 보다) 더 나아가다, (계획보다) 더 많이 하다		
shameless	창피한 줄 모르는, 부끄러움을 모르는		
ideological	사상적인, 이념적인		
contemptuous	경멸하는, 업신여기는		
repress	(감정 등을) 억누르다, 참다, 억압하다, 억제하다		

다음 단어에 해당하는 영어 단어 또는 우리말을 쓰세요.　　　　　　　　　　　　　　O＿＿개　X＿＿개

영어	한국어
wrestle	
bump into	
circumstantial	
compute	
contemptuous	
coursework	
discontent	
divert	
entity	
exquisite	
fearsome	
hideous	
hobble	
hospitable	
ideological	
legible	
metaphorical	
on board	
overshoot	
propagate	
radiant	
repress	
revisit	
roam	
sage	
shameless	
stereotype	
sterilized	
verdict	
watchdog	

한국어	영어
(우연히) ~와 마주치다	
몡 감시인, 감시 단체	
몡 고정 관념, 정형화된 사고방식	
몡 본질, 실재, 독립체	
몡 불만, 불만스러운 것 혱 불평(불만)이 있는	
몡 수업 활동, 교과학습	
승선한, 탑승한	
몡 판결, 평결, 의견	
혱 경멸하는, 업신여기는	
혱 매우 아름다운, 정교한	
혱 무시무시한, 무서운	
혱 빛나는, 환한	
혱 사상적인, 이념적인	
혱 살균한, 소독한	
혱 은유의, 비유적인	
혱 읽기 쉬운, 또렷한	
혱 정황적인, 상황의, 부수적인, 우연한	
혱 창피한 줄 모르는, 부끄러움을 모르는	
혱 현명한, 슬기로운 몡 현인, 현자	
혱 환대하는, 친절한, (기후, 조건등이) 알맞은	
혱 흉측한, 끔찍한	
동 (목표 지점 보다) 더 나아가다, (계획보다) 더 많이 하다	
동 (사상, 신조를) 전파하다	
동 (이리저리) 돌아다니다, 배회하다	
동 계산하다, 산출하다, 추정하다	
동 다리를 절다, 절뚝거리다	
동 다시 방문하다, (어떤 문제를) 다시 고려하다	
동 몸싸움을 벌이다, 맞붙어 싸우다	
동 방향을 전환시키다, 우회시키다, (주의, 관심을) 딴 곳으로 돌리다	
동 (감정 등을) 억누르다, 참다, 억압하다, 억제하다	

Day 23

| 월 | 일 |

영어 단어에 해당하는 한국어 뜻을 함께 적으세요.

malicious	악의적인, 적의 있는	malicious	악의적인, 적의 있는
pronounce	발음하다, 선언하다, 선고하다		
benevolent	자애로운, 자비심이 많은, 호의적인		
instil	(사상 등을) 서서히 불어넣다, 주입하다		
sullen	시무룩한, 뚱한, (날씨 등이) 음침한		
scrap	폐기하다, 폐지하다, 철회하다; (옷감 등의) 조각		
vie	우열을 다투다, 경쟁하다		
appall	오싹오싹하게 하다, 질겁하게(질리게) 하다		
dysfunctional	고장난, 기능 이상의		
rationale	근거, 이유		
deference	존중, 존경		
partake	참가하다, 먹다		
residual	나머지의, 잔여의		
unrestricted	조금도 제한받지 않는, 구속받지 않는		
senator	상원 의원, (고대 로마의) 원로원 의원		
amenity	생활 편의 시설		
blunt	무딘, 퉁명스러운, 직설적인; 둔화시키다, ~을 무디게 하다		
mash	~을 짓이기다, 으깨다		
outright	완전한, 노골적인; 완전히, 철저히, 숨김없이		
replenish	다시 채우다, 보충하다		
synonymously	동의어로, 같은 뜻으로		
aftermath	(전쟁, 사고 등의) 후유증		
spur	박차, 자극(제), 원동력; 박차를 가하다, 자극하다		
copious	엄청난, 방대한		
vaccination	백신(예방) 접종		
sanctuary	피난처, 안식, 성소		
retrospect	회고, 추억, 회고하다, 회상에 잠기다		
maladaptive	적응성 없는, 부적응의		
sensational	세상을 놀라게 하는, 선풍적인		
footstep	발소리, 발자국		

다음 단어에 해당하는 영어 단어 또는 우리말을 쓰세요.　　　　　　　　　　O___개　X___개

영어	한국어
synonymously	
aftermath	
amenity	
benevolent	
blunt	
appall	
copious	
deference	
dysfunctional	
footstep	
instil	
maladaptive	
malicious	
mash	
outright	
partake	
pronounce	
rationale	
replenish	
residual	
retrospect	
sanctuary	
scrap	
senator	
sensational	
spur	
sullen	
unrestricted	
vaccination	
vie	

한국어	영어
몡 (전쟁, 사고 등의) 후유증	
몡 근거, 이유	
몡 박차, 자극(제), 원동력 동 박차를 가하다, 자극하다	
몡 발소리, 발자국	
몡 백신(예방) 접종,	
몡 상원 의원, (고대 로마의) 원로원 의원	
몡 생활 편의 시설	
몡 존중, 존경	
몡 피난처, 안식, 성소	
몡 회고, 추억 동 회고하다, 회상에 잠기다	
혱 고장난, 기능 이상의	
혱 나머지의, 잔여의	
부 동의어로, 같은 뜻으로	
혱 무딘, 퉁명스러운, 직설적인 동 둔화 시키다, ~을 무디게하다	
혱 세상을 놀라게 하는, 선풍적인	
혱 시무룩한, 뚱한, (날씨 등이) 음침한	
혱 악의적인, 적의 있는	
혱 엄청난, 방대한	
혱 완전한, 노골적인 부 완전히, 철저히, 숨김없이	
혱 자애로운, 자비심이 많은, 호의적인	
혱 적응성 없는, 부적응의	
혱 조금도 제한받지 않는, 구속받지 않는	
동 ~을 짓이기다, 으깨다	
동 다시 채우다, 보충하다	
동 발음하다, 선언하다, 선고하다	
동 (사상 등을) 서서히 불어넣다, 주입하다	
동 오싹오싹하게 하다, 질겁하게(질리게) 하다	
동 우열을 다투다, 경쟁하다	
동 참가하다, 먹다	
동 폐기하다, 폐지하다, 철회하다 몡 (옷감 등의) 조각	

premonition	(불길한) 예감, 예고	premonition	(불길한) 예감, 예고
deadlock	(협상의) 교착 상태		
unseen	눈에 보이지 않는, 처음 보는		
analogue	유사물; (작동방식이) 아날로그식인		
lavish	호화로운, 마음이 후한		
unstable	불안정한, 변하기 쉬운, 미덥지 못한		
ordinal	서수의, 순서를 나타내는; 서수		
execution	사형 집행, (어떤 일의) 실행, 수행, (작업의) 솜씨		
commission	위원회, 위임, 수수료; 위임하다, (작업, 제품 들을) 주문(의뢰) 하다		
outlandish	기이한, 희한한		
telegram	전보, 전문		
encrust	외피로 덮다, 아로새기다		
painstaking	힘이 드는, 공드는, 고생스러운		
spiral	나선, 나선형의 물건; 나선형의, 소용돌이 모양의		
agenda	의제, 안건, 의사 일정		
flick	(손가락 등으로) 가볍게 튀기다 (털다); (손가락으로) 튀기기		
scramble	재빨리 움직이다, 서로 밀치다, 뒤죽박죽으로 만들다		
abrasion	찰과상, 긁힌부분, 마멸, 침식		
dangle	매달리다, 달랑거리다		
maladjusted	적응하지 못하는, 조정이 잘못된		
entreaty	간청, 애원		
cram	밀어 넣다, 억지로 쑤셔 넣다, 벼락치기로 공부하다; 벼락공부		
revolt	반란, 저항, 봉기; 반란을 일으키 다, 반발하다		
gratify	(욕구 등을) 만족 시키다, 기쁘게 하다		
abbreviate	(어구를) 단축하다, 줄이다		
virtuous	덕이 높은, 도덕적인, 고결한		
sizable	상당한 크기의, 꽤 큰		
adjoin	~에 인접하다, ~과 접하다, ~에 연결하다		
orient	~을 지향하게 하다, 자기 위치를 알다		
commonality	공유성, 공통성, 공통점		

다음 단어에 해당하는 영어 단어 또는 우리말을 쓰세요.　　　　　　　　O＿＿개　X＿＿개

영어	한국어
abbreviate	
abrasion	
adjoin	
agenda	
analogue	
commission	
commonality	
cram	
dangle	
deadlock	
encrust	
entreaty	
execution	
flick	
gratify	
lavish	
maladjusted	
ordinal	
orient	
outlandish	
painstaking	
premonition	
revolt	
scramble	
sizable	
spiral	
telegram	
unseen	
unstable	
virtuous	

한국어	영어
동 (손가락 등으로) 가볍게 튀기다 (털다) 명 (손가락으로) 튀기기	
명 (협상의) 교착 상태	
명 간청, 애원	
명 공유성, 공통성, 공통점	
명 나선, 나선형의 물건 형 나선형의, 소용돌이 모양의	
명 반란, 저항, 봉기 동 반란을 일으키다, 반발하다	
명 사형 집행, (어떤 일의) 실행, 수행, (작업의) 솜씨	
명 유사물 형 (작동방식이) 아날로그식인	
명 (불길한) 예감, 예고	
명 (위원회) 위임, 수수료 동 위임하다, (작업, 제품들을) 주문(의뢰) 하다	
명 의제, 안건, 의사일정	
명 전보, 전문	
명 찰과상, 긁힌부분, 마멸, 침식	
형 기이한, 희한한	
형 눈에 보이지 않는, 처음 보는	
형 (덕이 높은) 도덕적인, 고결한	
형 불안정한, 변하기 쉬운, 미덥지 못한	
형 상당한 크기의, 꽤 큰	
형 서수의, 순서를 나타내는 명 서수	
형 적응하지 못하는, 조정이 잘못된	
형 호화로운, 마음이 후한	
형 힘이 드는, 공드는, 고생스러운	
동 (어구를) 단축하다, 줄이다	
동 ~에 인접하다, ~과 접하다, ~에 연결하다	
동 ~을 지향하게 하다, 자기 위치를 알다	
동 (욕구 등을) 만족 시키다, 기쁘게 하다	
동 매달리다, 달랑거리다	
동 밀어 넣다, 억지로 쑤셔 넣다, 벼락치기로 공부하다 명 벼락공부	
동 외피로 덮다, 아로새기다	
동 재빨리 움직이다, 서로 밀치다	

Day 25

영어 단어에 해당하는 한국어 뜻을 함께 적으세요.

accountant	회계사, 회계원	accountant	회계사, 회계원
pervasive	만연한, 구석구석 스며드는, 침투성의		
assimilate	동화하다, 흡수하다, 완전히 이해하다		
spear	창; (창으로) 찌르다, 찍다		
lawful	합법적인, 정당한, 법을 잘 지키는		
entrust	맡기다, 위임하다, 위탁하다		
strenuous	몹시 힘든, 격렬한, 분투하는		
reel	(필름 등을 감는) 릴, 얼레		
centralize	중앙 집권화하다, 중심에 모으다		
cellar	지하실, 지하 저장실		
vivacious	활발한, 명랑한		
hamper	방해하다		
splendid	훌륭한, 정말 좋은, 인상적인		
backtrack	(방금 왔던 길을) 되짚어 가다, 철회하다		
sabotage	(고의적으로) 방해하다, 파괴하다; 고의적 방해 행위		
miscellaneous	여러 가지 종류의, 잡다한		
denote	의미하다, 조짐을 보이다, 표시하다		
utilitarian	실용적인, 공리적인, 공리주의의		
sensorimotor	감각 운동적인, 지각 운동의		
degrade	비하하다, 평판(품위)을 저하하다, 품질을 떨어뜨리다		
fleet	함대, 선단		
perpetual	끝없는, 영원한, 계속해서 반복되는		
evict	쫓아버리다, 쫓아내다		
soluble	녹는, 용해성이 있는		
numb	감각이 없는, 멍한, 저린; 감각이 없게 만들다		
gravy	육즙, 그레이비		
deviant	벗어난, 일탈적인, 정상이 아닌		
downfall	몰락, 낙하, 강우, 강설		
binocular	두 눈으로 보이는, 두 눈용의		
formulate	만들어내다, 형성하다, 공식화하다		

다음 단어에 해당하는 영어 단어 또는 우리말을 쓰세요.　　　　　　　　O___개　X___개

영어	한국어
accountant	
assimilate	
backtrack	
binocular	
cellar	
centralize	
degrade	
denote	
deviant	
downfall	
entrust	
evict	
fleet	
formulate	
gravy	
hamper	
lawful	
miscellaneous	
numb	
perpetual	
pervasive	
reel	
sabotage	
sensorimotor	
soluble	
spear	
splendid	
strenuous	
utilitarian	
vivacious	

한국어	영어
몡 (필름 등을 감는) 릴, 얼레	
몡 몰락, 낙하, 강우, 강설	
몡 육즙, 그레이비	
몡 지하실, 지하 저장실	
몡 창 통 (창으로) 찌르다, 찍다	
몡 함대, 선단	
몡 회계사, 회계원	
휑 감각 운동적인, 지각 운동의	
휑 감각이 없는, 멍한, 저린 통 감각이 없게 만들다	
휑 몹시 힘든, 격렬한, 분투하는	
휑 끝없는, 영원한, 계속해서 반복되는	
휑 녹는, 용해성이 있는	
휑 두 눈으로 보이는, 두 눈용의	
휑 만연한, 구석구석 스며드는, 침투성의	
휑 벗어난, 일탈적인, 정상이 아닌	
휑 실용적인, 공리적인, 공리주의의	
휑 여러 가지 종류의, 잡다한	
휑 합법적인, 정당한, 법을 잘 지키는	
휑 활발한, 명랑한	
휑 훌륭한, 정말 좋은, 인상적인	
통 (방금 왔던 길을) 되짚어 가다, 철회하다	
통 동화하다, 흡수하다, 완전히 이해하다	
통 만들어내다, 형성하다, 공식화하다	
통 맡기다, 위임하다, 위탁하다	
통 방해하다	
통 비하하다, 평판(품위)을 저하하다, 품질을 떨어뜨리다	
통 의미하다, 조짐을 보이다, 표시하다	
통 중앙 집권화하다, 중심에 모으다	
통 쫓아버리다, 쫓아내다	
통 (고의적으로) 방해하다, 파괴하다 몡 고의적 방해 행위	

Day 26

영어 단어에 해당하는 한국어 뜻을 함께 적으세요.

passerby	통행인, 행인	passerby	통행인, 행인
pedagogical	교육(학)의, 교육에 관련된		
naughty	버릇 없는, 말을 안 듣는		
reconciliation	화해, 조화, 조정		
oversee	감독하다, 두루 살피다		
rally	(대규모) 집회, (자동차) 경주; 결집하다, 단결하다		
nourish	영양분을 공급하다, (감정 및 생각 등을) 키우다		
entangle	얽히게 하다, ~에 말려들게 하다		
recessive	열성의, 퇴행의, 역행의		
acclaim	찬사, 칭찬, 갈채		
disperse	흩어지다, 해산하다, 내놓다		
meek	온순한, 온화한		
dock	부두, 선창, 화물 적재 플랫폼; (배를) 부두에 대다		
conjure	마술을 하다, ~을 떠올리다, 생각해내다		
moist	축축한, 젖은, 습한		
standpoint	관점, 입장		
aviation	항공(술), 항공산업		
testimony	증거, (법정에서의) 증언		
rehabilitation	재활, 사회 복귀		
unlock	(열쇠로) 열다, (비밀 등을) 드러내다		
pathway	좁은 길, 오솔길		
stake	위험부담, 지분, 말뚝; (돈, 생명을) 걸다		
eject	쫓아내다, 내뿜다		
cane	줄기, 지팡이		
psychiatrist	정신과 의사		
robust	혈기 왕성한, 튼튼한, 활발한		
cavity	구멍, 충치		
ridicule	조롱, 조소; 조롱하다		
drape	걸치다, 주름을 잡아 걸치다; 덮는 천, 휘장, 커튼		
shovel	삽, 부삽; 삽으로 뜨다(파다)		

영어	한국어
acclaim	
aviation	
cane	
cavity	
conjure	
disperse	
dock	
drape	
eject	
entangle	
meek	
moist	
naughty	
nourish	
oversee	
passerby	
pathway	
pedagogical	
psychiatrist	
rally	
recessive	
reconciliation	
rehabilitation	
ridicule	
robust	
shovel	
stake	
standpoint	
testimony	
unlock	

한국어	영어
몡 관점, 입장	
몡 구멍, 충치	
몡 부두, 선창 , 화물적재 플랫폼 동 (배를) 부두에 대다	
몡 삽, 부삽 동 삽으로 뜨다(파다)	
몡 위험부담, 지분, 말뚝 동 (돈, 생명을) 걸다	
몡 재활, 사회 복귀	
몡 정신과 의사	
몡 조롱, 조소 동 조롱하다	
몡 좁은 길, 오솔길	
몡 줄기, 지팡이	
몡 증거, (법정에서의) 증언	
몡 (대규모) 집회, (자동차) 경주 동 결집하다, 단결하다	
몡 찬사, 칭찬, 갈채	
몡 통행인, 행인	
몡 항공(술), 항공산업	
몡 화해, 조화, 조정	
혱 교육(학)의, 교육에 관련된	
혱 버릇 없는, 말을 안 듣는	
혱 열성의, 퇴행의, 역행의	
혱 온순한, 온화한	
혱 축축한, 젖은, 습한	
혱 혈기 왕성한, 튼튼한, 활발한	
동 (열쇠로) 열다, (비밀 등을) 드러내다	
동 감독하다, 두루 살피다	
동 걸치다, 주름을 잡아 걸치다 몡 덮는 천, 취장, 커튼	
동 마술을 하다, ~을 떠올리다, 생각해내다	
동 얽히게 하다, ~에 말려들게 하다	
동 영양분을 공급하다, (감정 및 생각 등을) 키우다	
동 쫓아내다, 내뿜다	
동 흩어지다, 해산하다, 내놓다	

영어 단어에 해당하는 한국어 뜻을 함께 적으세요.

outlast	~보다 오래 가다, ~보다 오래 살다	outlast	~보다 오래 가다, ~보다 오래 살다
intricate	복잡한, 뒤얽힌, 난해한		
bountiful	많은, 풍부한		
barrel	(대형) 통, 배럴		
ethologist	생태학자, 동물 행동 학자		
determinant	결정 요인; 결정하는, 한정적인		
rigorous	철저한, 엄격한		
rage	격렬한 분노, 격노, 폭력사태; 격노하다, 격노하게 하다		
impede	지체시키다, 방해하다		
cruise	유람선 여행; 순항하다		
criterion	기준		
overturn	뒤엎다, 전복시키다, 번복하다; 전복, 붕괴, 와해		
sensuous	감각적인, 관능적인		
plight	역경, (나쁜)상태, 곤경, 궁지		
adhesive	접착제; 점착성의, 끈끈한, 잘 들러붙는		
denounce	비난하다, 비판하다, 고발하다		
crumble	부서지다, 바스러지다, 허물어지다		
surmise	추측(추정) 하다; 추측, 예측		
stingy	인색한, 금전을 아끼는, 부족한		
vertebrate	척추동물		
unpack	짐을 풀다, 내용물을 꺼내다, 분석하다		
rodent	(쥐, 토끼 등의) 설치류; 설치류의		
stride	성큼성큼 걷다; 성큼성큼 걸음, 진전		
analogous	유사한, 닮은		
pitfall	위험, 곤란, 함정		
armistice	휴전 (협정)		
unfold	(접혀 있는 것을) 펼치다, 전개되다		
debase	(가치, 품위를) 떨어뜨리다		
symposium	심포지엄, 학술 토론회		
questionable	의심스러운, 미심쩍은, 확실치 않은		

영어	한국어
adhesive	
analogous	
armistice	
barrel	
bountiful	
criterion	
cruise	
crumble	
debase	
denounce	
determinant	
ethologist	
impede	
intricate	
outlast	
overturn	
pitfall	
plight	
questionable	
rage	
rigorous	
rodent	
sensuous	
stingy	
stride	
surmise	
symposium	
unfold	
unpack	
vertebrate	

한국어	영어
명 격렬한 분노, 격노, 폭력사태 / 동 격노하다, 격노하게 하다	
명 결정 요인 / 형 결정하는, 한정적인	
명 기준	
명 생태학자, 동물 행동 학자	
명 (쥐, 토끼 등의) 설치류 / 형 설치류의	
명 심포지엄, 학술 토론회	
명 역경, (나쁜)상태, 곤경, 궁지	
명 위험, 곤란, 함정	
명 유람선 여행 동 순항하다	
명 접착제 / 형 점착성의, 끈끈한, 잘 들러붙는	
명 척추동물	
명 (대형) 통, 배럴	
명 휴전(협정)	
형 감각적인, 관능적인	
형 많은, 풍부한	
형 복잡한, 뒤얽힌, 난해한	
형 유사한, 닮은	
형 의심스러운, 미심쩍은, 확실치 않은	
형 인색한, 금전을 아끼는, 부족한	
형 철저한, 엄격한	
동 (가치, 품위를) 떨어뜨리다	
동 (접혀 있는 것을) 펼치다, 전개되다	
동 ~보다 오래 가다, ~보다 오래 살다	
동 뒤엎다, 전복시키다, 번복하다 / 명 전복, 붕괴, 와해	
동 부서지다, 바스러지다, 허물어지다	
동 비난하다, 비판하다, 고발하다	
동 성큼성큼 걷다 / 명 성큼성큼 걸음, 진전	
동 지체시키다, 방해하다	
동 짐을 풀다, 내용물을 꺼내다, 분석하다	
동 추측(추정) 하다 명 추측, 예측	

Day 28

| 월 일 |

영어 단어에 해당하는 한국어 뜻을 함께 적으세요.

redundant	여분의, 불필요한, (일시) 해고되는	redundant	여분의, 불필요한, (일시) 해고되는
slender	날씬한, 가느다란, 호리호리한, (희망 등이) 희박한		
adept	능숙한, 숙달된, 정통한		
forefront	맨 앞, 선두, 가장 중요한 위치		
perspire	땀을 흘리다, 땀이 나다		
guideline	지침, 지표, 가이드라인		
incessant	끊임없는, 쉴 새 없는		
indubitable	의심할 여지 없는		
temper	기질, 화		
overt	공공연한, 명백한, 외현적인		
misfortune	불운, 불행		
erroneous	잘못된, 틀린		
pension	연금, 생활 보조금, 수당		
mow	(잔디를) 깎다, (풀 등을) 베다		
regress	퇴보하다, 역행하다; 퇴보, 후행, 역행		
disposition	(타고난) 성격, 성향		
sparse	드문드문 난, (밀도가) 희박한		
overpass	고가 도로; ~을 건너다, 횡단하다		
transcript	(글로 옮긴) 기록, 성적 증명서		
obligatory	의무적인, 필수의		
unveil	~의 베일을 벗기다, 밝히다, (새로운 것을) 발표하다		
franchise	독점 판매권, 선거권		
apathy	무관심		
subsidize	보조금(장려금)을 주다		
casualty	사상자, 피해자		
susceptible	영향을 받기 쉬운, 허용하는, ~에 예민한		
quantitative	양적인, 양에 관한		
nonexistent	존재하지 않는, 실재하지 않는		
meticulous	세심한, 꼼꼼한		
rhetorical	수사적인, 미사여구의		

다음 단어에 해당하는 영어 단어 또는 우리말을 쓰세요.

영어	한국어
adept	
apathy	
casualty	
disposition	
erroneous	
forefront	
franchise	
guideline	
incessant	
indubitable	
meticulous	
misfortune	
mow	
nonexistent	
obligatory	
overpass	
overt	
pension	
perspire	
quantitative	
redundant	
regress	
rhetorical	
slender	
sparse	
subsidize	
susceptible	
temper	
transcript	
unveil	

한국어	영어
명 (글로 옮긴) 기록, 성적 증명서	
명 (타고난) 성격, 성향	
명 고가 도로 동 ~을 건너다, 횡단하다	
명 기질, 화	
명 독점 판매권, 선거권	
명 맨 앞, 선두, 가장 중요한 위치	
명 무관심	
명 불운, 불행	
명 사상자, 피해자	
명 연금, 생활 보조금, 수당	
명 지침, 지표, 가이드라인	
형 공공연한, 명백한, 외현적인	
형 끊임없는, 쉴 새 없는	
형 날씬한, 가느다란, 호리호리한, (희망 등이) 희박한	
형 능숙한, 숙달된, 정통한	
형 드문드문 난, (밀도가) 희박한	
형 세심한, 꼼꼼한	
형 수사적인, 미사여구의	
형 양적인, 양에 관한	
형 여분의, 불필요한, (일시) 해고되는	
형 영향을 받기 쉬운, 허용하는, ~에 예민한	
형 의무적인, 필수의	
형 의심할 여지 없는	
형 잘못된, 틀린	
형 존재하지 않는, 실재하지 않는	
동 (잔디를) 깎다, (풀 등을) 베다	
동 ~의 베일을 벗기다, 밝히다, (새로운 것을) 발표하다	
동 땀을 흘리다, 땀이나다	
동 보조금(장려금)을 주다	
동 퇴보하다, 역행하다 명 퇴보, 후행, 역행	

Day 29

| 월 일 | 영어 단어에 해당하는 한국어 뜻을 함께 적으세요. |

reconfirm	재확인하다	reconfirm	재확인하다
ranch	(대규모) 목장, 농장		
maternal	모성의, 모계의, 어머니다운		
accentuate	~을 강조하다, 두드러지게 하다		
disapprove	탐탁찮아하다, 못 마땅해 하다, 승인하지 않다		
conquest	정복, 점령지; 정복하다, 점령하다		
ambush	매복, 잠복; 매복하다, 매복하여 습격하다		
gravel	자갈, 잔돌		
turbulent	격변의, 요동치는, 난기류의		
implicit	내포된, 암묵적인		
surmount	극복하다, 넘다		
shorthand	속기, 약칭		
grievance	불만, 불평, 고충		
ruthless	무자비한, 가치없는, 냉혹한		
mythology	신화		
catastrophe	참사, 재앙		
rejoice	(대단히) 기뻐하다, 환호하다		
drowsy	졸리는, 나른한		
languish	시들다, 활기가 없어지다, (어려운 일이나 상황에) 머문다		
covert	비밀의, 은밀한		
deficit	적자, 결손, 부족(액)		
presume	추정하다, 가정하다		
slovenly	(외모, 행실이) 지저분한, 단정치 못한, 게으른		
deceit	속임수, 기만		
unpredicted	예측 할 수 없는, 예상하기 힘든		
smash	부수다, 박살나다, ~에 세게 부딪히다, 힘껏치다		
bulge	볼록함, 볼록한것, 부풀어 오름; 부풀어 오르다, ~으로 불룩해지다		
intrigue	계략, 흥미나 호기심을 자극하는 것; 호기심을 자극하다, 흥미를 돋우다		
equate	동일시하다, ~과 일치하다		
solemn	장엄한, 엄숙한, 침통한		

다음 단어에 해당하는 영어 단어 또는 우리말을 쓰세요.　　　　　　　　　　Ｏ＿＿＿개　Ｘ＿＿＿개

영어	한국어
accentuate	
ambush	
bulge	
catastrophe	
conquest	
covert	
deceit	
deficit	
disapprove	
drowsy	
equate	
gravel	
grievance	
implicit	
intrigue	
languish	
maternal	
mythology	
presume	
ranch	
reconfirm	
rejoice	
ruthless	
shorthand	
slovenly	
smash	
solemn	
surmount	
turbulent	
unpredicted	

한국어	영어
명 매복, 잠복 동 매복하다, 매복하여 습격하다	
명 (대규모) 목장, 농장	
명 볼록함, 불룩한것, 부풀어 오름 동 부풀어 오르다, ~으로 불룩해지다	
명 불만, 불평, 고충	
명 속기, 약칭	
명 속임수, 기만	
명 신화	
명 자갈, 잔돌	
명 적자, 결손, 부족(액)	
명 정복, 점령지 동 정복하다, 점령하다	
명 참사, 재앙	
형 (외모, 행실이) 지저분한, 단정치 못한, 게으른	
형 장엄한, 엄숙한, 침통한	
형 내포된, 암묵적인	
형 모성의, 모계의, 어머니다운	
형 무자비한, 가치없는, 냉혹한	
형 비밀의, 은밀한	
형 격변의, 요동치는, 난기류의	
형 예측 할 수 없는, 예상하기 힘든	
형 졸리는, 나른한	
동 (대단히) 기뻐하다, 환호하다	
동 ~을 강조하다, 두드러지게하다	
동 극복하다, 넘다	
동 동일시하다, ~과 일치하다	
동 부수다, 박살나다, ~에 세게 부딪히다, 힘껏치다	
동 시들다, 활기가 없어지다, (어려운 일이나 상황에) 머물다	
명 계략, 흥미나 호기심을 자극하는 것 동 호기심을 자극하다	
동 재확인하다	
동 추정하다, 가정하다	
동 탐탁찮아하다, 못 마땅해 하다, 승인하지 않다	

영어	한국어 뜻	영어	한국어 뜻
subside	가라앉다, 진정되다, 침전되다	subside	가라앉다, 진정되다, 침전되다
lick	핥다, 파도가 철썩거리다, 매질하다		
solitude	고독, 외로움, 한적한 곳		
hereditary	유전적인, 세습되는, 상속에 관한		
gauge	판단하다, 측정하다; 계측기, 치수, 기준		
enact	(법을) 제정하다, 일어나다, 벌어지다		
preacher	전도사, 설교자		
ripple	잔물결, 파문; 잔물결을 이루다, 파문을 만들다		
ethnologist	민족학자		
prosecute	기소하다, 고소하다		
vocational	직업의, 직무상의, 직업 교육의		
causality	인과 관계, 인과성, 원인		
receptive	받아들이는, 수용적인		
coincide	동시에 일어나다, 일치하다		
transcend	초월하다, 능가하다		
polygon	다각형, 다변형		
hover	(허공을) 맴돌다, 배회하다, 주저하다		
deplore	한탄하다, 개탄하다		
nonprofitable	수익이 나지 않는, 비영리적인		
thigh	넓적다리, 허벅지		
shuffle	발을 끌며 걷다, 카드를 섞다, (위치, 순서를) 이리저리 바꾸다		
dreary	음울한, 지루한		
archaic	낡은, 구식의		
sluggish	느릿느릿 움직이는, 부진한		
influx	유입, 쇄도		
assort	분류하다, 구분하다		
despise	경멸하다, 혐오하다, 멸시하다		
prudent	신중한, 분별 있는, 현명한		
agitate	주장하다, 선동하다, (마음을) 동요하게 하다		
abort	유산하다, 중단하다		

다음 단어에 해당하는 영어 단어 또는 우리말을 쓰세요.

영어	한국어
abort	
agitate	
archaic	
assort	
causality	
coincide	
solitude	
deplore	
despise	
dreary	
enact	
ethnologist	
gauge	
hereditary	
hover	
influx	
lick	
nonprofitable	
polygon	
preacher	
prosecute	
prudent	
receptive	
ripple	
shuffle	
sluggish	
subside	
thigh	
transcend	
vocational	

한국어	영어
명 고독, 외로움, 한적한 곳	
명 넓적다리, 허벅지	
명 다각형, 다변형	
명 민족학자	
명 유입, 쇄도	
명 인과 관계, 인과성, 원인	
명 잔물결, 파문 동 잔물결을 이루다, 파문을 만들다	
명 전도사, 설교자	
형 낡은, 구식의	
형 느릿느릿 움직이는, 부진한	
형 받아들이는, 수용적인	
형 수익이 나지 않는, 비영리적인	
형 신중한, 분별 있는, 현명한	
형 유전적인, 세습되는, 상속에 관한	
형 음울한, 지루한	
형 직업의, 직무상의, 직업교육의	
동 (법을) 제정하다, 일어나다, 벌어지다	
동 가라앉다, 진정되다, 침전되다	
동 경멸하다, 혐오하다, 멸시하다	
동 기소하다, 고소하다	
동 동시에 일어나다, 일치하다	
동 (허공을) 맴돌다, 배회하다, 주저하다	
동 발을 끌며 걷다, 카드를 섞다, (위치, 순서를) 이리저리 바꾸다	
동 분류하다, 구분하다	
동 유산하다, 중단하다	
동 초월하다, 능가하다	
동 판단하다, 측정하다 명 계측기, 치수, 기준	
동 한탄하다, 개탄하다	
동 핥다, 파도가 철썩거리다, 매질하다	
동 주장하다, 선동하다, (마음을) 동요하게 하다	

30일 완성 내신·수능 완전 정복! **Word Max** 6단계 시리즈

WORD MAX
5300

🎧 MP3 무료 다운로드 www.wcbooks.co.kr

WorldCom Edu